EL ENIGMA DE DIOS

El enigma de Dios

De la fe a la incertidumbre

Pedro García Cuartango

Papel certificado por el Forest Stewardship Council®

Primera edición: mayo de 2025

© 2025, Pedro García Cuartango
© 2025, Penguin Random House Grupo Editorial, S. A. U.
Travessera de Gràcia, 47-49. 08021 Barcelona

Penguin Random House Grupo Editorial apoya la protección de la propiedad intelectual. La propiedad intelectual estimula la creatividad, defiende la diversidad en el ámbito de las ideas y el conocimiento, promueve la libre expresión y favorece una cultura viva. Gracias por comprar una edición autorizada de este libro y por respetar las leyes de propiedad intelectual al no reproducir ni distribuir ninguna parte de esta obra por ningún medio sin permiso. Al hacerlo está respaldando a los autores y permitiendo que PRHGE continúe publicando libros para todos los lectores. De conformidad con lo dispuesto en el artículo 67.3 del Real Decreto Ley 24/2021, de 2 de noviembre, PRHGE se reserva expresamente los derechos de reproducción y de uso de esta obra y de todos sus elementos mediante medios de lectura mecánica y otros medios adecuados a tal fin. Diríjase a CEDRO (Centro Español de Derechos Reprográficos, http://www.cedro.org) si necesita reproducir algún fragmento de esta obra.
En caso de necesidad, contacte con: seguridadproductos@penguinrandomhouse.com

Printed in Spain – Impreso en España

ISBN: 978-84-666-8171-1
Depósito legal: B-4.639-2025

Compuesto en Llibresimes, S. L.

Impreso en Rotoprint by Domingo, S. L.
Castellar del Vallès (Barcelona)

BS 8 1 7 1 1

A mi esposa, Isabel

Índice

Índice

1. Por qué este libro 11
2. Antes de que anochezca 22
3. Con los ojos abiertos 35
4. La angustia de vivir 42
5. El ser y la nada 49
6. Brevedad de la vida 58
7. El espejismo de Dios 71
8. Creer y no creer 79
9. *Deus sive Natura* 91
10. El mal 103
11. La peste 112
12. El caso Eichmann 121
13. *Cogito ergo sum* 130
14. El Relojero Universal 136
15. El azar y la necesidad 142
16. Arrojados al mundo 155
17. La muerte y su representación 169
18. La vida como apuesta 179
19. Dios no se expresa 189
20. La fe y la gracia 201
21. Los nombres de Dios 211
22. El imperativo categórico 223
23. El terremoto de Lisboa 230
24. El ser es inefable 240

25. Hombres de poca fe 249
26. El sueño de la sinrazón 257
27. Evolución 264
28. Pasión por lo absoluto 276
29. La piedra negra 283
30. En nombre del padre 291
31. La redención de las almas 299
32. El paraíso perdido 311
33. Ser, tiempo y materia 322
34. Vejez 332
35. Mi madre 343

1

Por qué este libro

Antes de que el lector se tome la molestia de leer este libro, quiero explicar los motivos que me han llevado a escribirlo. Desde hace mucho tiempo, diría que más de treinta años, he albergado este proyecto. Pero nunca me había atrevido a abordarlo. Unas veces, por falta de tiempo; otras, por falta de ganas y las más, por la complejidad del empeño. Hablar o pensar sobre Dios es hablar de todo y de nada. No hay un asunto más volátil y escurridizo que este tema, que ha ocupado a teólogos, filósofos y científicos. Por otro lado, no hay un asunto más personal y subjetivo. Escribir de Dios es mirarse al espejo y contemplar la desoladora realidad de la condición humana.

Cuando estudiaba Filosofía en sexto de bachillerato en el colegio de los jesuitas de Burgos, la asignatura me aburrió. El profesor, el padre Irineo, era un viejo y venerable sacerdote que estaba sordo. El libro de texto que manejábamos, publicado por la editorial de la propia orden, era un compendio del pensamiento de santo Tomás de Aquino, no muy distinto del manual de introducción a la filosofía de la Universidad Complutense, cuyo autor no quiero citar, que en su primer párrafo aseguraba que la finalidad de la «ciencia» metafísica es la salvación del alma.

Recuerdo con nostalgia aquellas clases en Burgos en el viejo caserón de La Merced, hoy convertido en un hotel de una gran cadena nacional. Éramos solamente unos treinta alumnos los que habíamos elegido la rama de Letras, en la que se impartían griego y latín. La gran mayoría de mis compañeros se había inclinado por Ciencias. En una ocasión, mientras el padre Irineo explicaba la teoría del hilemorfismo, un pequeño ratón recorrió el perchero del que colgaban los abrigos. Las risas eran perfectamente audibles para todos menos para el padre Irineo, que seguía con sus disquisiciones sobre la forma y la sustancia aristotélica.

Aquella asignatura no generó entre ninguno de nosotros el interés por la filosofía. Pero aquel libro de texto contenía un capítulo que me pareció fascinante: el de las pruebas sobre la existencia de Dios. Afirmaba que dicha existencia podía ser probada por la razón. En aquella época, tras cumplir los dieciséis años, yo había comenzado a albergar serias dudas sobre la fe. Formado en una familia y en una escuela católicas, las convicciones religiosas habían sido un cimiento inmutable de mi vida.

Tenía la sensación de que las certezas que me habían guiado se derrumbaban y que la desaparición de Dios de mi horizonte vital me dejaba desprotegido. Pero a la vez surgía en mi interior un sentimiento de libertad, como si me hubiera quitado un peso de encima.

En ese estado de ánimo, leí y releí aquellas cuatro o cinco páginas del libro de filosofía que hablaban de la demostración racional de la existencia de Dios, tal vez con la secreta esperanza de resolver mis incertidumbres. Durante semanas, di vueltas a la cuestión y examiné los argumentos. Pero no me convencieron. Han pasado más de cincuenta años y sigo atascado en el problema.

El texto comenzaba con una referencia a la idea innata de Dios, refrendada por Descartes. Si existe en la mente humana el concepto de un ser infinito y eterno, perfecto e inmutable, es porque el propio Dios ha impreso en el alma humana la idea de su existencia. Todo en la naturaleza es limitado y contingente, por lo que la noción de Dios no puede ser fruto de la experiencia, según el razonamiento de Descartes. Ya que no puede deducirse de la mera observación ni del entendimiento, la idea de un Supremo Hacedor tiene que ser innata, concluía.

El filósofo francés contraponía la *res extensa*, el mundo de la física y la mecánica que rige el universo material, con la *res cogitans*, que constituye el reino del espíritu. Ambos son autónomos y están separados. La idea de Dios pertenece al ámbito de la *res cogitans*, sostenía Descartes, un pensador de profundas convicciones teológicas a pesar de que sus obras fueron puestas por la Iglesia, tras su muerte en 1650, en el *Index* de libros prohibidos *donec corrigantur* («hasta ser corregidos»).

La argumentación de Descartes de que la idea de Dios implica su existencia no me convenció, ya que uno puede pensar en unicornios, sirenas o monstruos sin que por ello existan. Que Dios sea concebible por los hombres no comporta que tenga que ser real, como sucede con muchas fantasías. Aunque la argumentación de Descartes me pareció endeble, su reflexión me empujó a leerle. Un padre jesuita me recomendó su *Discurso del método*, que devoré por esa época. Años después, descubrí que el pensamiento del maestro era mucho más complejo y sutil de lo que decía aquel libro de texto del bachillerato.

Tras incidir en Descartes, el manual citaba a san Anselmo de Canterbury, un sabio benedictino que vivió en el siglo XI. San Anselmo subrayaba que su fe le impulsaba a buscar un fundamento racional de la existencia de Dios, una afirmación que algunos eclesiásticos consideraban herética porque contradecía las tesis de san Agustín.

San Anselmo aseguraba que dudar de la existencia de Dios era presunción vanidosa, a la vez que sostenía que prescindir de la razón era un acto de negligencia intelectual. Antes que santo Tomás y que Guillermo de Ockham, este arzobispo inglés fue el primero que se atrevió a vincular a Dios con la razón. Aunque hoy nos parezca mentira, porque el Medioevo se asocia a barbarie y superstición, el asunto centró durante varios siglos el debate de los pensadores y teólogos de la época e incluso tuvo consecuencias políticas.

Para no alejarnos del asunto, digamos que san Anselmo,

— 13 —

muy influido por el platonismo, fue el padre del llamado «argumento ontológico», término acuñado por Kant, sobre la existencia de Dios. El razonamiento de san Anselmo es muy parecido al de Descartes. En su *Proslogion*, escrito en el 1078, el de Canterbury definió a Dios como «aquel del que nada más grande puede ser pensado». Si existe en nuestra mente, incluso en las personas que no creen, es porque tiene que existir en la realidad. Todo esto tampoco me convenció. Intuitivamente, llegué a la conclusión de que era una idea demasiado voluntarista.

Por último, el libro de filosofía de los jesuitas centraba su atención en las cinco vías de santo Tomas de Aquino, quien, a pesar de que hasta el siglo XX fue la base de la teología católica y de la doctrina vaticana, tuvo muchos problemas con la jerarquía eclesial de su época. El llamado Doctor Angélico, espíritu inquieto, fue tachado de hereje por los teólogos tradicionalistas y se le privó de su cátedra en la Universidad de París.

Santo Tomas siguió la senda de san Anselmo al sostener que la existencia de Dios no solo es una verdad revelada, sino que también puede ser demostrada racionalmente. En su *Suma Teológica*, afirmó que hay cinco caminos para llegar a un convencimiento racional de que Dios es el creador de todo lo que existe.

La primera vía es la que se deduce del movimiento. El mundo y la vida están sometidos a un cambio permanente, lo que exige que este devenir tenga un origen. No es posible pensar en una sucesión infinita y circular de movimientos: tiene que haber un motor inmóvil de la cadena de acontecimientos. Y ese motor es Dios.

La segunda vía sería la de las causas eficientes, que remite a la idea de que tiene que haber una primera causa. Si un bosque arde es porque el fuego ha surgido en algún punto y luego se ha propagado. Hay una primera causa de todo, que es Dios, creador del mundo.

La tercera vía de santo Tomás es la que contrapone contingencia con necesidad, la cuarta es la de la perfección y la quinta versa sobre la finalidad del mundo. A todas ellas añade el sabio medieval una observación de naturaleza sociológica: el hecho de que todos los pueblos comparten la noción de Dios, por muy primitivos que sean. Un argumento empírico que refuerza el pensamiento metafísico que subyace en toda su obra, aunque la antropología moderna ha desmontado esa tesis.

Como Descartes y como san Anselmo, santo Tomás incide en lo que Kant llamó un «paralogismo», una proposición que trasciende la experiencia y que no puede ser probada. Aunque yo desconocía la historia de la filosofía y estaba huérfano de muchos instrumentos de análisis, los esfuerzos de esos tres grandes pensadores me parecieron baldíos. No me convencían. Me resultaron puros espejismos del lenguaje, movidos por el deseo de demostrar algo que no era posible.

Por ello, mi fe empezó a derrumbarse. Esas páginas del libro de texto y las lecciones del profesor no solo alentaron mis dudas, sino que me empujaron en la dirección contraria. Cuando llegué a Madrid, con diecisiete años cumplidos, para estudiar en la Complutense, mis certezas se habían esfumado. Recuerdo con absoluta precisión el domingo por la mañana, en el otoño de 1972, en el que decidí no ir a misa y no volver a confesarme. Los siguientes días sentí un fuerte remordimiento. No pude evitar la sensación de que estaba saltando de un barco, abandonando a sus tripulantes.

He manifestado en alguna ocasión que yo me considero hijo del nacionalcatolicismo. Lo digo sin connotaciones peyorativas: es la pura verdad. Mi padre era el jefe de Acción Católica en Miranda de Ebro, el lugar donde nací. Mi madre tenía dos hermanas monjas. Y mis progenitores eligieron la escuela parroquial San Nicolás de Bari de mi ciudad para educarme. Ello comportaba misa y rosario diarios. Y también convertirme en monaguillo durante cuatro años. En aquella época, a comienzos de la década de 1960, todas las ceremonias religiosas eran en latín y el cura oficiaba la misa de espaldas a los creyentes. Me aprendí de memoria las letanías sin saber su significado. Todavía soy capaz de recordar el *Pater Noster* en el idioma de Cicerón.

Uno de los recuerdos infantiles que conservo es el de una

mañana en la que el maestro de la escuela nos llevó a la bolera de Miranda a ver la solemne inauguración del Concilio Vaticano II por el papa Juan XXIII. Yo no podía entender su importancia, pero quedé fascinado por las imágenes y la grandiosidad de los ritos. Por aquella época, sobre el cabecero de mi cama había un retrato de Pío XII, que tenía una expresión severa y sugería que cualquier pecado no escapaba a la mirada de Dios. Por el contrario, Juan XXIII sonreía, contaba chistes y era un hombre afable y campechano. Muchos años después, no pude evitar llorar a lágrima viva ante su cadáver momificado y expuesto en la basílica del Vaticano. Su contemplación me removió viejos sentimientos y agradecimiento por la bondad de este papa, que entendía que el amor al prójimo era la mejor vía para llegar a Dios. Cuando me imaginaba el rostro del Todopoderoso, surgía la cara de este pontífice.

Cuando Juan XXIII murió, en junio de 1963, yo estaba junto a don Lucas, el párroco. Hizo tañer las campanas de la iglesia de San Nicolás de Bari. Se estaban celebrando los festejos de San Juan del Monte, que se suspendieron. Miles de personas descendieron de la Laguna hacia sus casas en un impresionante silencio. Era el testimonio del afecto y el respeto por Juan XXIII.

Si me detengo en la figura de este papa es porque en mi infancia y en mi adolescencia me esforcé por seguir sus enseñanzas y su ejemplo. Incluso pensé en ser misionero en algún país lejano. Estaba convencido de que el oficio más noble al que podía entregar mi vida era predicar la fe en África o en Asia. Hasta creía que el martirio era una forma deseable de morir. La educación en la escuela y mis tías monjas habían influido en ese propósito.

Durante los siete u ocho años que van desde la infancia al final de la adolescencia, rezaba compulsivamente y pedía a Dios que me ayudara a combatir el pecado. Sentía culpabilidad por los deseos impuros y por la envidia, el orgullo, la pereza y otras tentaciones que me corroían y que me hacían sentirme poco digno del Altísimo. Mi padre me reprendía severamente y me repetía que era un desobediente, un niño abstraído en la lectura y en las ensoñaciones. Yo me refugiaba en la religión, rezaba a todas las horas y pedía perdón a Dios por mis pecados.

Solo es posible comprender lo que supuso mi ruptura con la religión si se entiende el enorme peso que tuvo en mis primeros años la fe católica. Me parecía que fuera de la Iglesia y del cristianismo no había nada, que me adentraba en un desierto sin meta, sin itinerario y sin fronteras. Desde aquel momento en el que decidí dejar de ir a misa como acto de materialización de mi escepticismo, no he dejado de pensar sobre Dios.

Sería falso decir que todos los días me planteo la cuestión. No, no es una obsesión que me impida vivir o disfrutar. Pero sí es cierto que las preguntas que surgieron al leer aquel libro de filosofía de sexto de bachillerato han seguido poblando mi cabeza. Y ello porque la existencia de Dios está muy vinculada al sentido de la vida y a la muerte, nuestra eterna compañera.

Este libro no pretende responder a ninguna pregunta ni transmitir ninguna certeza. Simplemente deseo plasmar en sus páginas mi perplejidad. Creo que era Publio Terencio el que decía que nada humano le era ajeno. Confío en que estas reflexiones mías resulten familiares al lector, pero no obvias. Hay un relato autobiográfico, pero también referencias a pensadores y libros que me han hecho entender mejor la condición humana.

Un premio Nobel respondió a la pregunta de si creía en Dios con la siguiente respuesta: «*Of course not. I am a scientist*». A principios del siglo XX, estas palabras poseían una lógica aplastante. Los avances de la física habían vuelto innecesaria la hipótesis de la existencia de Dios. Pero hoy, en la tercera década del siglo XXI, hay científicos que esgrimen que la física cuántica y los descubrimientos de los secretos de la materia sirven para sostener, siguiendo la estela de santo Tomás, que Dios es el creador del universo que nos cobija.

Básicamente, y aunque luego volveremos sobre ello, argumentan que el Big Bang, la gran explosión que hace 13.000 millones de años dio lugar al nacimiento de las estrellas y las galaxias, es un indicio muy sólido de la existencia de Dios. Toda la materia, la visible y la oscura, surgió de una partícula infinitesimal cuyo estallido propició una enorme expansión de energía que creó el universo.

Esos científicos afirman que, como no resulta posible que algo surja de la nada, el mundo material tuvo que ser creado por un ser que bien podría llamarse Dios. Si se reflexiona a fondo, resulta que el universo no puede ser eterno porque el pasado no puede ser infinito, mientras que la física demuestra que se irá extinguiendo por las leyes de la termodinámica. Por tanto, alguien lo ha debido crear, todo lo que vemos ha tenido que surgir de algo que ya existía.

Esta es la tesis que sustenta *Dios, la ciencia, las pruebas*, un libro de Michel-Yves Bolloré, ingeniero e informático, y Olivier Bonnassies, empresario y teólogo, que vendió cientos de miles de ejemplares en Francia. En él ambos autores reconocen que, desde Copérnico a Darwin y Freud, la ciencia convirtió en superflua la hipótesis de Dios. Pero sostienen que, en el siglo XX, esa perspectiva cambió gracias a los avances de la física cuántica y los nuevos conocimientos acerca del universo. E incluso van más allá al afirmar que el materialismo fue una ideología irracional y maniquea que hoy ha quedado demolida por la ciencia.

Leí con mucha atención este libro, muy bien escrito y fundamentado. Pero no me convenció. Me parece que Bolloré y Bonnassies dan un salto al vacío al pasar de la ciencia a la filosofía, por no decir a la teología. La ciencia no puede decir nada de Dios porque no versa sobre el ámbito de lo sobrenatural. Por lo tanto, y lo digo al comienzo de mis reflexiones, ese camino conduce a un callejón sin salida, es una vía muerta. Los intentos de sustentar la existencia de Dios sobre bases científicas están condenados al fracaso. También se puede afirmar lo contrario: la ciencia no puede demostrar que Dios no existe.

Al biólogo inglés John Burdon Haldane, nacido en Oxford en 1892, le preguntaron en una ocasión qué podía decir la biología acerca de Dios. Su respuesta da mucho que pensar. Afirmó que existen 300.000 especies de escarabajos y una sola especie humana, lo que demostraría, según concluyó en términos irónicos, que Dios tenía más intereses en los escarabajos que en los hombres. Es una *boutade,* pero contiene una verdad inquietante.

En relación con esta paradoja, Karl Popper acuñó la teoría de la falsabilidad, que consiste en someter cualquier hipótesis científica a la contradicción. Dicho con otras palabras: la validez de una ley depende de que no pueda ser impugnada por un fenómeno observable. Si la gravedad existe, tiene que darse en cualquier lugar y en todo momento.

Es evidente que la religión no puede ser sometida a la falsabilidad, porque, como enunciaba Wittgenstein, hay realidades sobre las que no es posible llegar a ninguna conclusión, que superan nuestro entendimiento. Por mucho que reflexionemos y nos esforcemos, Dios se escapa como una trucha de nuestras manos.

El debate sobre la existencia de Dios no es una cuestión teórica, una polémica entre científicos y teólogos o incluso un asunto de naturaleza política: es un interrogante cuya respuesta atañe a cada persona. Y de cuya contestación, si la hay, depende el sentido que podemos dar a nuestra vida y a la muerte.

Escribió Albert Camus que la única pregunta relevante es por qué uno no tiene razones para suicidarse. Lo que equivale a interrogarse sobre el sentido de la existencia. Camus creía que la vida era absurda, pero que podía tener sentido en la rebelión contra la injusticia. Una idea que me parece voluntarista.

Al margen de nuestros ideales y las metas que persigamos en la vida, encontramos esa necesidad de saber qué sentimos los hombres. Este libro es una exploración a ese abismo que es la finitud humana y la conciencia de nuestra vulnerabilidad. Dios es el todo y la muerte es la nada. Entre los dos extremos, estamos nosotros, sedientos de certezas.

CODA

Casi todos los astrónomos coinciden en que existe un agujero negro supermasivo en el centro de nuestra galaxia que absorbe todo lo que entra en su horizonte de influencia. Ni siquiera la luz puede escapar a la enorme fuerza de esta colosal concentración de materia. Según la teoría de Einstein, el tiempo y el espacio se contraen en el centro del agujero, de suerte que un minuto en su interior equivaldría a miles de años de nuestra escala temporal.

Nadie puede entrar o salir de un agujero salvo en la película *Interstellar*, dirigida por Christopher Nolan, en la que un astronauta vuelve al pasado en una quinta dimensión al penetrar en un agujero, lo que le permite viajar por el universo a una velocidad muy superior a la de la luz.

Esto naturalmente es ciencia ficción, una mera película, pero es cierto que dentro de esas grandes concentraciones de masa se halla el secreto de las leyes que rigen la vida y, por supuesto, de la creación de la materia. Por decirlo con una metáfora: es como si Dios habitase en un agujero negro.

Stephen Hawking, que corroboró la existencia de estas formaciones ya previstas por la física de la relatividad, escribe en uno de sus libros que un agujero negro es un archivo donde se almacena toda la información existente en el universo. Si pudiéramos leer en su interior, podríamos descifrar la naturaleza de fuerzas como la gravedad o conocer la esencia del tiempo, indisociable, según Einstein, del espacio con el que interactúa.

Esta idea de que el tiempo se detiene en un agujero negro siempre me ha fascinado. Significa que, si pudiéramos atravesar uno de ellos en unos pocos segundos, habrían transcurrido en la Tierra cientos de años y podríamos volver para conocer a los hijos de nuestros bisnietos. En la película de Nolan, el astronauta retorna a Saturno para ver morir a su hija, que ya tiene más de cien años.

Hay mucha gente que cree que todas estas cosas son el producto de la imaginación de los científicos y se aferra a lo que nos transmiten los sentidos. Pero lo cierto es que ningún especialista discute hoy los principios básicos de la física cuántica y de la existencia de dimensiones a las que no podemos acceder por las limitaciones de nuestro cerebro. Lo que, insisto, no prueba ni desmiente la existencia de Dios.

No pretendo profundizar en conocimientos que me rebasan, pero sí me parece importante resaltar las implicaciones de estos descubrimientos de la física que revolucionan todas nuestras ideas sobre la materia, el espacio y el tiempo. Invito al lector a que profundice en estos nuevos conceptos, en los que no deseo entrar más que tangencialmente por mi falta de preparación científica.

La gran paradoja que se desprende de la visión cuántica del mundo es que todos somos el producto de una serie de interacciones que nos han hecho ser como somos, ya sea por el azar o por designio de un ser inteligente. Pero todos salimos de lo mismo y vamos a lo mismo: al interior de un gran agujero negro, que es la muerte de la conciencia individual, pero no de nuestros átomos ni de las fuerzas que nos han dado la vida, que nos sobrevivirán hasta la muerte del universo si se cumple el segundo principio de la termodinámica.

La existencia humana es una breve anomalía en el curso de ese espacio y ese tiempo, que en cierta forma son una ilusión de nuestro cerebro, como decía Einstein. Ello solo significa que debemos dar las gracias por el afortunado accidente de estar vivos y aprovechar nuestra breve existencia para disfrutar del privilegio de poder mirar y tocar lo que nos rodea, aunque sea un espejismo de nuestros sentidos.

El lector no encontrará certezas en este trabajo y sí muchas preguntas que quedan sin respuesta. Incluso alguna contradicción, que no se me escapa. Se lo advierto a quien pretenda hallar más seguridades que dudas en esta aventura que siempre supone abrir las páginas de un libro. Anticipo la conclusión: solo sé que no sé nada. Espero que disfruten este viaje por la incertidumbre.

2

Antes de que anochezca

Cuando tenía quince años, cogí un tren tranvía desde la estación de Burgos a Briviesca, el pueblo de mi madre. Se trataba de un trayecto de solo cuarenta kilómetros hasta la casa de mis tíos. Era un día primaveral y había anochecido cuando llegué a mi destino. Comencé a andar y al cruzar el río Oca, una inmensa luna amarilla brillaba en la oscuridad encima de las tapias del cementerio. Era tan grande que parecía que bastaba subir a los montes cercanos para tocarla.

Me senté en un banco y estuve unos minutos contemplando el espectáculo. Había leído que la luna ejerce influencia sobre la vida humana y sabía que los movimientos de las mareas se deben a su posición respecto a la Tierra. Pero lo que recuerdo de aquel momento es que fui consciente, por primera vez en mi vida, de la fugacidad del presente y de que jamás volvería a tener tan cerca la luna.

La sensación de la finitud de la existencia nunca me ha abandonado e incluso se ha llegado a convertir en algo obsesivo que me ha impedido disfrutar del presente. Es como un velo que siempre ha estado delante de mis ojos y que ha empañado los momentos de felicidad. Al intentar evocar lo que ha sido mi paso por este mundo, tengo que partir de esa imagen de la luna que nunca he olvidado y que me sigue suscitando zozobra.

Hace unos años, en el verano de 2020, me acogí a una jubilación que me permite seguir trabajando. Sigo activo, pero algo cambió en mi mente cuando crucé esa frontera. Al recibir la carta de la Seguridad Social que me comunicaba mi nueva condición, sentí vértigo. Y fue entonces cuando decidí escribir este libro, cuya idea me rondaba desde hace mucho tiempo, no tanto con el afán de dejar un rastro de lo que ha sido mi vida como por la necesidad de reflexionar sobre su sentido. Por ello, Dios y la muerte están presentes en todas sus páginas.

Decía Albert Camus en *El mito de Sísifo*: «No hay más que un problema verdaderamente serio: el suicidio. Juzgar si la vida vale o no la pena de ser vivida es responder a la pregunta fundamental de la filosofía». Me he hecho muchas veces esta pregunta y mi respuesta ha ido cambiando según mi estado de ánimo. Pero, a punto de cumplir los setenta años y a las puertas de la vejez, me inclino por creer que sí ha valido la pena. Lo digo con reservas. Mi existencia, como la de todo el mundo, ha estado llena de dudas, de incertidumbre, de dolor, de fracaso y de impotencia. Pero también ha habido momentos de esplendor, de amor y de fulgor.

Estoy perdiendo la buena memoria que he tenido desde niño y me cuesta mucho recordar los nombres. Voy a las tertulias de televisión con el miedo a quedarme en blanco. Mi pérdida de facultades mentales es imparable. En cierta forma, estas líneas también son una forma de dejar un testimonio de mi paso por este mundo, lo reconozco. Pero, a pesar de ello, crece la sensación de que mi tortuoso recorrido por este valle de lágrimas ha quedado compensado por la propia experiencia de vivir. A medida que se acerca la oscuridad, crece la conciencia de que he sido único, como todos los seres humanos.

Me quedan muchas cosas por hacer, muchos libros por leer, muchos viajes por emprender, pero no puedo quejarme. Recuerdo un poema de Jorge Luis Borges que decía que, tras cumplir cuarenta años, había libros en sus estanterías que jamás volvería a abrir. Esa sensación, que he tenido desde joven, me ha llenado de nostalgia. Sin embargo, puedo considerarme afortunado por haber gozado de buena salud, una familia, un trabajo que me ha apasionado y por haber disfrutado de la amistad, que Cicerón definía como una inclinación natural que crea lazos entre las personas.

Durante casi toda mi vida, he albergado un cierto sentimiento de envidia hacia los demás. Al observar a la gente, me parecía que todos eran más felices que yo, que sus existencias eran más valiosas que la mía o que, por lo menos, podían vivir sin esa permanente sensación de estar al borde de la nada como me sucedía a mí. Los alemanes han acuñado la expresión «*Schadenfreude*», que significa alegrarse del mal ajeno. Nunca he experimentado ese sentimiento, pero sí el de una especie de fascinación por las vidas de los otros, como si estos poseyeran un don del que carezco.

Una noche de verano, a mediados de agosto, estuve en una verbena de un pueblo de la sierra de la Demanda en Burgos. Había una orquesta, luces y parejas que bailaban. Me senté en un pretil a oscuras para contemplar el espectáculo de la dicha de los otros mientras la luna brillaba en el cielo. Los observaba entregados a aquel momento de regocijo en el que el tiempo se había detenido. Y me invadió una mezcla de envidia y frustración por no ser como cualquiera de ellos, por ser incapaz de abandonarme a la plenitud de la fiesta.

Siempre he tenido una fuerte inclinación a la soledad. Cuando era niño, me gustaba huir a cualquier rincón de la casa para leer un tebeo. Al llegar a la adolescencia, pasaba las tardes de las vacaciones de verano por los alrededores de la cartuja en Burgos. Solía ir en bici con un libro y un bocadillo y me tumbaba durante horas a la sombra de un árbol hasta la hora del anochecer. A lo largo de toda mi vida he necesitado esas horas de soledad tan propicias a pensar y a soñar.

Volviendo a la cuestión del sentido, tiendo a pensar como Jean-Paul Sartre que los seres humanos carecemos de esencia. Existimos simplemente. Nacemos con una herencia genética y una fuerte influencia familiar, pero no estamos determinados a ser una cosa u otra.

Siempre me he sentido libre en mi vida para elegir. Y siempre he sido muy consciente de que, a pesar de todas las dificultades y obstáculos, he sido el dueño de mis decisiones. Nunca he culpado a los demás de mis errores ni me he escudado en los otros.

Lo que soy ahora es el resultado de una serie de encrucijadas en las que he tomado esas decisiones de manera libre. No puedo ni quiero achacar a otros lo que soy. Una de las elecciones que determinó mi vida aconteció en 1976, cuando yo había cruzado la frontera para vendimiar en Francia. Pagaban diez francos a la hora, algo que no he olvidado, porque ejemplifica el sueldo ganado son sudor y esfuerzo. Las manos se quedaban heladas con el primer frío de la mañana.

Esta experiencia me vino a la cabeza el pasado verano, cuando vi unas fotos en los periódicos de los vendimiadores acudiendo a Francia para ganarse un sustento que les permite sobrevivir el resto del año. Son un anacronismo, una imagen del pasado en un antiguo país de emigrantes que ha recibido cuatro millones de inmigrantes en una década. Cuando los veo, me veo a mí en aquel lejano agosto de 1976, cuando bajé del tren en la estación de Perpiñán para buscar trabajo en la vendimia. La memoria es frágil, pero todavía recuerdo el corto trayecto en autobús hasta Vernet, donde me esperaba monsieur Matheu, un coronel gaullista retirado que tendría por entonces unos sesenta y cinco años.

Matheu era un terrateniente. Indicó que me llevaran a un granero en el campo, donde vivían otros seis españoles que trabajaban para él en la vendimia y en la recolección de manzanas. La construcción era de piedra y tenía más de un centenar de metros cuadrados en la planta baja. Había un camping gas para hacer la comida y se dormía en el suelo, sobre un montón de paja. Los platos se lavaban en un arroyo cercano, de agua helada.

Nos levantábamos a las siete de la mañana e íbamos andando a la casa del patrón. Él salía a las ocho en punto tras haber tomado un café y nos llevaba en una furgoneta Citroën a los campos de recogida. La jornada acababa a las cinco de la tarde; si llovía, no se trabajaba y, por tanto, no se cobraba.

El total de los vendimiadores oscilaba entre quince y veinte personas, entre ellas un anarquista catalán llamado Pedrero.

Me dijo que había conocido al general Vicente Rojo, que al parecer había estado en el campo de concentración de Vernet tras la derrota de la República en 1939. Al acabar la Segunda Guerra Mundial, se quedó en el pueblo. Por razones inexplicables, monsieur Matheu se dirigió misteriosamente hacia mí una mañana cuando tenía doblada la espalda sobre una vid y me pidió un extraño favor. Me dijo que llevara a bañar a todos sus obreros al balneario del pueblo y que pagaría las horas como trabajadas. Le argumenté con sentido común que no podía garantizar el cumplimiento del trato.

Al día siguiente Matheu me invitó a tomar café en su casa a las ocho menos cinco de la mañana y me nombró su capataz, lo cual fue acogido con alivio por Pedrero y con incomprensión por los cuatro o cinco peones franceses que ocasionalmente trabajaban para el exmilitar, que guardaba en el piso superior del granero su uniforme y sus condecoraciones en el ejército francés. Era un ferviente admirador de Charles de Gaulle, cuyo retrato tenía en el salón.

Vernet aparecía entonces en los billetes azules de quinientas pesetas porque ofrecía la mejor vista del Canigó. Nunca he retornado a Vernet, no he vuelto a tener contacto con Matheu ni he vuelto a vendimiar. Su único hijo se mató en un accidente un domingo lluvioso de septiembre de 1976. Me propuso ser su socio, pero le expliqué que aquella vida no era para mí. Fue una apuesta en el verdadero sentido pascaliano del término.

Es inútil preguntarse cómo y qué habría sido mi vida si hubiera aceptado la oferta de Matheu. Sería otra persona. Estaría casado con otra mujer y tendría otros hijos. Y no habría escrito este libro, lo que demuestra que todo es contingente y aleatorio en este mundo, fruto del azar, lo que no contradice la importancia de las elecciones que cada uno toma.

A medida que transcurren los años, me pregunto cada vez con mayor desazón sobre la cercanía de la muerte y el límite temporal de la existencia. Hay demasiados amigos y familiares —entre ellos mi hermano— que han desaparecido, dejándome una sensación de vacío. Me niego a borrar sus nombres de mi móvil o a tacharlos de mi agenda. Es una forma se sentirlos vivos.

La muerte de un ser amado es como la amputación de un brazo. Sigue doliendo, aunque ya no exista. Merleau Ponty, en su *Fenomenología de la percepción*, dedica un interesante capítulo a la relación del cerebro con un miembro amputado. Las personas que han perdido un brazo o una pierna confiesan siguen sintiendo la parte perdida como si estuviera unida al cuerpo.

He encontrado una lúcida descripción de ese sentimiento de la pérdida en *Baumgartner*, la última novela de Paul Auster. Transcribo un párrafo que me parece muy ilustrativo:

> Piensa en madres y padres llorando la muerte de sus hijos, hijos llorando a sus padres muertos, mujeres llorando a sus maridos muertos, hombres llorando a sus esposas muertas, y qué íntimamente se asemeja ese sufrimiento a las secuelas de una amputación, porque la pierna o el brazo perdidos estuvieron una vez unidos a un cuerpo con vida, y la persona desaparecida estuvo una vez unida a una persona viva. Y si eres el que sigue viviendo, descubrirás que la parte que te han amputado, esa parte fantasma de ti mismo, puede seguir siendo fuente de un dolor infame. Ciertos remedios pueden aliviar los síntomas, pero no hay cura definitiva.

«No hay cura», recalco la expresión.

Auster escribió esta novela cuando había sido diagnosticado de cáncer. Había cumplido setenta y cinco años. Murió año y medio después. Es fácil saber a qué se refiere en esa novela, ya que su hijo Daniel, de cuarenta y cuatro años, falleció por una sobredosis de drogas tras haber sido acusado de provocar la muerte de su bebé.

En un libro autobiográfico, *La invención de la soledad*, Auster nos cuenta que su padre vivió una infancia atormentada porque su abuela mató a su marido de un tiro. La había abandonado con cinco hijos y se había marchado con otra mujer, una tragedia que gravitó sobre su casa y el carácter de su padre.

El escritor estadounidense jamás conectó con su progenitor, al que veía como un hombre distante y cerrado en su propio drama, incapaz de expresar sentimientos. Pese a lo mala que era la relación, Auster sintió la muerte de su padre como una amputación, como una terrible pérdida. Siempre había pensado en lo mucho que se parecían y, sobre todo, en que su sombra se había proyectado sobre él durante toda su vida.

El padre de Auster pensaba que su hijo era una nulidad. Paul perdió todos sus ahorros al intentar comercializar un juego de cartas, se embarcó como marinero en un mercante y sobrevivió durante casi un año cuidando una casa en la campiña francesa mientras leía a Verlaine, Mallarmé, Rimbaud y Baudelaire. Aunque no lo dice expresamente, da la impresión de que se esforzó por triunfar en la literatura para demostrar que su padre estaba equivocado. Pero su padre falleció cuando Auster tenía treinta y dos años, sin tiempo para demostrarle lo equivocado que estaba.

Mi padre murió a los sesenta y cuatro años de una enfermedad terrible: la esclerosis lateral amiotrófica, conocida por sus siglas ELA. Había nacido en 1926 en Miranda de Ebro, en el seno de una familia ferroviaria. Sus miembros se fueron paralizando progresivamente. Su declive fue una pesadilla, un infierno para él y su familia. Como yo había tenido enfrentamientos por mis ideas políticas con él, un católico conservador, me entraron remordimientos de conciencia. No podía evitar la sensación de que le había defraudado y que esperaba mucho más de mí, como le sucedía al progenitor de Paul Auster.

Soñaba por las noches que, al despertar al día siguiente, la enfermedad de mi padre quedaba reducida a una pesadilla y que en realidad no le pasaba nada. Que podría tener una vejez normal y sacar a pasear a los nietos que tanto deseaba tener. No conoció a ninguno. Sus últimos tres años de vida fueron un tormento, un sufrimiento inexpresable. En un determinado momento, cuando todavía podía desplazarse, estoy seguro de que acudió a una biblioteca pública para consultar un manual de medicina y se enteró de que sus síntomas coincidían con los de la ELA. Es una hipótesis, pero yo sabía que él sabía lo que tenía y que sus días estaban contados. Nunca hablamos de ello.

Es curioso cómo es posible adquirir una absoluta seguridad por un simple presentimiento o una sensación indefinible. Yo tenía la certeza, que agudizaba mi angustia, de que mi padre conocía todas las estaciones del calvario que le aguardaba. Podría haber apostado uno contra un millón sin riesgo a perder que mi padre era consciente de su condena a muerte. Lo miraba y él me devolvía un gesto de resignación y dolor con sus ojos. Apenas hablaba. Nunca le oí quejarse de su destino ni del final que inexorablemente le aguardaba. Y mantuvo su lucidez hasta el último minuto.

Me he arrepentido muchas veces, y es uno de los mayores errores de mi vida, de no haberme sincerado con él y haber afrontado juntos su muerte. Creo que eso le hubiera aliviado. Pero opté por fingir que yo no sabía que él sabía y que los dados del destino o de la fatalidad estaban arrojados. Más de tres décadas después de su marcha, lamento haber perdido la ocasión de decirle que le quería y que había sido una referencia en mi vida.

No tuvimos una relación fácil porque, como ya he dicho, chocábamos por nuestras ideas políticas. Especialmente en mi juventud, sobre todo, en mi época de la universidad. Mi padre había sido un democristiano opuesto al régimen de Franco. Al desaparecer el dictador en 1975, adoptó un giro conservador, tal vez asustado por los cambios de la Transición, la inseguridad ciudadana de la época y la pérdida de influencia de la Iglesia católica en la sociedad. No entendía, por ejemplo, la exhibición de pornografía en los quioscos ni la emergencia de movimientos que reivindicaban el aborto y el divorcio. Era liberal políticamente, pero socialmente conservador.

Por encima de ello, mi padre tenía un sentido de la justicia que llevaba hasta las últimas consecuencias y era coherente con sus principios. He visto a pocas personas con una sensibilidad social como la suya. En cierta ocasión, a finales de los años setenta, le dio su abrigo a un inmigrante marroquí en la estación de ferrocarril de Miranda, le compró un billete a Irún y le metió en el bolsillo algo de dinero. Tenía una verdadera inquietud por los pobres y las personas que sufrían, mientras que siempre mantenía su criterio frente a sus jefes. No era sumiso ni dado al halago, y poseía una pasmosa seguridad en unas creencias a las que se aferraba.

Cuando era abogado de los sindicatos verticales en el Hogar del Productor de Miranda, defendió a un obrero de una fábrica de embutidos que había sido despedido por el escándalo de vivir con una mujer sin estar casado con ella. Mi padre ganó el pleito a la empresa y aquel hombre tuvo que ser readmitido. Luego le consiguió una vivienda social. Y finalmente le obligó a contraer matrimonio, dado que no concebía las relaciones fuera del vínculo sagrado.

Mi padre se llevaba muy mal con los falangistas. Le escuché decir en muchas ocasiones que eran corruptos y oportunistas. También rechazaba sus excesos durante la Guerra Civil. Condenaba los «paseos», que era el eufemismo que utilizaban los nacionales para sacar de casa a los republicanos y fusilarlos sin juicio. Me consta que ayudó a más de un represaliado por el franquismo. No solo eso, los defendía y propugnaba en los años sesenta la necesidad de una reconciliación nacional. Era suscriptor de *Cuadernos para el diálogo*, y admirador de De Gaulle y Churchill desde una posición abiertamente antifascista y humanista.

En el momento de escribir estas líneas, he cumplido los sesenta y nueve años, lo que significa que he vivido cinco más que mi padre. Conservo una foto con mi abuelo, tomada a finales de 1955; yo debía de tener unos seis o siete meses. Miro fijamente a la cámara, sostenido entre sus brazos. Siempre me ha parecido al ver esa imagen que el padre de mi padre era un anciano. Pero había nacido en enero de 1900, al comenzar el siglo, y por lo tanto era mucho más joven que yo en la actualidad. Ello demuestra la percepción cambiante del tiempo.

A medida que envejecemos el tiempo pasa cada vez más rápidamente. Ya decía Bergson que la medida de la vida de un hombre no es el tiempo cósmico newtoniano, sino lo que él llamaba *la durée*, la duración o percepción subjetiva del transcurso de los días, las semanas y los meses. Es una verdad compartida que un dolor de muelas detiene el transcurso del tiempo, que se hace eterno, mientras que los momentos de felicidad son fugaces y perecederos. Casi todos tenemos la sensación de que nuestra infancia pasó en un instante. A mi edad, el tiempo transcurre de forma vertiginosa.

Hace un año y medio me diagnosticaron una insuficiencia renal, acompañada de una diabetes de tipo dos y tensión alta, lo que me ha obligado a tomar precauciones como dejar el alcohol y limitar la carne, el marisco, las grasas y los quesos. Por primera vez en mi vida, tengo una clara e incómoda sensación de haber entrado en la recta final de mi vida. El tiempo se agota y tengo muchas preguntas a las que no encuentro respuesta.

Coincidiendo con ese diagnóstico, he perdido energía y parte de la ilusión de vivir. Soy muy consciente de la fugacidad de las cosas y de la vulnerabilidad que provoca estar al borde de los setenta años. Lo diré sin rodeos: soy un anciano. Pero hay algo en mí, seguramente el instinto de supervivencia, que me empuja a aferrarme a la vida. Los deseos y las pulsiones siguen vivos en mi interior.

Suelo decir a mis amigos que lo cambiaría todo por poder volver a jugar al fútbol, la gran pasión de mi vida. Desde que era niño, intentaba dominar el balón y acertar a un bote colocado a treinta pasos. Tenía buenas aptitudes para este deporte, pero, al llegar a la universidad, opté por centrarme en los estudios. Me di cuenta de que no tenía el suficiente talento para jugar en un equipo profesional. Lo más curioso es que, a mi edad, todavía hay noches en las que sueño que estoy jugando al fútbol. Pero el único consuelo es seguir la Liga y la Champions como cualquier aficionado. Hace muchos años que he dejado de ir al Bernabéu.

Como mi cuerpo se ha entumecido y mis piernas no responden a mi cabeza desde hace muchos años, buena parte de mi tiempo lo ocupa ahora la lectura. Desde niño, he leído con avidez. Los libros han sido mi pasión y también una forma de vivir, aunque la lectura es un hábito solitario. Me gusta leer solo, aislado, encerrado en una habitación, sin ninguna conexión con el exterior. Leer me sigue produciendo una intensa emoción que supera a la de cualquier otro arte, incluida la música.

Leo compulsivamente y, en ocasiones, soy incapaz de terminar un libro porque me sumerjo en otro. Hay en mi interior una especie de avidez que me impulsa a devorar páginas, probablemente porque siento la necesidad de saber, de conocer otras vidas y otras épocas, como si eso me permitiera alargar la vida o vencer al tiempo. Vana ilusión. Es como si corriera cada vez más rápido hacia una meta que se va desplazando.

Marcel Proust se encerró en una habitación acolchada en los últimos años de su vida para intentar atrapar el pasado, ese tiempo perdido que jamás vuelve. El libro que tienes en las manos, salvando las distancias, es también una tentativa de exorcizar el tiempo y de fijarlo a través de la escritura.

Empecé a leer a Proust a los dieciocho años al llegar a la universidad en Madrid. Cayó en mis manos la edición de Alianza Editorial y su prosa me fascinó. Leía y releía sus largos párrafos e intentaba agotar su sentido. Recuerdo la turbación que me produjo el desmesurado amor de Swann por Odette en *La recherche*. Yo acababa de sufrir el final de una relación con el mismo sentimiento de desesperación que experimenta el personaje. Vivía el tormento del abandono.

Hay un pasaje en el que un veterano de guerra apunta en un desfile militar que Odette había ejercido la prostitución cuando Mac Mahon era presidente de la República. Ese cruel comentario reflejaba la dimensión de la tragedia de Swann, amigo del príncipe de Gales y árbitro de la moda parisina. Era una forma de decir que lo había apostado todo por un amor vulgar que le había hecho profundamente infeliz. Esas palabras me dejaron noqueado. ¿Acaso no es ese el sino de las grandes pasiones? ¿Se puede amar sin sufrimiento?

El amor se expresa mucho mejor en los libros que en la pintura, el cine, el teatro o la música. Y el amor es el tema que subyace en las obras de Tolstói, Balzac, Dickens o Dostoievski. Estos autores eran populares en el siglo XIX y sus entregas llegaban al gran público. No había entonces ninguna diferencia entre lo clásico y lo popular.

Esto me lleva a pensar que estamos asistiendo también a la muerte de la lectura, esencialmente un hábito burgués que requería tiempo, soledad y capacidad de abstracción. No digo que hoy no se escriban buenos libros, pero son para élites. La comunión que reinaba entre el público y los grandes autores ya no existe.

Siempre he creído que la lectura es una costumbre absolutamente inútil. Se lee sin ningún propósito, lo mismo que se mira a las nubes o se pasea por un bosque. Hay que dejar que la letra impresa vaya penetrando en el espíritu sin ninguna resistencia ni prejuicio.

En una época dominada por las prisas y la idea de la utilidad, hay muy poca gente que lea por placer, por el gusto de acariciar el tacto del papel y disfrutar de una frase como las de Flaubert en *Madame Bovary*, que exprime el lenguaje como un limón.

Un amigo me dijo una vez que no se podía entender a Nietzsche si no se leía en el idioma original. Tal vez sea cierto, porque las expresiones son el pensamiento. Hay muchos matices que se escapan en la traducción. Pero hay una relación íntima entre el autor y el lector, que es quien realmente crea la obra al abrir sus páginas.

Leer hoy es un anacronismo, un vicio pecaminoso, un acto de onanismo. Quizá sea uno de los últimos gestos de rebeldía ante la invasión de estulticia que soportan nuestros sentidos. Sí, la lectura ha muerto y nunca va a resucitar en este mundo apocalíptico del siglo XXI en el que los predicadores han sustituido a los escritores.

Tengo la sensación de que esa muerte de la lectura tiene algo que ver con el final de mi vida en este mundo. Es como una metáfora de mi propia existencia. Las cosas que he amado están en trance de desaparecer, como me va a suceder a mí. No poder leer es lo más parecido a cortar los lazos con la vida, con mi vida. La existencia ha transcurrido en un abrir y cerrar de ojos, lo que produce una mezcla de perplejidad y asombro que no me resulta extraña porque también he hallado ese sentimiento en los clásicos, particularmente en Montaigne, que renunció a la vanagloria de este mundo y se encerró en una torre cerca de Burdeos para leer.

Dios también está presente en los libros. Si pudiéramos almacenar en una gran biblioteca todos los volúmenes que se han escrito desde que los sumerios grababan signos en tablillas de barro, el Ser Supremo estaría de alguna forma contenido en todo ese universo impreso, en esos trazos a través de los cuales los hombres han dejado constancia de su forma de vivir y de sus sentimientos. Dios es la suma de todo, pero todo obedece al conjunto de experiencias únicas y personales, intransferibles, como se dice de forma pretenciosa. Por eso, Dios se expresa en lo contingente y no en lo necesario, en lo particular y no en lo universal, en la hoja de un árbol y no en las leyes de la moral. Hay demasiadas abstracciones que lo ocultan. Ni la filosofía ni la ciencia revelan su rostro. En eso consiste el misterio de Dios: en una gota de agua.

3

Con los ojos abiertos

No dejo pasar más de tres o cuatro meses sin ir a Miranda de Ebro, mi pueblo natal. Conservo el piso de mis abuelos, cercano a la estación, donde transcurrió parte de mi infancia. Y paseo por las orillas del río, por las huertas del barrio de Anduva, por los caminos y las montañas cercanas.

Uno de los lugares que frecuento son las ruinas de la antigua Deóbriga, una antigua ciudad celta en la que vivían miles de personas. Me paso horas observando los cortes geológicos de los montes Obarenes, labrados a lo largo de cientos de miles de años.

Cuando contemplo las aguas del Ebro desde el puente construido en la época de Carlos III, pienso siempre en mi padre, en mi abuelo y en mis bisabuelos, que lo cruzaban todos los días para desplazarse a lo que se llamaba el «real allende», la parte nueva de Miranda.

Me suelo quedar absorto durante unos minutos en el pensamiento de que diez generaciones de mi familia contemplaron el mismo discurrir del cauce del río. Y que hollaron el mismo camino y vieron las mismas piedras.

Aunque sea cierta la frase de Heráclito de que todo fluye, el Ebro me produce la sensación contraria: la inmovilidad del tiempo, asociada a la eternidad. Soy un minúsculo eslabón de una larga cadena de generaciones que desaparecieron y fueron olvidadas.

Y ello me hace tomar conciencia de la finitud de la existencia, ligada a la conciencia de la muerte. Disponemos de un tiempo limitado que hay que aprovechar. Y no sabemos lo que hay más allá. Incluso es aventurado hacer predicciones sobre el mañana porque lo único real es un presente que se nos escapa.

Quienes tienen una fe religiosa encuentran un sentido trascendental a la existencia. Creen en una vida futura y, en el fondo, en la abolición del tiempo en el paraíso celestial en el que habitarán tras la muerte. Pero yo me siento atado a este mundo, a lo que hago y sueño, a mis proyectos y mis frustraciones. Sé que todo es temporal y pasajero, que mañana puedo no estar aquí.

Es esa sensación de absoluta precariedad la que me impulsa a apurar el presente, a captar los momentos únicos e irrepetibles como la luz del amanecer o la imagen de un niño jugando en el parque. Todo eso se acabará algún día, lo mismo que les sucedió a mis antepasados. También nuestra civilización y la Tierra serán tragadas por el tiempo.

La perspectiva de la finitud te hace ver las cosas con otros ojos. Pero eso no significa que te conviertas en un cínico y que no te importen los demás. Por el contrario, eres más consciente de las consecuencias de tus acciones y de tu dependencia de los demás, que se agudiza al carecer de fe. La libertad es al mismo tiempo una condena y una bendición.

Estudié en la escuela parroquial de San Nicolás de Bari, también llamada de los monaguillos, en Miranda de Ebro, hasta los diez años. Iba a misa, rezaba el rosario todos los días y llegué a saberme los principales oficios religiosos en latín. Cada domingo, a las tres y media de la tarde, los niños hacíamos cola en las escaleras de la parroquia para ver una película. Las entradas costaban dos pesetas, poco más de un céntimo de euro. Estoy hablando de comienzos de la década de 1960, cuando yo tenía siete u ocho años.

Nos sentábamos en bancos corridos para ver la pantalla, que era una gran sábana colgada en el techo. El chorro de luz atravesaba nuestras cabezas, perforando la oscuridad de la cripta carente de ventanas. El operador tenía que parar el proyector para cambiar dos o tres veces los rollos de celuloide de las películas, que venían enlatadas dentro de un saco.

Algunos de los filmes eran mudos, en concreto los del Gordo y el Flaco. Y también recuerdo *La quimera de oro* de Chaplin, que me produjo una honda impresión. Pero los más frecuentes eran los que protagonizaba un enmascarado mexicano llamado El Santo. Me gustaban las películas en color, que no eran habituales. Jamás podré olvidar a Errol Flynn en *El capitán Blood*, al que imitábamos con floretes de plástico.

En aquella cripta había una placa que rezaba: DADLES EL DESCANSO ETERNO. La habían puesto allí en conmemoración de lo sucedido el 12 de diciembre de 1954, seis meses antes de mi nacimiento, cuando diez niñas murieron aplastadas al derribarse la puerta del recinto y caer por una escalinata. Estaban esperando para asistir a una obra de teatro. Ya nadie recuerda esta desgracia, pero a mí me marcó la infancia.

En julio, cuando hacía mucho calor, el maestro nos bajaba a estudiar a la cripta y yo sentía la presencia de aquellas niñas, fantasmas silenciosos cuyos espíritus vagaban por las sombras del lugar. Siempre que vuelvo a San Nicolás, me siento en los bancos del templo y pienso en ellas mientras contemplo el mural del Cordero Pascual sobre el altar.

En una época donde apenas había media docena de televisores en mi pueblo, los motores de los coches se activaban con una manivela y las mercancías se distribuían en carros tirados por caballos, el cine era la única ventana que nos mostraba un mundo que parecía tan irreal como inaccesible.

Como en *Cinema Paradiso*, la película de Giuseppe Tornatore, el párroco cortaba las escenas de besos o el operador ponía la mano delante del objetivo. Pero a veces aquel erotismo de beatas se escapaba al control de los censores y los niños aplaudíamos con entusiasmo cuando Errol Flynn besaba a Olivia de Havilland.

Todo esto es pura nostalgia. Pero conforme cumplo años y se me van muriendo los amigos, vuelvo a estos recuerdos infantiles, que me parecen más reales que el presente. Como escribe T. S. Eliot: «Lo que llamamos principio a menudo es el final». Y mi final estaba ya escrito cuando aquellas niñas desaparecieron en las sombras de la cripta de la parroquia, aunque yo no lo sabía.

Cuando oigo los salmos que cantan los monjes benedictinos del monasterio de Silos, cierro los ojos y revivo el olor de los cirios mezclado con el incienso que impregnó aquellos años de la infancia en Miranda. Evoco el edificio de ladrillo, construido a principios de los años cincuenta, que albergaba la iglesia, la escuela y la cripta de san Nicolás. Los recuerdos se agolpan y emergen sin el filtro del tiempo. Entonces había que dejar pasar tres horas sin ingerir comida ni líquido antes de recibir la comunión, por lo que los domingos tenía el hábito de desayunar después de la misa. Merecía la pena esperar porque los días de fiesta mi padre compraba churros en el bar Diamante y mi madre hacía chocolate.

He contado en mis columnas en *El Mundo* y *ABC* muchos de mis recuerdos infantiles, pero nunca he hablado de la profunda impresión que me producía una de las obligaciones de mi condición de monaguillo: acompañar a los sacerdotes a impartir la extremaunción.

Me familiaricé prematuramente con la muerte porque, a la edad de ocho o nueve años, tenía que visitar a enfermos a punto de fallecer, algunos ya sin conocimiento, a los que el cura rociaba con el agua bendita de un hisopo tras hacer el signo de la cruz en su frente.

La oración que reza el sacerdote es impresionante cuando perdona los pecados al que va a morir. Pronuncia estas palabras: *Egredere anima christiana*, «alma cristiana, sal de este mundo para ingresar en el más allá».

Me ha quedado profundamente grabada la imagen de un hombre de unos noventa años, casi esquelético, yaciente en la cama de una pequeña habitación, mientras su hija le ponía un rosario en la mano y el sacerdote le exhortaba a arrepentirse de los pecados. Al día siguiente murió y todavía recuerdo su ataúd en el centro de la nave de la iglesia en un frío día de invierno, con la nieve arremolinada en las escaleras del templo.

Don Lucas, el párroco, con un misal en la mano, entonaba «Salve Regina, mater misericordiae», mientras sus hijos lloraban en torno al féretro.

La pregunta que todavía no me hacía entonces era si la extremaunción bastaba para perdonar los pecados y si el difunto estaba ya al lado de Dios, como proclamaba la fe católica. Yo era un fervoroso creyente y no albergaba dudas sobre la inmortalidad del alma y la existencia del Paraíso. Pero sí veía intuitivamente la decadencia y la corrupción de la carne, aquellos hombres y mujeres postrados ante el dolor y la enfermedad, vencidos por el paso de los años y la dureza de la vida.

Era un niño, pero captaba sin poder razonarlo el enigma que nadie ha podido resolver con certeza: lo que hay más allá de la muerte, lo que nos espera al despedirnos de este mundo. Una pregunta que hoy resulta de mal tono formular y que socialmente se ha convertido en un tabú en un mundo que rinde culto al placer y bienestar material, pero que jamás podremos eludir.

La única cuestión esencial, como planteaba Albert Camus, es el sentido de seguir viviendo, puesto que la única certeza es el absurdo de la muerte. Su triste final en un accidente de tráfico —cuando había recibido el Nobel y su obra era ya plenamente reconocida— es el mejor ejemplo de lo que escribió en muchos de sus textos.

He leído que los ojos de Camus estaban muy abiertos cuando lo sacaron en Villeblevin del coche en el que había chocado con un árbol. Su cuerpo estaba empotrado en el parabrisas. Eso me recuerda a los enfermos y ancianos que recibían esa extremaunción y miraban al sacerdote en un intento de encontrar una esperanza en el último suspiro.

Otro recuerdo ligado a la escuela de San Nicolás surgió en mi mente cuando hollaba las hojas caídas en los senderos de un parque cercano a mi casa, mientras caía la lluvia de un cielo plomizo. Era un día triste que invitaba a pasar la tarde leyendo a Hemingway, un escritor que asocio a la nostalgia.

Siempre que llega el otoño y se desnudan los árboles, me viene a la cabeza un episodio que me marcó hace sesenta años.

Llovía y el suelo estaba cubierto de hojas. Tenía un compañero que acababa de cumplir ocho años. Era un niño cianótico con una grave enfermedad cardiaca, por lo que no podía correr ni hacer ningún esfuerzo. Su nombre era Carlitos; no recuerdo su apellido. Estaba muy apegado a mí y yo le protegía, tal vez porque intuía que su vida sería muy corta.

Un día de noviembre, al llegar a la escuela, el maestro me dijo que Carlitos había muerto durante la noche. Fui a su casa, a muy pocos metros de la parroquia de San Nicolás. Estaba en un ataúd blanco, vestido con el traje de la primera comunión. Sus brazos estaban cruzados sobre el pecho y tenía un rosario en las manos. Parecía dormido.

Fue mi primera experiencia personal con la muerte. Lo que más me impresionó no fue su cadáver, que no me produjo apenas efecto, sino la idea de que yo había estado hablando con Carlitos durante el recreo del día anterior. Él no podía jugar al fútbol en el campo de carbonilla de la escuela.

El suceso me sigue pareciendo muy cercano, como si hubiera pasado ayer. Recuerdo el olor de la escalera, a su madre llorando junto al féretro, al maestro que me dijo que su funeral sería al día siguiente. No quise ser monaguillo en la ceremonia y me senté en un banco en la parte de atrás del templo. Llovía y hacía mucho frío.

Siempre evoco a mi amigo al llegar el otoño y siempre me pregunto cómo hubiera sido su vida. Hoy tendría sesenta y ocho años y estaría casado y con varios hijos. Tal vez hubiera sido ingeniero, porque se le daba bien la aritmética. Pero no tuvo ninguna oportunidad. Lo que yo no entendía es por qué Dios se lo había llevado y, sobre todo, por qué le había castigado con ese estigma que le hacía distinto.

Yo rezaba por él, pero Dios guardó silencio. Nunca escuché ni una sola palabra de consuelo desde lo más alto. Y la vida siguió su curso. Jugaba al fútbol, me bañaba en el Ebro y miraba a una chica, la hermana mayor de un compañero de clase, que me gustaba y a la que jamás dirigí ni una sola palabra. Me parecía inaccesible. Ni siquiera recuerdo su nombre.

Han transcurrido muchos otoños, he pisado muchas hojas

muertas y he paseado por muchos parques en tardes de lluvia, pero sigue viva la memoria de aquel niño que me invitó a su último cumpleaños una semana antes de morir. Hoy su cuerpo es solo un puñado de cenizas, y tal vez ni siquiera eso. No sé por qué nacemos ni por qué morimos. Y tampoco puedo saber dónde está el alma, si es que está en alguna parte, de mi amigo.

4

La angustia de vivir

La condición esencial del hombre es la angustia. Vivir con los ojos abiertos implica asumir la incertidumbre y la precariedad de la existencia. Tras una vida atormentada y solitaria, Søren Kierkegaard murió en 1855 de una tuberculosis en Copenhague, la ciudad en la que había nacido y vivido. Tenía solamente cuarenta y dos años, lo que no fue obstáculo para que dejara una importante obra filosófica que influyó en autores como Heidegger y Sartre.

El legado intelectual de Kierkegaard estuvo fuertemente marcado por sus orígenes. Su padre, un hombre de una absorbente fe luterana, quería que su hijo fuera pastor. Pero Søren optó por estudiar filosofía en Copenhague y pronto se mostró muy crítico con la Iglesia, convencido de que se había apartado de Dios para servir a los hombres. Sus escritos en varias publicaciones locales le atrajeron las iras de la sociedad biempensante, que lo consideraba un personaje excéntrico.

El pensamiento de Kierkegaard es, en buena medida, una reacción contra la filosofía de Hegel, que había elevado la Razón no solo a motor de la Historia sino también de las decisiones individuales. Todo lo real es racional, según el conocido postulado hegeliano. Kierkegaard impugna esta tesis: la existencia humana no está regida por valores absolutos ni tampoco por leyes económicas, como sostendría luego Marx, sino por el libre ejercicio de la voluntad. El hombre se construye al elegir su propia vida.

Lo que importa no es la teoría ni tiene sentido buscar una explicación objetiva del mundo. Lo que cuenta es el yo. Lo único real es lo singular. En este sentido, escribe:

> Lo que me hace de veras falta es ver perfectamente claro lo que debo hacer, no lo que debo saber. Lo que me importa es entender el propio sentido y definición de mi ser, ver lo que Dios quiere de mí, lo que debo hacer. Es preciso encontrar una verdad para vivir y morir.

Por tanto, y en esto es precursor de Sartre y el existencialismo, no nacemos con una esencia determinada, sino que somos pura existencia. Cada individuo tiene libertad absoluta para elegir, para hacer el bien o el mal. Estamos, pues, condenados a ser libres.

Esto lo vivió Kierkegaard dolorosamente, puesto que siempre fue una persona muy indecisa. Enamorado locamente de Regina Olsen, canceló su compromiso matrimonial en el último momento. Siempre se arrepintió de su decisión. No están claros los motivos de esa ruptura.

Es precisamente esta libertad de elección la que nos condena a la angustia. El pensador danés insiste en que nuestras decisiones no están determinadas, no hay normas objetivas de moralidad. Por así decirlo, nuestra salvación no se halla en los valores colectivos o sociales, como apuntaba Marx, ni en los dictados de la racionalidad, como sostenía Hegel, sino en una búsqueda incierta y personal de una autenticidad que Kierkegaard liga a la repetición. El pensador danés entiende este concepto como una síntesis entre lo real y lo ideal, como una especie de pauta de actuación en el mundo, un sello de identidad.

Kierkegaard no fue un filósofo sistemático, por lo que muchos de sus conceptos están abiertos a la interpretación. Como le sucede a Nietzsche, sus textos sugieren más que afirman y se plantean preguntas sobre el sentido de la existencia. En última instancia, todo remite a la fe en Dios, porque era una persona profundamente cristiana.

Si la estética es la contemplación de la vida, la ética es elección. Si Spinoza inscribía la libertad humana en la pura determinación divina, Kierkegaard no acepta más que la conciencia para elegir en cualquier dilema moral. No hay ninguna autoridad fuera del yo.

Pero poniendo todo el énfasis sobre la importancia de la fe, señala a continuación que Dios es paradójico e incognoscible. El Ser Supremo nos es totalmente desconocido porque no se manifiesta en el mundo. Ese silencio de Dios nos condena a la soledad y es un motivo adicional para la angustia, que es la condición esencial del ser humano.

Kierkegaard pone un ejemplo ilustrativo de la sumisión que exige la fe. Es el de Abraham, que no duda en sacrificar a su hijo tras escuchar la voz de Dios. El padre no entiende por qué tiene que acabar con la vida de Isaac, pero asume el mandato divino sin cuestionarlo. Una decisión que, en nuestra mentalidad, resulta inhumana.

Esta noción enlaza con la apuesta pascaliana, por la que la fe es una elección de resultados inciertos. Sin embargo, Kierkegaard está absolutamente convencido de la existencia de Dios, por lo que podría haber hecho suya la máxima atribuida a Tertuliano: *Credo quia absurdum* («Creo porque es absurdo»).

Como era de esperar, estas ideas chocaban contra el rígido dogmatismo de la Iglesia luterana de la primera mitad del siglo XIX, que veía en Kierkegaard a una especie de hereje. «Para conquistar de nuevo la eternidad, es preciso la sangre no de las víctimas sino de los mártires», señaló. Esos mártires son los que están dispuestos a dar su vida o sufrir la incomprensión por sus ideas. No hay duda de que él predicó con el ejemplo y pagó un alto precio por su coherencia.

Kierkegaard escribe en la colección de aforismos y reflexiones titulada *Diapsálmata* que «nadie regresa de los muertos y nadie viene al mundo sin derramar lágrimas». Acto seguido, precisa que «a nadie se nos pregunta cuándo queremos nacer o morir».

Efectivamente, es una gran verdad que no elegimos nuestra existencia, somos arrojados a la vida y tenemos que adaptarnos al medio para sobrevivir en unas condiciones que nos vienen impuestas por la genética o el entorno social. Como apunta Kierkegaard, la única certeza desde que nacemos es la de la muerte, lo que equivale a decir que estamos hechos de tiempo. Somos un comienzo que se aleja y un fin que se acerca.

En la medida en que nos hacemos mayores, crece en nuestro interior esa angustia de la pura contingencia, de la conciencia de que el tiempo se nos acaba y se les acaba a los que nos rodean. Vemos desaparecer a nuestros padres y la generación anterior e incluso en nuestras propias filas comienzan a prodigar las bajas.

Esta es una gran herida que llevamos en nuestro interior por mucho que los medios de comunicación, las redes sociales y la industria del espectáculo nos intenten hacer creer que la juventud es eterna, que somos inmortales y que en el consumo está nuestra salvación.

Es inútil eludir el encuentro con la muerte, aunque la podamos distraer por unas horas como el caballero que la desafía a una partida de ajedrez en *El séptimo sello*, la película de Bergman. Pero, por la misma razón, carece de sentido obsesionarse por el instante final, dado que su inevitabilidad nos libera de toda esperanza.

Nos queda, más que algunos momentos imprevisibles de felicidad, el consuelo de mirar a nuestro alrededor y de descubrir con nuestros ojos lo que no habíamos visto, tal vez por demasiado cercano.

Acercarse a la vejez es empezar a comprender el sinsentido de la vida y por qué somos como somos. Y también darse cuenta de que cualquier esfuerzo para cambiarnos es inútil. Llegados a este punto, solo cabe la modesta aceptación de que todo estaba escrito previamente por una mano misteriosa que ha guiado nuestro destino. ¿Somos consecuencia del azar o de la necesidad? No tengo respuesta para esta pregunta.

Escribió Bernard Shaw que «los espejos se emplean para ver la cara y el arte para ver el alma». Pocos cuadros en la historia de la pintura reflejan la angustia existencial como *El grito* de Edvard Munch, una obra hipnótica que atrapa al que la mira y que se ha convertido en un icono del expresionismo, del que se considera precursor.

Resulta imposible definir los motivos por los que este cuadro de 91 centímetros de altura y 74 de ancho suscita esa atracción que va más allá del transcurso de las generaciones y de los cánones de la estética. Pintado con una técnica esquemática, casi infantil y con vivos colores, la obra tiene tal poder de captación que imanta al espectador. He experimentado la sensación de ser absorbido por la pintura cuando observo una de sus reproducciones.

Acudí a la exposición monográfica de Munch en el Museo de Orsay en París a finales de 2021 con la esperanza de disfrutar de *El grito*, pero lo que estaba allí expuesto era una litografía que me dejo frío. Había una enorme cola y tuve que esperar muchos minutos para poder entrar en la sala. Fue una decepción.

Ello no ha disminuido mi interés por el cuadro, sino que, por el contrario, ha incrementado mi deseo de ir a Oslo para contemplar las versiones expuestas en la Galería Nacional de Noruega y el museo que lleva al nombre del artista. Munch pintó cuatro variaciones, la primera en 1893. Tres se hallan en la capital nórdica y la otra fue comprada en una subasta de Sotheby's por un magnate noruego en 2012. Pagó ciento veinte millones de dólares.

Si algún día puedo ir a ver la obra, no sé si me sucederá como cuando viajé a Illiers-Combray para recrear el mundo de Proust. Me di la vuelta por miedo a sufrir una decepción. No creo que esto me pueda pasar con *El grito,* que se convirtió en una obsesión cuando lo descubrí de adolescente. Una y otra vez volvía a mirarlo y no podía apartar la vista, como si una fuerza magnética me retuviera.

Ese hombre que se tapa los oídos, similar a una máscara azteca, con la boca desmesuradamente abierta y una expresión de espanto en los ojos, es la inefable expresión de la angustia. Pero no una angustia abstracta e imaginaria, sino la que hemos padecido todos alguna vez cuando nos sentimos sobrepasados por el dolor y la incertidumbre. Flotan sobre el personaje unas nubes con una gradación de colores amarillos y naranjas que contrastan con el azul que emerge de la pasarela por la que avanza. Aparecen en segundo plano las figuras estilizadas de dos caminantes que parecen indiferentes al sentimiento que transmite la representación. Podemos intuir en el fondo dos minúsculas embarcaciones, apenas perceptibles, que se alejan de la escena.

Recurramos a las palabras del propio Munch para entender la génesis del cuadro:

> Paseaba por un sendero con dos amigos. El sol se puso. De repente, el cielo se tiñó de rojo, me detuve y me apoyé en una valla, muerto de cansancio. Sangre y lenguas de fuego acechaban sobre el azul oscuro del fiordo y de la ciudad. Mis amigos continuaron y yo me quedé quieto, temblando de ansiedad. Sentí un grito infinito que atravesaba la Naturaleza.

La angustia de vivir, expresada décadas después por el existencialismo, atraviesa toda la pintura del artista noruego, nacido en Leten en 1863. Hijo de un médico militar muy severo, de estricta observancia religiosa, Edvard perdió a su madre cuando era niño y sufrió por las enfermades de sus hermanas. Abandonó la carrera de Ingeniería porque descubrió que solo le interesaba la pintura. Era alcohólico y depresivo, por lo que tuvo que ser internado en una clínica de Copenhague en 1908 durante siete meses.

«Mi arte se basa en una sola reflexión: ¿por qué no soy como los demás?», dijo. Siempre se sintió un ser solitario y atormentado, carcomido por la melancolía y los celos. Nunca logró superar las reprimendas de su padre, que le repetía que su madre reprobaba desde el cielo su mala conducta. No se casó ni tuvo una vida estable, al igual que Kierkegaard.

Sin embargo, pocos artistas han logrado reflejar su mundo interior como Munch, que encontró la fuente de inspiración en un dolor y un desarraigo que lo acompañaron durante toda su existencia. Su obra no fue comprendida por sus contemporáneos, que le consideraban una mala influencia. «Su mezquindad y su pesimismo eclipsan los pecados de los impresionistas», afirmó un crítico de la época.

Munch solo cometió un error: adelantarse a su tiempo. Hoy, ciento treinta años después, *El grito* sigue siendo la expresión de una angustia en la que también reside la salvación humana, como escribió Kierkegaard, alma gemela cuya filosofía está muy vinculada a la obra del pintor noruego.

Me identifico con Munch y con Kierkegaard porque la angustia de vivir me ha acompañado durante toda la vida, al igual que las preguntas sobre el sentido de la existencia y sobre Dios. Simone Weil escribió al respecto: «La lucha contra la angustia solo produce más angustia». Es una gran verdad, pero estamos condenados a movernos en el filo de una navaja que se llama la nada. La nada es el todo y eso produce horror.

5

El ser y la nada

La angustia es el estado natural de la existencia. Ello es así porque el hombre está asomado a un abismo que se llama la nada. Estamos abocados a la nada, un destino tan inevitable como contrario a la condición de ser.

Parménides pensaba que solo hay dos estados posibles: ser y no ser. Todo lo que nos rodea es el ser. El no ser es, por su falta de esencia, incomprensible, una entelequia mental. No hay ninguna forma de representar la nada, ni siquiera el cero que señala solo un vacío provisional.

Siguiendo el existencialismo sartreano, el ser tiene dos atributos: es contingente, o sea, aleatorio y vulnerable, sometido a un destino incierto, y es finito, con unos límites que le impiden alcanzar lo absoluto. Si el ser es contingente y finito, la nada es eterna e infinita. Por decirlo de otra forma, la pequeñez del ser se encoge ante la inmensidad de la nada. El ser es el presente, la nada es el pasado y el futuro. Pero el presente se nos escurre entre los dedos, de igual forma que la arena se desliza implacable hacia el fondo del reloj.

Pulvus eris et pulvus reverteris, nos decía el sacerdote al ponernos la ceniza sobre la frente para marcar el comienzo de la Cuaresma. Todavía recuerdo el brillo de las velas, el olor a incienso y la oscuridad de la iglesia mientras escuchaba de niño la reflexión del párroco sobre la fragilidad de la condición humana.

No hay forma de escapar a esa cita con la nada. La agitación de la vida no es más que una confirmación de la muerte, que es la transición hacia una nada que nos convierte a todos los seres en esencialmente idénticos. La aniquilación nos iguala.

Hegel pensaba que es imposible establecer una frontera entre el todo y la nada porque son la misma cosa. «El ser inmediato, indeterminado es, en efecto, la nada, ni más ni menos que la nada», escribe en la *Ciencia de la Lógica.*

Son palabras crípticas, difíciles de entender, pero que se pueden interpretar como que el ser no es en principio nada fuera de las determinaciones de lo real. El ser es un gran vacío que se deja llenar por lo absoluto, según Hegel. Y ese absoluto se puede llamar Dios o Estado. Me resulta imposible refugiarme en esta inhóspita ensoñación hegeliana que roza con el panteísmo.

Para el que no cree o no sabe, la nada es una pura negación de lo que existe, eterna negación del ser en la que ni siquiera cabe la esperanza del sufrimiento que ofrece el Infierno.

No ser, la nada, es mucho peor que ser castigado eternamente, porque Dios puede condenar a arder las almas, pero no comete la crueldad de privar de la conciencia. La sanción más implacable es la nada, ese todo en el que se nos niega la mínima brizna de individualidad, en el que la conciencia queda disuelta en el vacío.

La nada es infinita, aterradora, injusta, inhumana. Está a nuestro lado y no la vemos. Nos hace signos, pero no la entendemos. Espera agazapada el momento de darnos un abrazo y sumergirnos en esa eterna noche en la que no hay despertar.

La pregunta más obvia y necesaria de la historia de la filosofía la formuló Leibniz: ¿por qué hay algo en vez de nada? Muchos filósofos y teólogos han intentado responder a esta cuestión, que sigue sin tener una explicación convincente.

El sol ilumina una columna de mi estancia mientras la sombra se va desplazando lentamente. El toldo ondea mecido por una suave brisa. Y un vecino abre la ventana y mira hacia la calle. Todo está ahí, es un momento cualquiera de un día cualquiera, pero de repente se agudiza mi conciencia de la fugacidad de las cosas. Este instante es irrepetible y, cuando quiero apresarlo en la memoria, se ha desvanecido.

Jean Paul-Sartre contaba que en un viaje a Nápoles se topó en la calle con un niño andrajoso que comía una sandía llena de moscas. Esa imagen lo sumió en la perplejidad. Durante algunos años retuvo ese recuerdo en su cabeza, preguntándose por el sentido de la existencia de aquel muchacho.

Tardaría algún tiempo en encontrar la respuesta. Fue una obsesión de la que solo se pudo liberar al escribir *La náusea* (1938), en la que pone en boca de Roquentin:

> Lo esencial es la contingencia. Por definición, la existencia no es la necesidad. Existir es estar ahí. La contingencia no es una máscara, es lo absoluto, la gratuidad perfecta. Todo es gratuito. Cuando se comprende eso, se le revuelve a uno el estómago.

Existir es estar ahí, sin razón alguna, como ese muchacho y las moscas que le rodeaban, sin destino ni determinación, pura apariencia momentánea como el rayo de luz que refulge en un espejo.

Ya santo Tomás de Aquino había escrito que todos los seres menos Dios son contingentes. Una trampa intelectual del sabio fraile medieval, que afirmaba la contingencia para negarla mediante la existencia de un Ser Supremo trascendente que redime a los hombres de su finita condición.

Pero no, la contingencia es irredimible y, por tanto, absoluta en la medida en que está adherida a nosotros desde el nacimiento hasta la muerte. Solo desde ese imperativo categórico podemos entender el sentido, o mejor el sinsentido, de nuestras acciones. Eso se intuye muy bien ante una tumba de un cementerio, donde cualquier vanidad parece inútil.

Si la contingencia está inserta en la conciencia como absoluto, estamos condenados a la náusea que produce la nada, pero también somos libres en nuestra propia indeterminación. Arrojados al mundo, lo único a lo que no podemos renunciar es a nuestra libertad. No somos, nos hacemos.

Todo lo posible es contingente, pero no todo lo contingente es posible. La existencia es una elección, pero las posibilidades son limitadas. El escritor estadounidense Dashiell Hammett, maestro de la novela negra, cuenta cómo una viga de acero se desprendió de un edificio y cayó junto a un hombre que salió ileso del accidente. Impresionado por lo cerca que había estado de la muerte, se marchó de la ciudad, abandonó a su familia y dejó su trabajo. Años después, rehízo su vida lejos de allí, repitiendo todas las rutinas que había abandonado.

El caso sirve para reafirmar que la contingencia es pura elección, pero también que hay fuerzas que nos empujan a perseverar en lo que somos y a las que nos aferramos para combatir ese vértigo de existir.

Desde que era adolescente y rogaba a Dios que me diera alguna prueba de su existencia, siempre me ha perseguido la pregunta de quién creó el universo que podemos percibir. No es una mera cuestión de curiosidad intelectual, sino un interrogante vinculado al sentido de la vida.

Un jesuita del Colegio de la Merced de Burgos me sugirió, cuando tenía diecisiete años, que leyera a santo Tomás de Aquino. Me sumergí en las páginas de la *Suma Teológica* y el razonamiento del gran sabio medieval me dejó deslumbrado por su sutileza.

Santo Tomás razonaba que todos los seres y los fenómenos que podemos observar tienen una causa. Nada es su propia causa y, como no podemos remontarnos hasta el infinito, habrá que concluir que hay una causa última de las cosas. Esa causa solo puede ser Dios.

Pronto me di cuenta de que la brillante argumentación tenía un talón de Aquiles: si todo tiene una causa, Dios es la excepción a esa regla. ¿Por qué admitir que Dios fue la causa de sí mismo, rompiendo toda la lógica del razonamiento de santo Tomás?

Tan verosímil es creer que el Supremo Hacedor es la causa última de todas las cosas como pensar que el mundo físico del que formamos parte existe desde siempre o se hizo a sí mismo.

El matemático John Allen Paulos recuerda que alguien le

preguntó a san Agustín qué hacía Dios antes de crear el mundo, y el santo replicó: «Estaba creando un infierno para la gente que pregunta cosas como estas».

Admitiendo que el Gran Relojero hubiera creado la materia, las leyes de la física y el orden natural de las cosas, también cabría preguntarse por qué somos como somos y por qué existe el mal en el mundo si todo es el producto de una creación divina.

Leibniz admitía que Dios tenía la posibilidad de haber creado mundos infinitamente distintos, pero concluía que tiene que haber una «razón suficiente» para que hubiera optado por crear la realidad en la que vivimos.

Leibniz venía a concluir que Dios no se equivoca porque lleva la Razón en sí mismo como un atributo esencial, pero ello no deja de ser una explicación redundante que no me convence. Si Dios es racional y bondadoso, ¿cómo es posible que haya creado un mundo en el que existe la maldad y la injusticia?

Hay siempre un abismo infranqueable entre ese Dios de santo Tomás, Leibniz, Spinoza o Descartes y la pura contingencia de la existencia humana, sometida a los dictados del azar. Estamos condenados a no entender lo fundamental y eso me produce una gran frustración, porque significa que no podemos comprender el sentido de nuestra propia existencia, la peor de las maldiciones. ¿Es acaso este el pecado original del que habla la Biblia?

Immnanuel Kant llamaba paralogismos a las cuestiones que están más allá de nuestro entendimiento, como la existencia de Dios. Kant indagó sobre las premisas que validan el conocimiento, pero concluyó que hay preguntas que carecen de respuesta. Para él, la nada era un concepto vacío o una intuición sin contenidos, una idea que fue rechazada por Hegel, que afirmaba que la nada es la negatividad que impregna todo lo real, una noción que luego inspiraría la filosofía de Jean-Paul Sartre, estudioso de la obra de este filósofo alemán.

Hace por estas fechas ochenta años, Sartre publicó su obra capital, el libro en el que sienta las bases del existencialismo: *El ser y la nada*, aparecido en 1943 cuando Francia estaba ocupada por los nazis. Sartre había servido como meteorólogo en el ejército y había sido hecho prisionero por la Wehrmacht. Fue durante sus nueve meses en un centro de reclusión cuando empezó a forjar en su cabeza la idea de este libro, cuya aportación marcó la filosofía del siglo xx.

El texto puede ser leído como una refutación de Martin Heidegger y, más en concreto, de *Ser y tiempo*, publicado en 1927. No falta quienes han visto en la obra de Sartre una especie de epílogo poco original del pensamiento de Heidegger, lo cual a mi juicio es injusto y simplista. Sin negar la evidente influencia del maestro alemán en Sartre, *El ser y la nada* tiene un peso específico propio.

Para Heidegger el ser está abierto al mundo y a sus múltiples posibilidades, el famoso *Dasein* o «estar ahí» ya presupone una cierta esencia. Por el contrario, Sartre afirma que la existencia precede a la esencia y que la nada coexiste con el ser en la conciencia de cada ser humano.

El filósofo francés parte de una distinción elemental: el ser en sí, que es característico de los seres sin capacidad reflexiva; y el ser para sí, que supone una conciencia activa. Frente a Hegel y Kant, Sartre sostiene que el ser es una apariencia: es lo que parece o, mejor, lo que aparece. Hay un ser en sí, que son las cosas y el mundo exterior al hombre, y un ser para sí, que es el proceso a través del que el sujeto se construye mediante el ejercicio de la libertad.

Como el hombre alberga el vacío en su interior (a eso lo llamará la nada), estamos condenados a ser libres. Esta es la única determinación con la que nacemos: el imperativo de asumir nuestras propias decisiones. Existir es elegir. El ser humano tiene que actuar en función de sus propias normas.

El imperativo de elegir produce angustia, que nace de la radical libertad con la que hemos sido arrojados al mundo, de la necesidad de optar entre las múltiples elecciones que aparecen en cada momento. Esta exaltación de la libertad es incompatible con la existencia de Dios, que es una sublimación de la razón. «El hombre no es otra cosa que lo que él se hace», enuncia. Por el mismo motivo, Sartre se vuelve contra el romanticismo y contra el psicoanálisis, que considera como una mitificación de los sentimientos.

Estas son las ideas fundamentales que nutrieron el desarrollo del existencialismo, muy conectado a la crisis de valores y la destrucción física que sufrió Europa a lo largo de la Segunda Guerra Mundial. El mundo había cambiado, las certezas se habían derrumbado y el nacionalsocialismo se había revelado como una ideología criminal con efectos devastadores. Es en este contexto cuando surge *El ser y la nada*, que en cierta forma es una reivindicación del humanismo al situar al hombre como centro de todas las cosas.

Sartre sostiene que no existe una ética común ni unas ideas que se puedan imponer al prójimo. Cada uno debe forjar su propia identidad en una relación dialéctica con el exterior, en una pugna con la nada. Esa afirmación sería compartida después por Albert Camus, que quedó fascinado por la personalidad de Sartre cuando lo conoció durante la ocupación alemana.

El ser y la nada es un libro de notable extensión y nada fácil de leer. Como en las grandes obras filosóficas, hay que vencer al desaliento para llegar al final de sus páginas. Pero merece la pena el esfuerzo por la ambiciosa visión de su autor de crear un nuevo paradigma que fuera capaz de explicar las grandes contradicciones de su tiempo.

Sartre se acercó posteriormente al marxismo, matizando algunas de las tesis de *El ser y la nada*, y se aproximó al Partido Comunista francés, pero nunca fue estalinista. Creyó que las condiciones materiales de la existencia generaban desigualdad entre los seres humanos, pero no cayó en el determinismo ni negó la libertad.

A pesar del intento de demolición de su obra por filósofos como Althusser, Foucault, Deleuze y Derrida en la década de 1970, el pensamiento de Sartre sigue proyectándose sobre el futuro. Fue un gigante intelectual y el filósofo del siglo, un hombre que compatibilizó su presencia activa en la vida política con una reflexión metafísica que entronca con Descartes,

Kant y Kierkegaard, aunque él seguramente no estaría a gusto con esta aseveración.

«Cada hombre es lo que hace con lo que hicieron de él». Releyendo los artículos de Jean-Paul Sartre en la desaparecida revista *Les temps modernes,* me topo con esta frase, que encierra en pocas palabras la esencia de su filosofía. Somos producto de la historia y no hay nada de lo que hacemos que no remita al pasado.

Sartre, que también había estudiado a Husserl en su estancia en Alemania, forjó un concepto fundamental en el existencialismo: el de que toda conciencia es intencional, apunta a algo. Lo que esto significa es que la conciencia está arrojada al mundo, que lo que pensamos solo es concebible dentro de nuestra relación con los otros.

La filosofía para Sartre es la posibilidad de comprender el aquí y ahora, es expresión de «una totalidad» que se manifiesta en un determinado momento histórico. No existen verdades eternas y permanentes, pero el pensamiento puede desvelar lo real y sus contradicciones. Una tesis que le acerca a Hegel en la medida en que el intelectual francés defiende que la historia es inteligible, que tiene un sentido racional. Una fe que impregna todos sus escritos y su compromiso político.

Sartre fue un polemista nato que siempre creyó tener razón. Su obra está plasmada en miles de páginas que integran su teatro, sus artículos periodísticos y sus libros de filosofía. Todo ello forma un conjunto coherente que expresa su mirada sobre el mundo.

Leídos sus trabajos más de cuarenta años después de su muerte, es fácil darse cuenta de los muchos errores que cometió, entre ellos, su cercanía al comunismo y su desprecio a las democracias parlamentarias, en las que veía un sistema de dominación. Pero su filosofía sigue viva en lo referente a su concepción de la libertad y de la historia, entendidas como la fragua de nuestra identidad.

Lo que más me gusta de Sartre es que no fue un pensador determinista, sino que apostaba por la responsabilidad individual y sostenía que el mundo lo hacen los seres humanos, que siempre pueden sobreponerse a los condicionantes materiales de la existencia. La «mala fe» era para él la sumisión a los discursos dominantes y a los intereses del poder.

Esto es aplicable al entorno en el que vivimos. Tanto a lo que ha sucedido en Oriente Próximo y en Ucrania como a lo que está pasando en nuestro país. No solo podemos cambiar las cosas, sino que estamos obligados a hacerlo. Lejos del fatalismo de algunos discursos políticos, no hay por qué aceptar pasivamente el curso de los acontecimientos. Vivir no consiste en hacer lo que uno quiere, sino en querer lo que uno hace, dijo el viejo maestro. Lo suscribo. Y también su afirmación de que no existen verdades absolutas porque la conciencia es fruto de la historia en la que los individuos despliegan la existencia. Dios, el gran misterio, queda al margen de esta ecuación.

6

Brevedad de la vida

Dicen que los primeros recuerdos son los que le vienen a la cabeza al ser humano en el momento de morir. Kane, que lo había tenido todo al alcance de la mano, expira con la añoranza de un trineo que arde entre las llamas, de un paraíso perdido llamado Rosebud. Las imágenes más antiguas de mi niñez, cuando mi madre me sacaba a pasear por Miranda de Ebro, son las de una calle: la calle de la Estación. Eso debía ser a finales de los años cincuenta.

Lo que más me llama la atención hoy es que las sensaciones, las vistas, los olores siguen tan presentes en mi memoria que, si cierro los ojos y me concentro unos segundos, puedo rememorar ese pasado lejano como si solo hubieran transcurrido unos pocos meses. Sucesos que han pasado hace muy poco se han desvanecido en mi interior, mientras que otros que acontecieron hace medio siglo me parecen tan cercanos que podría tocarlos.

El tiempo es una gran ficción. Filósofos como Kant negaban su existencia objetiva. Pero sea cual sea la realidad ontológica del tiempo, la vida humana es de una duración infinitesimal con relación a la escala del universo. La distancia que nos separa de Andrómeda, la galaxia más próxima, es de cerca de tres millones de años luz. Los científicos creen que el Big Bang se produjo hace trece mil millones de años, por lo que no es exagerado decir que nuestra existencia es como el breve fulgor de un rayo en la noche.

Esas distancias convierten en imposible saber si existe vida en otras lejanas galaxias porque, si hoy enviáramos un mensaje que viajara a la velocidad de la luz hacia un planeta habitado de Andrómeda, la respuesta tardaría en llegarnos seis millones de años. En ese lapso de tiempo, es posible que la humanidad haya desaparecido.

La vida es algo extremadamente breve y no podemos conocer nuestro origen como especie ni tampoco qué hay más allá de la muerte. Ninguno de los saberes que podemos acumular en vida nos prepara para ese momento final.

Siempre he estado obsesionado por el tiempo, como un niño que intenta atrapar el mar con las manos, pero todo intento de retenerlo es inútil. Aunque hay científicos como Stephen Hawking que sostienen que el tiempo podría ser reversible a escala cósmica, mi intuición me dice que la vida humana es única e irrepetible. Por eso tiene sentido escribir, contar. Es una manera de rebelarnos contra ese curso inexorable de las horas y los días que nos acerca a un final incierto.

Cuando tenía cinco años, mi madre se quedó embarazada y me enviaron unos meses con mis abuelos paternos a Bilbao. Era 1960. Vivían en un chalé de dos pisos con un amplio huerto en Ollargan, donde Renfe tenía un depósito y unas instalaciones para reparar las máquinas de vapor.

La casa estaba a unos pocos metros de las vías y mi abuelo trabajaba en un despacho, situado a la entrada, con un teléfono que sonaba continuamente. Solía acompañarle todos los días a recoger los huevos de las gallinas. Había una habitación vacía en la que me pasaba las horas jugando con un balón de plástico. Y teníamos un jardín con un columpio. Conservo una foto en la que estoy con una espada de madera y un escudo.

Desde mi ventana, podía ver una montaña que estaba llena de chabolas. Gozaba de libertad de movimientos, pero me habían prohibido acercarme al lugar. Una noche contemplé atónito cómo ardían las chozas construidas en la ladera. El fuego brillaba en la oscuridad. Mi abuelo me dijo que la Guardia Civil había desalojado a los gitanos y delincuentes que se habían refugiado allí.

Nada más llegar, mis abuelos me advirtieron de que tuviera mucho cuidado con la charca que había cerca de la casa, porque había cocodrilos. Con una mezcla de miedo y curiosidad, iba todos los días a explorar por la espesa maleza que rodeaba la pequeña laguna. Estaba obsesionado con descubrir a aquellos reptiles. Alguien me contó que enterraban sus huevos en la arena y yo llevaba una pala y un rastrillo para escarbar en la tierra.

Nunca dije ni una sola palabra sobre mis excursiones a la charca porque sabía que mis abuelos no lo aprobarían. Pero un domingo por la tarde me llevaron al cine Capitol en el centro de Bilbao para ver una película de Tarzán. El gran Johnny Weissmüller, que interpretaba al personaje, libraba una lucha mortal con un enorme cocodrilo.

Ello acrecentó mi deseo de ver a esos animales, aunque extremaba el cuidado para no acercarme demasiado al agua. Una noche cogí una linterna que tenía mi abuelo en su despacho. Pero me di la vuelta antes de llegar a la charca.

A finales de agosto, volví en tren con mi abuelo a Miranda de Ebro. Me dijo que había tenido un hermano. Durante el trayecto, no podía quitarme de la cabeza mi fracaso en hallar a los cocodrilos y pensaba que jamás iba a tener una oportunidad semejante.

Pero lo intenté casi cincuenta años después. Estando en Bilbao por un motivo profesional, cogí un taxi que me dejó en Ollargan junto a un bloque de viviendas. Me habían dicho que ETA había asesinado allí en el año 2009 a un inspector llamado Puelles.

No reconocí el lugar, no pude encontrar el chalé de mis abuelos, no existía el depósito de las máquinas, ni la larga curva de la vía, ni tampoco se veía la montaña. Y, por supuesto, no había ninguna laguna ni rastro de los saurios. Algún día volveré a Ollargan. Estoy casi seguro de que los cocodrilos estarán allí, esperándome con sus fauces abiertas en la charca. O tal vez resulte preferible no ir, porque todo ha desaparecido del lugar, al igual que las personas que conocí.

Revivo los meses que pasé en Ollargan mientras escribo

estas líneas. Recobran una fuerza y una intensidad que me asombran. La reflexión que me hago es lo rápido que ha pasado la existencia, un sentimiento que es inherente al hecho de vivir. En última instancia, si escribo este libro y estoy ansioso de que vea la luz no es por vanidad, sino por un deseo ferviente de dejar un rastro, de que mis hijas y mi nieta lean estas líneas y sean capaces de entender. Es como el mensaje que lanza un náufrago desde una botella.

Marcel Proust consiguió revivir el pasado en Combray gracias a una magdalena y una taza de té. A mí me basta con evocar el olor a la carbonilla en la estación de Miranda, a menos de cien metros de la casa de mis padres, para retroceder más de medio siglo en el tiempo, a una época en la que todavía no podía pensar, pero tenía la capacidad de sentir que caracteriza la infancia.

La estación de Miranda es un edificio victoriano, construido a finales del siglo XIX, con andenes a ambos lados. Los viajeros todavía pueden refugiarse bajo dos grandes cubiertas de estructura metálica, fundidas en unos talleres británicos, según me contó mi abuelo. No sé si es leyenda o verdad, pero la elegante silueta de la obra sigue conservando el espíritu de aquellos días lejanos en que el ferrocarril era el principal medio de transporte.

Mi abuelo Pedro, padre de mi padre, había sido maquinista y trabajaba en el departamento de circulación de la estación, que era a principios de los años sesenta una de las mayores de España, ya que Miranda es un enclave natural que comunica el País Vasco con Madrid y Galicia y la cornisa cantábrica con Cataluña.

La calle de la Estación atravesaba la ciudad moderna construida al otro lado del Ebro a partir de 1900, ya que la vieja Miranda había permanecido dormida durante siglos bajo las laderas del castillo que se asoma al río. En realidad, cuando yo nací en 1955, había dos poblaciones separadas por el puente de Carlos III, inaugurado en 1780 y símbolo de la villa. La parte antigua, un conglomerado de viejas calles en torno a la plaza Mayor, se conocía todavía como «real aquende». Al otro lado del Ebro, estaba el «real allende», la ciudad con nuevas avenidas, modernos comercios, un cuidado parque y la estación.

He visto fotos de 1910, cuando la calle de la Estación se llamaba Tiburcio Arbaizar, el nombre de un antiguo alcalde. Era una ancha vía sin asfaltar con tilos a ambos lados. La calle empezaba en el paso a nivel que cruzaba Miranda y acababa en las vías del ferrocarril. A principios de siglo pasado, la estación estaba fuera de la ciudad, en medio de las huertas, y los únicos edificios que la circundaban eran fondas para albergar a los viajeros, ya que entonces la población no tenía ningún hotel.

Yo nací muy cerca de la estación y viví los primeros años de mi vida en un bloque de unas treinta viviendas situado en la calle Concepción Arenal. El lugar era conocido como «la casa de los policías» porque allí había residido algún inspector. Hoy sigue en pie, pero la construcción está deshabitada y los accesos, clausurados. Observo la ventana del cuarto de estar al pasar bajo su fachada y me pregunto dónde estarán ahora las gentes que vivían allí hace casi siete décadas. Desde el tercer piso, cuando tenía muy pocos años, podía ver la entrada y salida de los trenes, sentado en una trona azul en la que me daba de comer mi madre.

Colocaba el plato sobre una tabla de la silla, pero yo no estaba interesado en alimentarme porque lo único que me importaba era observar los trenes y soñar con que yo sería un día maquinista, como mi abuelo, sus hermanos y mi bisabuelo. Mi padre no trabajaba en el ferrocarril, pero era empleado de Renfe porque desempeñaba la labor de administrador del economato, situado en la plaza de la Estación. Como era abogado, creo que aquella manera de ganarse la vida no le gustaba.

La calle de la Estación, a la que daba la fachada lateral de mi casa, había sufrido una profunda transformación en los años sesenta, cuando yo empecé a ir a la escuela parroquial de San Nicolás, conocida como de los monaguillos, como ya se ha dicho. Era ya una arteria con un semáforo en el cruce con la calle San Agustín, había un cine en el que figuraban a la entrada fotos de los grandes actores de Hollywood, comercios de ropa, bancos y, sobre todo, muchos bares. Los domingos a mediodía, después de la misa de doce, mis padres iban a tomar el vermut con unas patatas fritas al bar Mirandés o unas gambas al Castellano, propiedad de los Ponce. A mí me daban un vaso de mosto.

Los primeros años de mi vida gravitan en torno a esta calle y, sobre todo, mis recuerdos se ubican en el interior de la estación. Me gustaba mucho ir de la mano de mi abuelo, que me subía a las máquinas de vapor y me explicaba su funcionamiento. Me impresionaba mucho el horno de la locomotora donde se arrojaba el carbón almacenado en el *tender*. Mi abuelo, al que yo me parezco mucho, me regaló un pequeño mazo para que yo golpeara las llantas de las ruedas de los trenes, como se hacía antes en las paradas, para comprobar que el metal no se había deteriorado.

La estación de Miranda era entonces enorme y en ella trabajaban más de mil personas, ya que, además de ser un enclave ferroviario en el que se detenían los expresos que cruzaban la Península, había talleres de mantenimiento y reparación de las locomotoras. El barrio de la estación se llamaba La Charca, por una pequeña laguna que había en la calle Logroño. Mis abuelos vivían en el número 19, al lado de ese embalse natural que fue desecado para construir un bloque de viviendas.

La gran mayoría de las personas de La Charca y los alrededores de la estación trabajaban en Renfe. Eran maquinistas, fogoneros, factores, guardagujas, interventores, personal de circulación, mecánicos, electricistas y un vasto repertorio de oficios que servían las necesidades del ferrocarril.

Uno de los recuerdos que me quedan es el de un voceador que iba por los portales gritando los turnos de los ferroviarios: «García, expreso de las ocho a Barcelona». Entonces, la red telefónica de Miranda se reducía a un centenar de aparatos que solo estaban al alcance de empresas, comercios y algunas personas de fortuna. Cuando mi padre se abonó por razones de trabajo, le dieron el número 31. Para llamar, había que conectarse con la operadora de la centralita. Una «conferencia» con Madrid, como se decía entonces, podía tardar un par de horas.

Durante las horas centrales del día, la estación estaba abarrotada de gente, tanta que incluso había dos quioscos de prensa, uno a cada lado del edificio principal, comunicados por la sala de espera y la cantina, cuyas puertas daban a los andenes de ambos sentidos. La gente se sentaba en los bancos bajo las cubiertas, salvo en invierno, cuando todo el mundo se acurrucaba en la sala de espera, que tenía una fuerte calefacción y un olor inconfundible.

Recuerdo que, a diferencia de hoy, era habitual que los grandes expresos que venían de Galicia o de Cataluña llegaran con retrasos de varias horas. La gente se lo tomaba con calma y no protestaba porque entonces nadie lo hacía. Se aceptaban las demoras como algo inevitable, como si fueran un hecho meteorológico. Ni siquiera los empleados de Renfe se molestaban en dar explicaciones ni había ningún lugar donde informarse.

Mujeres con cestos de comida, niños corriendo por los andenes, vendedores ambulantes, parejas en trance de separarse, emigrantes, vagabundos sin rumbo, descuideros y un sinfín de tipos humanos cruzaban sus vidas durante unas horas en la estación, al igual que los trenes que se detenían unos minutos, cambiaban de vía y se alejaban hasta convertirse en un punto diminuto en el horizonte.

La estación de Miranda era entonces un espejo del mundo, un microuniverso que retrataba la sociedad española de antes del desarrollismo, cuando la gente conservaba todavía las costumbres del medio rural y ni la televisión ni el teléfono habían llegado a la inmensa mayoría de la población.

Pero yo soñaba con montarme en un tren, viajar a lejanas ciudades, conocer gente extraña y recorrer el mundo. Miranda se me quedaba pequeña y vislumbraba la existencia de otras formas de vivir en las películas y en las series radiofónicas que paralizaban el país a primeras horas de la tarde.

Entre los personajes que veía vagar por la estación, recuerdo a un hombre bajo, enjuto, de unos cincuenta años pero prematuramente envejecido. Se llamaba Carrizo y tenía un montón de hijos; no recuerdo bien si eran ocho o diez. Vivía en una pequeña casa de La Charca y se ganaba la vida haciendo todo tipo de faenas.

Aquel hombre, según decía mi abuelo, trabajaba los siete días de la semana y aceptaba los menesteres más duros para sobrevivir. Le pagaban miserablemente y no le alcanzaba para mantener a su familia. Sus hijos iban muy mal vestidos, con ropa usada de otros. Ni siquiera iban a la escuela. Yo no entendía por qué alguien no le daba una ocupación digna a Carrizo, que tenía fama de ser extremadamente laborioso.

Carrizo fue la primera persona que me hizo entender que vivíamos en un mundo que no era justo. Yo tenía todas mis necesidades cubiertas y mis padres me compraban ropa y me regalaban libros, mientras que los hijos de aquel hombre estaban condenados a una vida igual o peor que la de su progenitor. Cuando iba a la iglesia, rezaba por él y su familia y le pedía a Dios que le diera un buen trabajo para sacar adelante a su familia.

En Miranda, por entonces, apenas había paro porque Fefasa, una industria química del Instituto Nacional de Industria, y la estación de ferrocarril daban empleo a una buena parte del pueblo. Había pocas personas que se pudieran considerar ricas. Un alto porcentaje de la localidad podía sobrevivir modestamente, ya que entonces el nivel de consumismo era muy bajo. La gente no se iba de vacaciones, carecía de coche, los electrodomésticos no existían y los pasatiempos eran muy baratos. Bañarse en el río en verano y pasear por el parque era gratis.

La calle de la Estación estaba llena de bares en los que los mirandeses se agolpaban para tomar un vino antes de comer, una tradición que todavía se mantiene. Miranda era un pueblo de aluvión, con un alto nivel de inmigración, pero no había ningún tipo de tensión entre los de fuera y los de dentro. La tradición del chiquiteo servía para integrar a los forasteros, cosa fácil ya que Miranda, por su situación geográfica, siempre ha sido un cruce de culturas: la castellana, la vasca y la riojana. Si uno cruza el Zadorra, a varios kilómetros de la estación, entra en la provincia de Álava, y si gira hacia el sur, se topa con La Rioja. Haro está solamente a diecisiete kilómetros.

Uno de mis primeros recuerdos fue un viaje en tren de Miranda a Haro con mi madre y mi abuela paterna, que se llamaba Araceli, un nombre de tradición familiar. Mi hermana y mi sobrina se llaman como mi abuela. Como teníamos el kilométrico del personal de Renfe, el desplazamiento no nos costaba nada. Íbamos a comprar ropa y zapatos. Nunca olvidaré la emoción de subir al tren y bajar en la estación de Haro. Se me quedó fijada en la cabeza la bella plaza de esta localidad y un café muy grande donde tomamos un refresco.

Otro lugar al que solíamos viajar por las tardes era de Miranda a Briviesca, el pueblo donde había nacido mi madre. Cogíamos un tranvía que salía a las tres de la tarde y volvíamos en el de las siete. Parábamos en la estación, situada lejos del centro, junto a una fonda llamada El Ventorro y no muy lejos del río Oca, que casi siempre estaba medio seco.

Mi abuela materna vivía en una calle estrecha, muy cerca de la plaza. Tenía una diminuta casa adosada de dos pisos. Como en la mayoría de los pueblos del norte de Castilla, la puerta de madera era de dos piezas. Generalmente la de arriba estaba abierta, porque entonces no se cerraban las viviendas. A la entrada, abajo, había una cocina que funcionaba con leña y carbón. Como no tenía calefacción, los inviernos los pasaba sentada junto al calor que desprendía el fogón. Mi abuela se llamaba Robustiana y había nacido antes de 1900.

No sé exactamente la edad que tenía cuando falleció en 1964, pero probablemente había cumplido los setenta y cinco. Era una mujer maravillosa, con gran sentido del humor y una gran empatía hacia los niños. No había viajado ni había salido de Briviesca y se había casado con un hombre mayor que murió prematuramente. No había tenido una vida fácil, pero nunca la escuché quejarse. Siempre estaba de buen humor, algo que yo admiro mucho, puesto que tengo tendencia a lamentarme y autocompadecerme.

Era literalmente una mujer con una mentalidad forjada en el siglo XIX. Mostraba un temor reverencial hacia adelantos como el teléfono, los aviones y el automóvil, que creía que eran cosa de brujas. Una noche, en casa de mis padres, se puso a hablar con el hombre del tiempo que salía en los telediarios de la noche, reprochándole que no había acertado con el pronóstico. Tampoco le gustaba llamar por teléfono, ya que le resultaba inconcebible mantener una conversación con un interlocutor que podía estar a cientos de kilómetros de distancia.

Mi abuela a veces me daba un billete de una peseta, que entonces me parecía una fortuna. El dinero no me duraba mucho, ya que me lo gastaba en una tienda de chucherías que había dentro de un portal de la calle de la Estación. El dueño del establecimiento, un garito de tres metros cuadrados como máximo, se llamaba Ricardo. Era muy popular entre todos los niños de Miranda y también vendía o alquilaba novelas del Oeste. Tenían mucho éxito las de Zane Grey.

Como ya he mencionado, otro de los atractivos de la calle de la Estación era el cine Mecisa, en los bajos de un edificio. Lo que más me gustaba era ver las carteleras, donde se exhibían fotogramas de las películas. Estaban situadas en un gran vestíbulo a la entrada, junto a la taquilla. Siempre que pasaba junto al local, me quedaba algunos minutos soñando con las imágenes de actores y lugares que me transportaban a un mundo mágico y lejano.

Yo deseaba ardientemente cumplir los dieciocho años para ver películas como *Psicosis,* la gran obra maestra de Alfred Hitchcock, de la que todos los mayores hablaban. Creo que en el cartel del anuncio del filme aparecía Janet Leigh chillando bajo la ducha. Una imagen equívoca en la que el sexo se combinaba con el terror. También había fotogramas con Anthony Perkins con cara de sádico y empuñando un cuchillo, lo que ejercía una irresistible fascinación sobre la película.

Siempre he dicho a mis amigos que la gente de nuestra edad somos la generación del cine. Y es cierto, porque descubrimos a través de la gran pantalla que había modos de vivir que nada tenían que ver con la España provinciana, católica y victoriana de principios de los años sesenta, cuando en una población como Miranda, con treinta mil habitantes, apenas había medio centenar de coches privados y todavía circulaban los carros.

La primera película que recuerdo es *Moby Dick,* dirigida

por John Huston y estrenada en 1956. Yo tendría cuatro o cinco años cuando la vi junto a mi abuela en la parte de arriba del Mecisa. Me impresionó la figura del capitán Ahab, interpretado por Gregory Peck, obsesionado por dar caza a la ballena. Este animal generaba en mí unas resonancias míticas, pues el profeta Jonás había sido tragado por una ballena, al igual que Pinocho cuando se escapa de casa.

Yo estaba convencido de que se podía pasar una temporada en el vientre de una ballena y de hecho soñaba con que me escapaba de casa, me embarcaba en una nave con velas como la de Ahab y acababa en el interior de una ballena. Pero no era una pesadilla, más bien una experiencia bastante agradable.

Cuando fui a la escuela, nada más cumplir los cinco años, los jueves por la tarde eran festivos. En el Mecisa y el Avenida, otro cine cercano de la calle de la Estación, ponían programas para niños. Generalmente proyectaban películas americanas de serie B, por lo común comedias que me parecían insoportables. Y también teníamos que soportar filmes mexicanos de bajo coste, cuyo lenguaje nos costaba entender a causa de la pronunciación. Pero a veces, por un raro e inexplicable azar, disfrutábamos de películas de aventuras como *El halcón y la flecha*, *Ivanhoe*, *Objetivo Birmania* o *El hombre tranquilo*, que figuran todavía entre mis favoritas.

La entrada del Mecisa costaba entonces cinco pesetas, incluyendo la compra obligatoria de unas tiras de propaganda de la Falange. El periódico valía dos pesetas y una barra de pan, alrededor de una peseta. Mi madre me daba dos reales —la moneda tenía un agujero en el centro— para comprar un bollo tierno que en Miranda se llamaba Viena, que me comía con unas onzas de chocolate.

Lo que era gratis era jugar por la calle e ir al parque, que era sin duda el lugar de encuentro en primavera y verano con los amigos y compañeros del colegio. Nos juntábamos cuatro o cinco y nos entreteníamos haciendo carreras o jugando al escondite por las frondosas rotondas que, años después, fueron podadas por orden de algún edil municipal que merecería pasar a la historia de la infamia.

El parque no es lo que era y tampoco el templete donde tocaba la banda municipal en las tardes de verano y los domingos por la mañana. Había una fuente donde bebíamos agua, con un grifo que salía de una gran concha marina. Y había una puerta que daba al sótano, que siempre estaba cerrada. Supongo que allí se guardaban las partituras y algunos instrumentos. Pero la negrura que se percibía a través de una pequeña ventana con rejas invitaba a imaginar que aquel lugar podía dar cobijo a alguna criatura misteriosa.

El parque era también un lugar propicio para mirar a las chicas, que para mí formaban parte de un reino inaccesible. Por aquel entonces, la educación en las escuelas no era mixta y las mujeres estaban separadas de los hombres incluso en los bancos de la iglesia. El sexo era un tabú y la visión de la anatomía femenina estaba rigurosamente prohibida y censurada.

Cuando llegaron las primeras televisiones a Miranda a comienzos de los sesenta, pudimos ver a chicas en bikini en las playas y escenas amorosas de las películas americanas que nos abrían los ojos a otro mundo. Pero en general la censura se preocupaba de mantenernos en un estado de inocencia artificial que no hacía más que intensificar nuestros deseos de conocer los misterios del sexo. Ni los padres ni los maestros ni los curas hablaban entonces de esas cosas.

Visto con la perspectiva de ahora, esa represión era nociva e irracional, al igual que las numerosas prohibiciones que regían nuestras vidas. Pero lo cierto es que la vida era sencilla y las cosas pequeñas nos hacían una gran ilusión. La posibilidad de ver una película, de hacer un viaje en tren, una excursión en autobús o una jornada de domingo en el campo eran placeres que nos colmaban de felicidad y de sensaciones que no he vuelto a sentir de adulto.

Cuando ahora contemplo fotografías de la calle de la Estación de finales de los años cincuenta, me sucede como cuando escucho una canción de mi adolescencia. Soy dolorosamente consciente de que el tiempo jamás volverá, pero tampoco ha muerto del todo. Decía el gran escritor William Faulkner, cuya prosa siempre me ha fascinado, que el pasado nunca muere porque está siempre presente y tenía razón.

Todo lo que me ha sucedido ha transcurrido en un abrir y cerrar de ojos. Como escribía Calderón de la Barca, la vida es sueño. Cuando uno despierta, todo ha quedado atrás. Todo se ha desarrollado a una velocidad vertiginosa, de suerte que el pasado más lejano de nuestra infancia se conserva en nuestros recuerdos como algo que hubiera acontecido ayer.

Si pensamos en la inmensidad del tiempo, en los miles de millones de años transcurridos desde la creación del universo y hacemos el esfuerzo de imaginar a la humanidad dentro de, pongamos, diez mil años, un corto intervalo en la vida de las estrellas, surge de inmediato la noción de nuestra pequeñez. Produce vértigo imaginar un mundo futuro, dentro de cien o mil generaciones, en el que ninguno de nosotros estaremos ni quedará el mínimo vestigio de nuestra existencia. Somos un rayo de luz que dura un instante y se pierde en la oscuridad. Estamos perdidos en un tiempo y espacio infinitos a escala humana. Y ni siquiera sabemos si estamos solos. De lo único que estamos seguros es de la aterradora brevedad de nuestra vida.

Todas estas anécdotas y detalles insignificantes del pasado son ínfimos, carecen de relevancia, son recuerdos que solo tienen un significado para mí, pero se confrontan con la idea de un Dios imperecedero y omnisciente. Me resulta difícil conciliar ese tejido de experiencias que constituyen el entramado de mi vida con la idea de una eternidad como la que predica la Iglesia católica. Mi conciencia me pone ante el hecho de la pérdida de los seres que he amado y de la fugacidad de las cosas, de la pequeñez de mis horizontes. Lo absoluto me parece una abstracción, justificada para encontrar algún sentido o esperanza a nuestro paso por este mundo, pero ilusoria. La necesidad de creer en algo no significa que exista.

7

El espejismo de Dios

Por experiencia propia, sé que hay personas que confunden el agnosticismo con el ateísmo, que contraponen a la fe. Para algunos, es lo mismo asegurar que Dios no existe, como sostienen los ateos, que dudar de su existencia, como hacen los agnósticos.

Richard Dawkins, en *El espejismo de Dios*, un libro extraordinariamente bien argumentado, traza una escala que va del cero al diez. El cero sería el ateísmo radical y el diez estaría en los creyentes que no albergan ninguna duda. En medio, en el cinco, coloca a los agnósticos.

Es un grave error, porque los agnósticos no representan el término medio al que alude Dawkins. Ateos y creyentes comparten la seguridad en sus principios, aunque sean opuestos. En cambio, los agnósticos, entre los que me incluyo, dudamos, no sabemos. Como Dios no habla ni nadie ha vuelto de la muerte, queda un gran margen para la incertidumbre.

Hay numerosas referencias de los profetas en la Biblia al silencio de Dios, al que interpelan por no manifestarse en los momentos de aflicción o catástrofe. «Dios mío, te grito de día y no respondes», dice el salmo 21. Y fue el propio Benedicto XVI quien mostró su asombro cuando visitó Auschwitz por la aparente ausencia del Ser Supremo en el Holocausto.

Puede que Dios hable a cada creyente, pero su voz no se escucha en el mundo. Resulta difícil entender por qué permite la devastación y la muerte de millones de inocentes o por qué un desastre natural acaba con la vida de tanta gente víctima fortuita de unos acontecimientos imprevisibles. Los teólogos explican la existencia del mal por el argumento de que los hombres son libres de actuar en un sentido o en otro. Este problema ha preocupado a grandes pensadores, que van desde san Agustín a Kant.

La actitud del agnóstico es de perplejidad ante esta paradoja. Y también de una cierta modestia intelectual que parte de que el conocimiento humano es limitado. Hay cosas, como el origen de la materia, que no podemos saber. Por lo menos en el estado actual de la ciencia.

La doctrina católica sostiene que la fe es un don de Dios. Y yo solo puedo responder a ello que hay personas a las que el Hacedor no nos ha dado ese regalo. Ello también resulta un misterio insondable. ¿Por qué a unos sí y a otros no?

Decía el maestro Descartes que la duda metódica es la base de toda conclusión racional. E incluso se planteaba como hipótesis que nuestras ideas estuvieran inducidas por un duende maligno, que la vida fuera un sueño, en expresión calderoniana. No quiero llegar tan lejos, pero sí creo que hay muchas preguntas básicas para las que no cabe respuesta.

Ser agnóstico es asumir que vivimos en la incertidumbre. Y esto me parece más una condena que una suerte, por lo que envidio a los que creen. Yo, que nací en una familia católica, tuve una intensa fe y la perdí. Tampoco tengo explicación e ignoro por qué no he sido bendecido con ese don.

Richard Dawkins considera la fe como una superstición, un espejismo que nos da una falsa esperanza; un autoengaño. Fue este etólogo británico quien acuñó la expresión «gen egoísta» para explicar los procesos genéticos que sustentan la evolución. Según su teoría, son los genes los que impulsan los saltos evolutivos ante el reto de la adaptación al medio. Viene a afirmar que es la supervivencia de los genes lo que está detrás de los cambios de los organismos vivos.

Dicho de una manera simplificada: el huevo es antes que la gallina porque el ave existe en función de la perpetuación de los huevos. En ese sentido, los seres humanos somos portadores de genes que no solo condicionan nuestra conducta, sino que además se sirven de nuestro organismo para sobrevivir. Es por su propio interés por lo que nos mantienen vivos. De ahí esa idea del gen egoísta.

La filosofía que se deriva de las tesis de Dawkins es determinista porque lleva a la conclusión de que son los genes los que deciden en nuestra vida con el afán de perpetuarse. En este sentido, la libertad de elección sería un espejismo y lo que consideramos razón no sería más que una sublimación de los instintos básicos. Dawkins acuñó el término «meme» para denominar conductas que se transmiten culturalmente y que podrían ser cuestionadas racionalmente. La idea de Dios sería un meme, según esta teoría.

Demócrito, un filósofo griego nacido en Tracia en el 460 antes de Cristo, ya señalaba que el cuerpo está compuesto de átomos y que los dioses son una creación humana. Nada existe fuera de la materia. Al negar su existencia, no creía que los dioses tuvieran influencia en los asuntos humanos. Y apuntaba que los dioses de los griegos son rubios y los de los africanos, negros, subrayando que la divinidad es una proyección de los seres humanos, algo muy similar a la noción de los memes de Dawkins. Extrapolando la filosofía de Demócrito, alguien dijo que, si las vacas creyeran en Dios, lo verían como un ente bovino.

La aportación de Dawkins explica, sin embargo, muy bien el comportamiento del coronavirus, que provocó la muerte de millones de personas durante la pasada pandemia. Se trata de un organismo mucho más simple que los genes, pero que se reproduce en las células humanas para sobrevivir. El coronavirus parasita en el cuerpo para poder replicarse (no puede hacerlo fuera de un organismo animal) y transmitir su ARN, lo que a la vez genera la posibilidad de multiplicarse a una gran velocidad. Es un mecanismo elemental, pero muy efectivo.

Todavía se discute si los virus son organismos vivos o simplemente son moléculas que se autorreplican. Se trata de un debate casi metafísico en el que no hace falta entrar, pero es cierto que, sean o no seres vivos, esta variante se extendió por todo el planeta contagiando a una parte de la humanidad.

Esto plantea la inevitable cuestión de si no hemos cometido el error de minusvalorar las formas de vida básicas que se reproducen desde hace cientos de millones de años, incluso antes de que la evolución biológica comenzara a dar sus primeros pasos.

Hemos puesto en la pirámide de las especies al ser humano, el último eslabón de una larga cadena evolutiva. Esto supone una visión antropocéntrica, que no es tan evidente como parece. Y ello porque ya no podemos ignorar que, en la medida que crece la complejidad de los seres vivos, aumenta su vulnerabilidad. Decenas de miles de especies se han extinguido, mientras que los virus y las bacterias siguen ahí. Los poderosos dinosaurios desaparecieron por un cataclismo, y lo mismo los mamuts, que pudieron perecer por la caza humana. Nadie sabe si el hombre sobrevivirá dentro de doscientos millones de años. Los virus seguramente, sí.

Por lo tanto, si la medida del éxito de la evolución es la supervivencia de nuestro legado genético, como sostiene Hawkins, habremos de concluir que los virus son más inteligentes que nuestros genes.

Hace bastantes años, leí unas declaraciones suyas en las que afirmaba que la existencia de Dios es tan improbable como toparse con un unicornio o con un hada. Dawkins sostiene que la idea de Dios surgió en los estadios más primitivos de la evolución humana como una explicación del mundo y como una especie de sublimación del yo. El intelectual británico, junto a Susan Blackmore, es uno de los padres de la fundación que financió anuncios en los autobuses en Londres que decían: «Probablemente Dios no existe».

Me parece excesivo proclamar esta íntima convicción en los autobuses. Tampoco me imagino un anuncio en televisión para divulgar las cinco vías de santo Tomás de Aquino o el argumento ontológico de san Anselmo para convencer al público de que la idea de Dios es innata, como también creía Descartes.

Siempre he sentido una gran inquietud por este asunto, que llegó a atormentarme en mi adolescencia. Y tras leer y meditar sobre las razones de unos y otros, he llegado a la conclusión de que no hay pruebas de que Dios exista, pero tampoco de lo contrario. Insisto en ello. Personalmente, me inclino a creer que no existe, pero admito un amplio margen de incertidumbre.

Dawkins tiene razón cuando afirma que, en términos de probabilidades, la posibilidad de que Dios exista es muy remota. Pero los científicos evolucionistas señalan que la aparición de vida en la Tierra a partir de un magma de gases y metales también era altísimamente improbable. Según ellos, de una posibilidad entre un millón. En ese sentido, la vida sería fruto del azar. Habría que abordar esta polémica con serenidad y respeto, ya que es indemostrable que unos tengan razón sobre otros.

A mí se me apareció una vez el fantasma de Sarah Bernhardt en una isla francesa, por lo que no es imposible que existan unicornios y, por tanto, que Dios haya podido crear las leyes que rigen el universo. ¿O no? ¿Y el tiempo? ¿Cómo surge el tiempo?

Einstein respondería que el tiempo está ligado a la materia. Esto significa que el tiempo existe porque existe el mundo, una afirmación que Kant habría aceptado. Pero esta concepción cosmológica no deja indiferente. Lo que nos importa es el tiempo subjetivo, el lapso en el que discurre la existencia humana. Resulta una experiencia común la sensación de que el devenir de nuestras vidas discurre cada vez más rápidamente a medida que envejecemos. Eso nos lleva a pensar que hay un tiempo cosmológico, independiente del individuo, y otro que es pura duración subjetiva. Empezamos cada mes de enero un nuevo año que pasará en un abrir y cerrar de ojos para los que tenemos una cierta edad.

El tiempo es un gran misterio sin respuesta. Hasta la formulación de la teoría de la relatividad de Einstein se pensaba que el universo era eterno y que no tenía principio ni fin. Fue este físico quien descubrió que el tiempo, el espacio y la materia están vinculados y no pueden existir los unos sin los otros. El Big Bang puso fecha al comienzo de todo: 13.800 millones de años.

No voy a incurrir en disquisiciones que superan mis conocimientos, pero me llama la atención una de las ideas más controvertidas y enigmáticas de la física: la flecha del tiempo. Un concepto que implica que el tiempo avanza en una sola dirección y que no podemos retroceder al pasado.

Hay una analogía de la flecha del tiempo con la imagen de una hoguera cuyos leños arden. Por mucha madera que hayamos puesto, el fuego se consumirá y el calor se disipará. No hay marcha atrás ni podemos evitar ese proceso —obediente a las leyes de la termodinámica—, de modo que el universo tendrá un final al llegar a un estado de entropía o de muerte térmica, momento en el que todo será un magma homogéneo, sin intercambio de energía.

Si existió un principio de todo y hay un final inevitable, por muy largo que sea el plazo, la vida tiene una fecha de caducidad. Nada es para siempre y esto tiene profundas implicaciones. Lo que sí resulta relevante a título personal es ese efecto de la flecha del tiempo en nuestra vida, que implica que envejecemos y que siempre avanzamos hacia delante, lo que equivale a decir hacia la muerte. Todo nuestro entorno, y no me refiero a las estrellas, desaparecerá en un lapso muy breve. El mundo en el que nací en los años cincuenta ya solo es un recuerdo, algo que parece tan irreal como un sueño. Y ese lapso es menos que un abrir y cerrar de ojos desde la desaparición de los dinosaurios.

Eso supone que tenemos que aferrarnos a un presente que es único, irrepetible e irrecuperable. Nadie se puede bañar dos veces en el mismo río, señalaba Heráclito. *Panta rei*, «todo fluye», decía el sabio griego. Si fuéramos consecuentes con esta filosofía, apuraríamos cada instante de nuestras vidas y valoraríamos el ahora y el aquí como un precioso tesoro.

Una gota de lluvia, la hoja de un árbol, la mirada de un niño son la expresión de este tiempo que fluye y del incesante devenir de un mundo que se crea y se destruye, de esa fragilidad inherente a todo lo que nos rodea. Como apuntaba Bergson, el tiempo es solo duración para cualquiera de nosotros.

Fue san Agustín quien mejor expresó la naturaleza enigmática del tiempo: «Si nadie me pregunta qué es, lo sé. Pero si tuviese que explicarlo a alguien no sabría cómo hacerlo». El santo de Hipona distinguía entre un tiempo divino, eterno y absoluto, y el concepto humano, ligado a la historia.

A nosotros nos invade la misma perplejidad cuando alguien nos interroga sobre la cuestión a la que han dado múltiples respuestas los científicos, los filósofos y los poetas. En lo único que existe consenso es que la flecha del tiempo es irreversible, solo avanza hacia el futuro.

Einstein sostenía que el tiempo es una magnitud relativa vinculada a la materia. Se estira y se encoge en función de las fuerzas gravitatorias. Es un concepto difícil de entender, pero validado por la ciencia. Mucho más comprensible es la noción de Henri Bergson del tiempo como duración: una hora de felicidad transcurre más rápidamente que ese lapso cuando nos duele la cabeza o estamos esperando a la persona de la que nos hemos enamorado.

Frente a la idea bergsoniana, Isaac Newton creía que el tiempo es una magnitud objetiva e independiente de las cosas materiales. Lo concebía como un flujo continuo y regular, que se prolonga hacia el infinito y en el que se inscriben los acontecimientos. Esta noción, que dominó el horizonte intelectual durante varios siglos, está hoy superada.

El debate académico es apasionante, pero lo cierto es que hay un hecho biológico que todos podemos constatar: nuestro cuerpo envejece mientras avanzamos inexorablemente hacia la muerte. La vida es como un reloj de arena cuya ampolla superior se va vaciando.

Esto conecta con la idea de Bergson del tiempo como duración puramente subjetiva, que implica que la única forma de medirlo es nuestra propia conciencia. Por lo tanto, y simplificando el problema, el tiempo está dentro de nuestra cabeza como una forma de percibir y ordenar la experiencia.

Cuando voy a Miranda, paseo por la orilla del Ebro hasta

Anduva, un barrio antaño lleno de talleres y granjas hoy desaparecidas. Había pozos de agua, veletas que marcaban la dirección del viento y huertas con manzanos, ciruelos y membrillos. Junto al río, existía una gravera con charcas y ranas donde se alimentaban de carroña los buitres y se detenían las grullas. Hoy han crecido los chopos y la maleza hasta hacer irreconocible el paisaje. Pero hay algo que no ha cambiado: el susurro del viento al mecer las hojas de los árboles y olor de su corteza.

Me pregunto siempre por qué hay cosas que permanecen y dónde están las que se fueron. Y, sobre todo, qué queda de las personas que hollaron los caminos que recorro. La respuesta está ligada al misterio del tiempo, a esa flecha que avanza y que no se detiene. Como san Agustín, sé lo que es el tiempo, pero no puedo explicarlo. Soy muy consciente de que el corazón que grabé en un chopo con mi navaja en mi infancia ha desaparecido para siempre. Ya lo dijo la poeta francesa Elsa Triolet de una forma insuperable: «El tiempo arde sin dejar cenizas».

8

Creer y no creer

Dios guarda silencio. Desde san Agustín hasta Hans Küng, su mutismo ha provocado el pasmo de los filósofos y teólogos. A mi edad, a las puertas de la vejez, he buscado una respuesta al misterio y no lo he encontrado. Vuelvo en este capítulo a la obra al que hacía referencia al iniciar este libro, *Dios, la ciencia, las pruebas*, de Michel-Yves Bolloré y Olivier Bonnassies, en el que intentan demostrar la existencia del Ser Supremo con datos científicos.

Sostienen que los recientes hallazgos en el campo de la relatividad y la mecánica cuántica decantan la balanza del lado de Dios y que el relato del evolucionismo ateo plantea contradicciones que carecen de explicación. Según su tesis, lo más probable es que Dios haya creado el universo, aunque reconocen que la afirmación no es concluyente.

Siguiendo su esquema mental, el mundo se podría dividir entre creyentes y no creyentes, con los agnósticos en una zona intermedia. Pero a mí siempre me ha parecido más significativa otra división más personal: quienes no temen a la muerte porque tienen fe en el más allá, y quienes la temen porque no la tienen y creen que es el final de todo.

Existen otras variantes, como las personas que tienen miedo a la muerte a pesar de ser fervorosos cristianos, y los ateos que no la temen porque asumen que todo se acaba aquí y que hay que disfrutar de este mundo sin complejo de culpa. Por tanto, podríamos decir que hay cuatro formas de encarar el final de la existencia.

Dicho esto, me tengo que contradecir porque yo he pasado por todos esos estados de ánimo y he llegado, como un barco a puerto después de la tormenta, a un agnosticismo poco militante. Soy agnóstico como una maldición y porque no puedo ser otra cosa. Confieso que no albergo ninguna idea de lo que nos espera en el más allá.

Siempre me ha atraído la concepción de Leibniz de que Dios es un relojero que ha dado cuerda al universo. Según él, vivimos en el mejor de los mundos posibles. Pero eso choca con mi experiencia. Miro mi alrededor y veo los desastres de la guerra de Ucrania, la devastación de Gaza, las hambrunas recurrentes en África, las inundaciones de Valencia y las múltiples catástrofes que nos asolan. Dios no puede haber sido el padre de este mecanismo infernal. Pero tampoco tiene demasiado sentido pensar que somos el resultado de un improbable capricho del azar.

El hecho es que el Hacedor guarda silencio y ello abona todo tipo de creencias y de religiones. Einstein señaló que el hombre encuentra a Dios detrás de cada puerta que abre la ciencia. Otros creen lo contrario: que la ciencia convierte en innecesaria la hipótesis de Dios. Ni una ni otra cosa me parecen convincentes.

Bolloré y Bonnassies afirman que, si se reflexiona a fondo, resulta que el universo no puede ser eterno porque el pasado no puede ser infinito. Alguien lo ha debido de crear. Me pierdo en estas disquisiciones que no demuestran nada. Dios sigue siendo un enigma y ello nos condena a la incertidumbre a los que carecemos de fe.

Albert Camus sostenía que la única pregunta relevante es si la vida tiene sentido. Así es. «Juzgar si la existencia vale la pena es responder a la pregunta fundamental de la filosofía», escribió. Camus se interrogaba por las razones para no suicidarse.

Cada cultura, cada época y cada ser humano han dado una respuesta distinta a este interrogante. Resulta obvio que las personas con convicciones religiosas dan un sentido distinto a la vida que las que no creen en Dios o son agnósticas. Lo mismo que la percepción de un cazador de la selva amazónica poco tiene que ver con la de un habitante de Nueva York. El entorno y la educación condicionan nuestras creencias.

Desde que era adolescente y empecé a leer a Descartes y a Teilhard en el colegio de los jesuitas donde estudiaba el bachillerato, la cuestión del sentido ha estado muy presente, diría de forma obsesiva, en mis pensamientos cotidianos. Expresado con otras palabras: he padecido la enfermedad de la trascendencia y no he podido jamás curarme.

En la recta final de mi vida, continúo sin hallar una respuesta. Sigo teniendo la impresión de estar perdido en un mundo inabarcable en el que cada cosa que aprendo suscita nuevas preguntas. Los hallazgos científicos sobre el universo me dejan perplejo. La lectura diaria de los periódicos me asombra. Y los libros me ponen ante la evidencia de las limitaciones de todo saber.

La frase socrática «solo sé que no sé nada» me parece una evidencia. La incertidumbre rige nuestras vidas y el azar guía nuestros destinos. Por eso, me siento cada vez más distante de quienes se creen en posesión de la verdad y dan lecciones de cómo hay que comportarse a los demás.

Apuntaba Henry Miller que es necesario dar un sentido a la vida precisamente porque no tiene sentido. Esto me parece una tautología. Lo sustancial es la variedad de respuestas a la pregunta. Muchas personas están convencidas de que existe una realidad suprema llamada Dios y otras solo creen en lo material.

Ignoramos adónde conduce el final del camino, pero eso no nos impide andar. Lo esencial son los pasos, no la meta. Camus aseguraba que el sentido está vinculado a la rebeldía contra la injusticia y la lucha por la libertad. Bellas y consoladoras palabras, pero no podemos evitar la adversidad, ni cambiar nuestro destino ni tampoco solucionar muchos de los males de este mundo.

Vivir es en cierta forma renunciar y aceptar la cadena

inexorable de acontecimientos en los que se inscribe nuestra existencia. Y asumir que todo es mutable y perecedero. La historia nos enseña el declive de los imperios y la caída de los líderes mesiánicos. No sé a dónde conduce todo esto ni por qué he escrito estas reflexiones. Tal vez sean un desahogo, un intento de compartir esa sensación de perplejidad que me produce el paso del tiempo, la brevedad de la plenitud y la falta de respuestas.

Simone Weil fue una escritora que, movida por su fe en la humanidad, intentó hallar el sentido de la existencia en el compromiso con los más desfavorecidos y en la lucha contra la injusticia. Ha sido una referencia recurrente en mi vida. Acostumbro desde hace años a abrir sus *Oeuvres* al azar y ponerme a leer. Al escribir este libro, descubrí un largo párrafo en el que sostiene que nunca ha dedicado ni uno solo de sus pensamientos a dilucidar si Dios existe. Una reflexión sorprendente en una persona cuyas acciones siempre estuvieron guiadas por su cristianismo.

«Desde adolescente siempre pensé que Dios es un problema cuyos datos nos faltan aquí abajo y que el único método para evitar resolverlo en falso es no plantearlo», escribió. A continuación subrayaba que las ideas cristianas en las que ella creía firmemente no dependían para nada de la existencia de un Ser Supremo: «Ni afirmaba, ni negaba. Me parecía inútil. Lo importante era actuar».

Nacida en el seno de una familia judía, nunca dejó de actuar. Abandonó su carrera docente para trabajar en la Renault con veintitrés años, vino a España para combatir en las filas republicanas y luego se fue a Londres para luchar contra los nazis. Allí murió de tuberculosis a los treinta y cuatro años, tras decidir que no iba a comer para dar ejemplo de austeridad. Era una mujer torpe, desgarbada, atormentada y solitaria.

Weil creía que era posible implantar el reino de Dios en la tierra con las ideas cristianas. Para ella era mucho más importante la acción que la fe. Ello no le impedía sostener que el principal objetivo de la existencia humana es la búsqueda de la verdad, sean cuales sean las aptitudes de cada individuo. Esta idea no me resulta extraña, porque también Albert Camus exaltaba la importancia del compromiso personal para encontrar un sentido a la vida.

Tanto Weil como Camus sostenían que la ética de la acción no tiene por qué estar sustentada en la fe, algo que podría sonar extraño a los católicos que vinculan sus actos de amor y compasión a la existencia de Dios. En cierta forma, la pensadora parisina anteponía la voluntad de servir a los hombres y luchar contra la injusticia a ese Dios desligado del mundo que mantiene un permanente silencio, según afirmaba en sus escritos.

Simone de Beauvoir relata cómo Weil estalló en un gran llanto cuando se enteró de que China estaba padeciendo una hambruna que había provocado centenares de miles de muertos. «La envidiaba porque tenía un corazón capaz de latir por todo el mundo», anotó.

El combate de Weil contra las injusticias de este mundo era, en el fondo, un acto de desesperación sin recompensa alguna, porque ella había sacrificado la esperanza a la solidaridad con una humanidad doliente. Por eso, su grandeza moral resulta impresionante. «Matar con el pensamiento todo cuanto se ama: es la única forma de morir», escribió. A la manera machadiana, subió a la nave desnuda y sin equipaje, partió muy joven. Lo que ignoramos es si había encontrado esa verdad que tanto ansiaba.

Miguel de Unamuno buscó la misma verdad a lo largo de su existencia. Cuando leí *Del sentimiento trágico de la vida* tenía veinte años. Hay una frase que se me quedó grabada: «Me importa más un dolor de muelas que la existencia de Dios». Recordé la cita de Unamuno durante los días que estuve en la cama con fiebre, soportando una muela del juicio que me producía un dolor que casi me vuelve loco.

Fue precisamente Unamuno quien afirmó que «el dolor es la sustancia misma de la vida y del ser personal», lo que me parece una gran verdad. El dolor nos permite acceder a un nivel de conciencia al que no podemos llegar jamás a través del éxito o la culminación de un deseo.

Muchas de las grandes creaciones literarias y artísticas son el producto de la desesperación, de la pérdida de un ser querido o de un grave contratiempo físico que revela nuestra vulnerabilidad. En cambio, del éxito profesional, de la fortuna económica o de la buena suerte es muy difícil extraer conclusiones que nos sirvan para enmendar nuestros errores.

Es muy cierto que, obsesionado por el maldito dolor de una muela, toda mi existencia se reducía en esos días a intentar no sentir nada, a cerrar los ojos hasta que alguien pudiera aliviar mi mal. No podía leer, ni escuchar música, ni tenía ninguna voluntad de trabajar. Solo anhelaba dormir, perder mi identidad, abandonar momentáneamente este mundo para huir de esa obsesión autodestructiva.

Esta experiencia, irrelevante para el género humano, supuso una lección porque, durante esas cuarenta y ocho horas, la fuerza del cuerpo dolorido me tragó como un agujero negro. ¿Dónde estaba el alma en estos momentos?

Algunos lectores pensarán que esto es un sacrilegio o una irrelevancia, pero no pretendo ofender a nadie. Cada cual con sus creencias. Lo que digo es que el dolor físico puede ser tan absorbente que consigue borrar cualquier otro sentimiento. Esto lo he visto en enfermos terminales, que perdían todo interés por la vida en la última fase de sus padecimientos.

Un dolor de muelas no es realmente nada, es una experiencia muy pasajera, pero ello no minimiza esas horas en las que uno se tiraría por la ventana para acabar con ese tormento que nos taladra la cabeza. No es posible consolarse con pensamientos sublimes sobre la existencia porque el dolor, absolutamente personal, acaba por cortar cualquier conexión con el mundo. El yo se agranda hasta convertirse en un monstruo.

Descartes distinguía entre lo espiritual y lo material, estableciendo una frontera infranqueable. Yo no he percibido la existencia del espíritu y sí he padecido la fuerza gravitatoria de lo corporal que lo arrastra todo hacia un abismo sin fondo.

Sí, durante aquellos días me importó más mi dolor de muelas que la existencia de Dios. Sin duda me falta fe y, por eso, no soy capaz de albergar ideas trascendentes cuando mi cuerpo se arrastra como un gusano. Eso me lleva a sacar la conclusión de que hay un vínculo indisociable entre el cuerpo y lo que se llama convencionalmente el alma o, dicho con otras palabras, la mente.

Es esa unión indisociable lo que le llevó a Descartes a la base de su filosofía: «Pienso, luego existo». O, tal vez, existo luego pienso. Toda la historia de la filosofía desde Platón ha girado en torno a este dilema con el que George Makari, profesor de la Universidad de Columbia, ha escrito *Alma máquina. La invención de la mente moderna*, un libro realmente monumental por su erudición y su vasta ambición.

Makari traza un relato apasionante de cómo el concepto cristiano del alma se fue transformando históricamente en la noción de una mente material. Hobbes fue el primero en afirmar que la conciencia era algo puramente material, frente a la noción de Descartes de un alma espiritual en la que Dios había grabado ideas innatas.

El nacimiento del concepto de la mente moderna a partir del siglo XVII trajo consigo un intenso debate en el que se mezclaban la religión, la biología y la política. Filósofos como Spinoza, Hobbes, Locke y Hume se toparon con la ortodoxia cristiana cuando se plantearon reflexiones sobre la naturaleza de la conciencia humana que cuestionaban los dogmas imperantes.

La Ilustración y la Revolución francesa supusieron un gran salto en la concepción de la mente como un ente sometido a las leyes de la fisiología. Los locos y los perturbados ya no eran sujetos sometidos a fuerzas demoniacas o el pecado, sino enfermos que podían tratarse con un método científico.

Más tarde, el idealismo alemán y luego el marxismo y el psicoanálisis de Sigmund Freud cambiaron la concepción sobre la mente humana, abriendo la cuestión de en qué medida nuestra percepción y nuestras capacidades cognitivas están condicionadas por la realidad externa o por la estructura del sujeto.

Esta evolución está magistralmente recogida en el libro de Makari, que tiene la cualidad de abarcar una visión omnidisciplinar sobre un debate en el que confluyen la ciencia y la filosofía. Lo mejor que se puede decir de la obra es que invita a seguir leyendo sobre este misterio que sigue siendo la mente humana. En ella reside la idea de Dios y la búsqueda de lo absoluto, tal vez porque nuestra vulnerabilidad alimenta ese sueño de eternidad.

Esto conecta con una reflexión sobre Hans Küng, el teólogo más relevante de la segunda mitad del siglo XX y un gigante intelectual que intentó conciliar la filosofía con la fe cristiana. Resulta lamentable su muerte en 2021 sin que la Santa Sede diera el paso de levantar el castigo que le impuso en 1979, cuando le retiró la autorización para enseñar y lanzó el mensaje de que sus trabajos se apartaban de la doctrina de la Iglesia. No obstante, se le permitió seguir siendo sacerdote.

Hace ocho años, el papa Francisco le envió una carta que encabezaba con un «querido hermano». Y anteriormente Benedicto XVI, que fue profesor de Teología en Tubinga como Küng, le había recibido en Castel Gandolfo, en un encuentro que ambas partes calificaron de cordial y constructivo. Pero la Congregación para la Doctrina de la Fe no tuvo la suficiente generosidad para rehabilitar su figura antes de su fallecimiento tras una larga enfermedad. Tenía fama de ser arrogante y vanidoso, lo que no facilitó su relación con el Vaticano.

Fue Juan Pablo II quien adoptó la decisión de estigmatizar a este teólogo suizo. Küng había cuestionado el dogma de la infalibilidad papal y había acusado al pontífice polaco de autoritarismo. Ya anteriormente se había mostrado muy crítico con la *Humanae Vitae*, la encíclica de Pablo VI en la que se prohibía el uso de la píldora anticonceptiva y las relaciones sexuales fuera del matrimonio.

Así pues, Küng murió en la misma lista negra de la Santa Sede en la que figuraron teólogos como Teilhard de Chardin, Henri de Lubac, Edward Schillebeeckx y Hans Urs von Balthasar, cuatro heterodoxos que intentaron arrojar una luz personal sobre la fe cristiana reivindicando un nuevo humanismo. Teilhard, el jesuita que inspiró *Las sandalias del pescador*, una película sobre un papa ruso que rompe los usos vaticanos, sostuvo que la evolución culminaría en una confluencia entre Dios y la humanidad. Ello suponía dotar a la materia de una dimensión espiritual. La Iglesia consideró herética la idea de su punto omega, que tanto sedujo a Küng.

Tampoco el Vaticano se sintió cómodo con la exaltación de la figura de Jesús que late en toda la obra de Küng, quien afirmó que, por encima del dogma eclesiástico, lo que debería prevalecer en el cristianismo son los valores que Jesús transmitió y su sufrimiento en la cruz. Hay en sus trabajos un acercamiento al luteranismo, al propugnar la relación directa entre el individuo y Dios por encima de un formalismo normativo.

Küng estuvo muy influido por la filosofía de Kant y su imperativo categórico. Pero a diferencia del pensador de Königsberg, que no creía que la moral tuviera una fundamentación divina, el teólogo de Lucerna defendía que no era posible encontrar un sentido a la existencia sin la presencia de Dios.

Educado en Roma y en la Sorbona, en la mejor tradición de la Ilustración, Küng retomó las tres grandes preguntas de la ética kantiana: qué puedo saber, qué puedo hacer y qué puedo esperar. Sin renunciar a las aportaciones de la filosofía desde Descartes, llegó a la conclusión de que no hay respuesta a esos interrogantes sin la fe en Dios.

Asumió el desafío de repensar la idea de Dios que había sido aceptada como parte del orden natural hasta el Siglo de las Luces. Creía que la teología tenía que reinterpretar la figura del Supremo Hacedor a la luz de los avances de la ciencia y de las aportaciones del pensamiento moderno. Y a ello consagró su obra, a sabiendas de que su mirada podía entrar en conflicto con la jerarquía vaticana.

Fue coherente hasta el final y su desaparición, sin el reconocimiento que se merecía, debería hacer reflexionar a la Iglesia sobre la necesidad de mostrar más generosidad con los cristianos que exploraron los límites con el afán de encontrar un sentido a su fe.

En *Lo que yo creo*, su testamento vital, expresaba su confianza de ver el rostro de Dios tras su muerte, citando la primera carta de san Pablo a los corintios. Ojalá se haya cumplido su deseo. No lo sabemos porque nadie ha vuelto del más allá. La vida se agota en su propia andadura.

Como dicen los versos de Antonio Machado: «Caminante no hay camino / se hace camino al andar». La vida es un camino que no sabemos a dónde conduce. Rousseau, literalmente, fue un personaje que anduvo los caminos para responder a preguntas muy perturbadoras en su tiempo.

Odiado y amado, despreciado y ensalzado, perseguido y protegido, leído e ignorado, pocas personalidades han sido tan polémicas en la historia del pensamiento como Jean-Jacques Rousseau. Se le ha tachado de tantos vicios y virtudes que resulta difícil saber cómo era este hijo de un relojero de Ginebra nacido en 1712.

Rousseau fue escritor, filósofo, músico, pedagogo y botánico. Podemos afirmar con certeza que fue un espíritu curioso. Y también que sus teorías políticas y pedagógicas ejercieron una influencia que trascendió a su tiempo. Ahí queda su *Emilio*, un tratado en el que defiende la bondad natural del hombre y propugna una educación antiautoritaria.

El pensador ginebrino fue un grafómano que escribió más de 30 obras, entre las que figuran desde un manual de un nuevo sistema de notación musical a novelas románticas como *Julie o la nueva Eloísa*. Pero si hay un libro en el que Rousseau abre su alma e intenta transmitir un retrato para la posteridad es *Las confesiones*, una mezcla de memorias y autobiografía con la que instaura un nuevo género.

Pocos textos han dado lugar a tanto debate como *Las confesiones*, que algunos han calificado como una autojustificación de sus errores y otros como una hábil mixtificación para mostrarse como lo que no era. Hay razones para compartir esas visiones críticas, pero lo que nadie podrá negar es que la obra de Rousseau atrapa al lector desde la primera línea y lo sumerge en una peripecia fascinante, que va desde una infancia marcada por la muerte de su madre hasta sus últimos años de vida, en los que se le agudiza un sentimiento de persecución que roza la enfermedad mental.

Rousseau comenzó a redactar *Las confesiones* en 1765 y

tardó alrededor de cinco años en acabarlas. Murió ocho años después. Llevaba mucho tiempo pensando en acometer una especie de autobiografía, pero el factor que desencadenó la escritura de esta obra fue el panfleto anónimo de Voltaire, su gran adversario intelectual, en el que le acusaba de perversidad al haber abandonado a sus cinco hijos en un hospicio. El opúsculo era un ajuste de cuentas, lleno de improperios, y Rousseau quedó profundamente afectado.

Inspirándose en el clásico de san Agustín, eligió el mismo nombre para su empeño. Pero si el santo de Hipona se propone en sus *Confesiones* reconocer sus pecados y honrar la gloria divina, el filósofo ginebrino narra un recorrido vital en el que logra convertirse en un hombre bueno a pesar de la maldad del entorno.

Sus propósitos quedan claros desde las primeras líneas de su libro: «Emprendo una tarea de la que nunca hubo ejemplo y cuya ejecución no tendrá imitadores. Quiero mostrar a mis semejantes un hombre en toda la verdad de la naturaleza. Y ese hombre soy yo». Y prosigue: «No estoy hecho como ninguno de cuantos he visto. Si la naturaleza hizo bien o mal al romper el molde en que me vació, es cosa que habrá de juzgarse después de haberme leído».

Y el arma con la que pretende convencer al lector de ese carácter único e irrepetible de su personalidad, que le hace distinto a sus congéneres, es la sinceridad. Rousseau no vacila en presentar de forma cruda sus errores y mezquindades, como cuando delata a una criada por el robo de una cinta del que él es responsable.

Pero esos pecados veniales quedan compensados por una grandeza de espíritu que se muestra en la segunda parte de *Las confesiones*, en las que se describe como un hombre de buenos sentimientos, acosado por sus enemigos intelectuales y perseguido por reyes y obispos.

Rousseau escribió una parte de esta obra en Inglaterra, país en el que se refugió gracias a la benevolencia del filósofo David Hume, que incluso le consiguió una pensión del rey Jorge III. Estuvo allí dos años, se peleó con sus protectores y volvió a

Francia con un nombre falso. Se casó entonces con Thérèse Levasseur, con la que había tenido cinco hijos a los que él había obligado a internar en un hospicio porque creía que su mujer no tenía capacidad para educarlos.

El ginebrino nunca estuvo enamorado de la madre de sus hijos, porque la pasión de su vida, como relata en *Las confesiones*, fue madame de Warens, que lo recogió en su casa de Annecy cuando era un adolescente. Jean-Jacques, que llamaba a esta señora «mamá», escribe que sus años junto a ella fueron los más felices de su vida. Fue madame de Warens quien lo inició en el sexo.

Nadie podrá decir que Rousseau llevó una vida convencional. Sus *affaires* sentimentales siempre acabaron mal, al igual que sus amistades y la mayor parte de sus insensatas empresas. Pero fue un hombre apasionado, un brillante escritor y un observador perspicaz de su época. Ninguno de sus adversarios intelectuales fue capaz de escribir un libro como *Las confesiones*.

Rousseau, a diferencia de su rival Voltaire, sí era creyente, aunque pensaba que Dios no intervenía en los asuntos humanos ni en las desgracias naturales. Era escéptico respecto a las enseñanzas y los dogmas de la Iglesia. Fue un pensador deísta, es decir, creía en un Dios abstracto que había creado el mundo. El filósofo ginebrino pensaba que el ser humano podía acceder a Dios mediante la religión natural, que identificaba con una moral del bien y del mal. Esa moral nos conecta con Dios, que es quien ha inculcado en el alma humana los conceptos básicos de la ética.

Rousseau rechazaba las verdades reveladas por la Biblia y los textos sagrados y no aceptaba la autoridad de la jerarquía eclesiástica, pero sí afirmaba que en los hombres hay un sentimiento natural, una emoción primaria que nos vincula a Dios. Se puede encontrar en sus ideas una influencia del calvinismo con el que fue educado.

Sea como fuere, Rousseau fue una figura dominante en la Europa de la Ilustración y un filósofo al que hay que leer si uno se siente concernido por el dilema entre creer y no creer.

9

Deus sive Natura

Me imagino a Spinoza en una noche de invierno en su modesta vivienda alquilada, llena de libros, con los muebles cubiertos del polvo que producían las lentes que afinaba en su oficio de pulidor. Lo veo escribiendo febrilmente a la luz de las velas con una pluma, tachando y rehaciendo los textos. Allí está él, totalmente solo, excomulgado del judaísmo y tachado de hereje por sus vecinos. Las calles están desiertas, el viento azota los caminos, pero la mente de Spinoza trabaja en descifrar los grandes enigmas sobre la naturaleza de Dios y el ser humano.

Como siempre, hay que recurrir a la biografía para entender la filosofía de Spinoza. Era descendiente de una familia de judíos españoles emigrados a Portugal, probablemente tras la expulsión de los Reyes Católicos. Su abuelo emigró a Holanda para ganarse la vida con el floreciente comercio que prosperaba en ciudades como Ámsterdam. Fue en este lugar donde nació lo que hoy llamamos «globalización» hace cuatro siglos.

Con la firma de la Paz de Westfalia en 1648, la República Holandesa fue reconocida como Estado independiente tras haberse emancipado del imperio de los Austrias. El país estaba gobernado por una próspera burguesía, mientras que en el resto de Europa los gobiernos se hallaban dirigidos por monarquías absolutas y el poder de las iglesias. Ámsterdam llegó a ser el centro comercial más importante del continente a comienzos del siglo XVIII. Era una ciudad donde se podían expresar las opiniones políticas y religiosas con libertad, a diferencia de lo que sucedía en los reinos de España y Francia, las dos potencias continentales.

Existe hoy la creencia generalizada de que la globalización es un fenómeno reciente, que comienza a finales del siglo XIX con los viajes de los exploradores y se intensifica en las dos primeras décadas del XXI. Pero esto es un error. Vermeer, nacido en 1632, el mismo año que Spinoza, con el que probablemente se cruzó en algún momento de su vida, pintó un pequeño óleo que ilustra mejor que cualquier registro histórico el nacimiento de la globalización. El soporte de la obra es una tabla de 49 por 44 centímetros y se halla expuesta en la Colección Frick de Nueva York. Fue bautizada de forma descriptiva como *Militar y muchacha riendo*. Acabado en 1658, siete años antes de la muerte de su autor, estuvo en un pasillo del museo de Manhattan, pasando desapercibido para muchos visitantes.

Justo en el momento en el que Vermeer terminaba su obra, Spinoza estaba escribiendo un libro sobre la filosofía de Descartes, el único publicado en vida, que le granjeó una reputación entre los filósofos holandeses y alemanes de la época. Científicos como Huygens y políticos como Jan de Witt fueron a visitarle a su casa para discutir su trabajo crítico sobre Descartes, la figura dominante a la sazón en el panorama intelectual europeo.

Lo que vemos en el cuadro de Vermeer es un oficial sentado frente a una joven que le sonríe con una ampolla de vino en sus manos. La luz entra por un ventanal e ilumina la cara de la muchacha. El militar, vestido con una casaca roja, aparece ladeado, por lo que apenas podemos contemplar su rostro. Todo sugiere que está intentando seducir a la mujer.

Hay dos elementos singulares que hacen de esta representación mucho más que una escena costumbrista. El primero es la gran carta colgada en la pared. Muestra el mapa de Holanda con una peculiar orientación de oeste a este, como si estuviese invertida. La tierra es azul y el océano es de color beige. La segunda peculiaridad es el gran sombrero que lleva en su cabeza el oficial, de tamaño absolutamente desproporcionado.

El cuadro de Vermeer demuestra que existía un mundo más allá de Europa cuando esta tabla fue pintada. Holanda era una potencia comercial, cuya riqueza provenía de la compraventa de mercancías en Asia y América. Ámsterdam era en 1650, cuando Baruch Spinoza había salido de la adolescencia, la ciudad más próspera del continente.

La historia del sombrero que lleva el militar refleja la existencia de ese mundo globalizado, en el que las naves de la Compañía Neerlandesa de las Indias Orientales, fundada en 1602, recorrían las costas de Asia y América. En aquella época el castor, cuya piel era muy preciada, se había extinguido en Europa. Los holandeses descubrieron que había una gran población de castores en el norte de América y eso empujó a cientos de colonos a cruzar el Atlántico.

En 1614, los holandeses llegaron a lo que hoy es Manhattan y se instalaron allí como base para cazar castores, con cuya resistente piel se fabricaban abrigos, guantes, bolsos y sombreros. Ese enclave, con una pequeña fortificación, se llamó Nueva Ámsterdam. Se dice que los holandeses pagaron a los nativos veinticuatro dólares por la isla. Medio siglo después, los ingleses conquistaron lo que sería el embrión de Nueva York.

Paralelamente, un navegante y geógrafo francés llamado Samuel de Champlain fundó Quebec. Miles de compatriotas suyos se instalaron en la costa oriental de Canadá para cazar castores. Los iroqueses y otras tribus locales fueron expulsados de sus territorios por los recién llegados.

Todo indica que la piel del castor que cubría la cabeza del militar del cuadro provenía del norte de América, seguramente de Nueva Ámsterdam. Y esta idea queda reforzada por el mapa que muestra la vocación marítima y comercial de los Países Bajos.

La Compañía Neerlandesa de las Indias Orientales fue la primera sociedad que recurrió a obtener un capital público mediante acciones que cotizaban en la bolsa de Ámsterdam. Repartía dividendos y su gestión estaba altamente profesionalizada. Vermeer sabía que sus barcos llegaban hasta Japón, la India y el norte de América para importar productos y materias primas que no existían en Europa. Tal vez ese soldado hubiera estado en algunas de las expediciones de la Compañía.

Este es el mundo en el que vivió Spinoza, marcado por una fuerte expansión del comercio, los albores de la Ilustración y el prestigio de una ciencia que se reivindicaba sobre la religión. La paradoja es que Spinoza decidió encerrarse en una habitación cuando la vieja Europa ensanchaba sus fronteras y los barcos salían de los puertos holandeses para comerciar en América del Norte y el Extremo Oriente. Resulta paradójico que una filosofía tan universal saliera del pequeño reducto personal en el que permaneció encerrado en sus últimos años.

Spinoza, a diferencia de Descartes y Leibniz, que viajaron y desarrollaron una personalidad social, fue un hombre solitario y siempre vivió a contracorriente. Decidió explorar su propio yo como fuente de conocimiento e inspiración del saber filosófico. Enfermo y sintiendo cerca el final, ebrio de orgullo por haber volado a una altura intelectual a la que nadie ha conseguido remontarse, Spinoza se afana en terminar su *Ética*. Sabe que le falta poco, que su obra será inmortal y, tal vez, que muchos siglos después los hombres seguirán interrogándose sobre su sentido.

Nunca un libro ha estado tan marcado por la lucha contra la muerte y el tiempo, atributos de la sustancia de la que están hechas las cosas. Todos somos sustancia y la sustancia es Dios, sostiene Spinoza. Todo lo que ocurre está previsto por las leyes de la Divina Providencia. El mundo y los hombres no tienen un propósito concreto, son la expresión de la naturaleza del Ser Supremo.

Spinoza llega, a sus cuarenta y tres años, a la certeza de que el hombre es una minúscula pieza de ese engranaje que es Dios. Las propias leyes que rigen la física y la naturaleza son modos en los que el Hacedor se manifiesta de forma silenciosa. Yendo incluso más lejos, Spinoza cree que el hombre, la naturaleza y Dios son lo mismo, porque comparten la misma sustancia.

¿Desvarío de un intelectual sin sentido de los límites? ¿Sueño de un heterodoxo visionario? ¿Soberbia de la razón?

Saltemos tres siglos en el tiempo. La teoría de las cuerdas, el último umbral de la física contemporánea, revela que los electrones y los quarks están compuestos de delgadas fibras que vibran de una forma característica. La composición de la materia depende de la vibración de esas cuerdas.

Las cuerdas sirven para explicar el comportamiento del átomo y las grandes leyes que rigen el cosmos. Por primera vez, los físicos disponen de una teoría global que vale para entender tanto lo muy pequeño como lo infinitamente grande. Los extremos se tocan porque las partículas subatómicas reproducen la estructura de la materia de la que están hechas las estrellas. Los científicos hablan de un universo elegante, semejante a una gran orquesta afinada por una mano invisible. Einstein se quedaría boquiabierto.

Si Spinoza pudiera levantarse de la tumba, podría decir que él había llegado a una conclusión semejante en su modesta casa de La Haya porque nada más parecido a los quarks y las cuerdas que su teoría sobre la sustancia, formulada en 1675. Fue precisamente Spinoza quien utilizó la expresión *Deus sive natura* («Dios o la naturaleza») para manifestar su creencia en una única sustancia, dotada de dos atributos: el pensamiento y la extensión. No hay ninguna oposición entre Dios y la naturaleza, que es una mera plasmación del orden divino, según su filosofía.

Si lo natural es bueno porque ha sido creado por Dios, la pregunta es de dónde procede el mal. Esta es la cuestión por la que Willem van Blijenbergh, un comerciante calvinista de cereales, envía cuatro cartas a Spinoza en 1665 y luego viaja a La Haya para discutir con él.

El autor de la *Ética* responde las cartas y en una de ellas recurre a Adán para explicar lo que es el mal. Adán sabía que no podía comer del árbol prohibido, pero ignoró el mandato de Dios. Fue un acto de inconsciencia. Quería probar la manzana, pero desconocía las consecuencias de su acto. Si desobedeció es porque decidió eludir una interdicción sin ser consciente de que vulneraba el orden moral y natural establecido por el Supremo Hacedor.

La concepción de Spinoza enlazaba con la tradición escolástica medieval, por la que Dios ha creado todas las cosas y las leyes que rigen el mundo. Pero se aparta del pensamiento de santo Tomás, que consideraba el mal como algo existente y real frente a la tesis spinoziana de una mera ignorancia de los designios divinos. El mal siempre acaba por desencadenar un bien porque Dios es infinitamente bueno y previsor, según Spinoza.

La pregunta es si las atrocidades, las guerras y la devastación del entorno natural que leemos en las noticias contradicen su afirmación sobre la existencia de una naturaleza metafísicamente buena y por qué ha surgido este mal que ha provocado dolor y muerte. ¿Cómo es posible que ese Dios infinitamente bondadoso haya permitido o contemporizado con tanto daño? Si es omnisciente y lo puede prever todo, ¿por qué no ha impedido estos desastres?

Resulta muy difícil conciliar esa idea de la naturaleza como emanación o extensión del orden creado por Dios con la existencia del mal. El propio Benedicto XVI se preguntó en Auschwitz cómo era posible que el Todopoderoso hubiera permitido el genocidio de los judíos.

Más bien la última pandemia, el deterioro del medioambiente y las guerras indican que estamos a merced de fuerzas malignas e incontrolables de una naturaleza que se ha vuelto contra el hombre. Si Dios existe, nos ha abandonado a nuestra suerte o, al menos, ha dejado que el mal nos azote. Ya no es posible sostener esa relación armónica del Hacedor y la naturaleza de la que hablaba Spinoza.

Todo ello nos conduce a un profundo interrogante metafísico sobre la esencia del mal. No cabe entender la pasividad de Dios ante la muerte de tantos inocentes y de tanto dolor. Si todo lo que nos pasa formara parte de la voluntad divina, llegaríamos a la conclusión de que nuestra suerte le es indiferente al Ser Supremo, infinitamente bueno y previsor. El mal no es simplemente una inobservancia de las leyes divinas, sino que tiene una entidad real y bien real.

A finales de 1676, Gottfried Leibniz se detuvo en La Haya

para conocer al filósofo por el que siempre había sentido una profunda fascinación. Spinoza se hallaba en sus últimos meses de vida. Ambos permanecieron juntos 48 horas discutiendo la *Ética*, la obra póstuma del genio.

Leibniz era catorce años menor que Spinoza, que había adquirido la reputación de hereje y ateo por sus anteriores escritos, provocando su expulsión de la comunidad judía. Es difícil imaginar a dos seres humanos más distintos que Leibniz y Spinoza. A pesar de su juventud, Leibniz pertenecía a las academias científicas más importantes de Europa y era un pensador y un científico reconocido. Spinoza, en cambio, no salía jamás de su modesta residencia, carecía de medios económicos y estaba considerado por sus vecinos como un personaje excéntrico y medio loco.

Leibniz, el descubridor del cálculo infinitesimal y del sistema de notación binario de los números, estaba poderosamente fascinado por los trabajos de aquel filósofo místico. No sabemos lo que hablaron Leibniz y Spinoza durante aquellos dos días, pero nos podemos imaginar al sabio judío de origen portugués argumentando la naturaleza infinita de la sustancia mientras el científico alemán le rebatía con su famosa teoría de las mónadas como elemento primordial de la materia. Ambos albergaban concepciones filosóficas opuestas en muchos sentidos, pero también tenían importantes afinidades, como su escepticismo sobre el conocimiento empírico. Pero la principal diferencia entre uno y otro es que Spinoza era un filósofo que creía en una ética de las convicciones, mientras que Leibniz, que había trabajado como diplomático, era el perfecto representante de una ética de la acción.

Llevo leyendo la *Ética* de Spinoza desde hace treinta años y siempre descubro nuevos matices o interpretaciones que se me habían escapado. Es tal la profundidad de sus proposiciones, axiomas, corolarios y escolios que puedo estar tranquilamente pensando durante muchas horas el sentido de un par de líneas, como me sucede con Wittgenstein.

Lo primero que me sorprendió al abordar el libro es su misterioso título completo: *Ética demostrada según el orden geométrico.* ¿Ética y geometría? Pensé inicialmente que el recurso a lo geométrico era una artimaña del autor para distanciarse de lo que escribe, pero no, no se trataba de eso. Spinoza elige la geometría porque su *Ética* es esencialmente demostrativa y sus elementos guardan la misma cohesión con el todo que, por ejemplo, los lados de un hexágono. Para el filósofo holandés, la geometría era la encarnación más perfecta de la racionalidad. Téngase en cuenta que se dedicaba a pulir cristales y piedras preciosas.

Luego me intrigó mucho que en las primeras proposiciones del libro no apareciese la palabra «hombre». Spinoza define la sustancia, los atributos, las afecciones y a Dios, pero ni una palabra sobre la humanidad. Me llevó mucho tiempo comprender que el concepto de hombre es una simple extensión de la sustancia que, según la proposición VIII, es «necesariamente infinita».

Para Spinoza, todo lo real es sustancia, una sustancia única que impregna todo lo que existe. Pero lo real es plural porque hay infinitos atributos y afecciones de la sustancia, de suerte que nuestro entendimiento finito no puede comprender la infinitud de ese universo del que formamos parte.

Pero la sustancia no es la materia para Spinoza. Es Dios, Ser Supremo que contiene el comienzo y el final de todas las cosas o, mejor dicho, un principio y un término que confluyen porque todo lo que acontece no es más que un despliegue de esa sustancia única y eterna. «Todo cuanto es, es en Dios y sin Dios nada puede ser sin concebirse», dice la proposición XV. Eso significa que cumplimos los designios de Dios, aunque hagamos el mal. Incluso yendo más lejos: que la libertad humana no existe porque lo malo y lo bueno, lo feo y lo bello, lo noble y lo vil están dentro de las potencialidades de la sustancia divina.

La filosofía de Spinoza nos eleva al considerarnos como extensiones de Dios, pero luego nos convierte en insectos al negar el libre albedrío. La *Ética* me ha llevado a preguntarme muchas veces si los hombres somos realmente libres o actuamos en función de nuestra herencia genética. Me queda la duda. En este aspecto, Spinoza nos deja un profundo interrogante que late bajo este maravilloso libro que jamás podemos dejar de leer.

Hay personas que creen que la filosofía no tiene nada que ver con la vida. Pero se equivocan. Puede que sus conceptos sean abstractos, pero eso no significa que las obras de los grandes filósofos se hayan convertido en letra muerta, sin ninguna conexión con nuestra existencia. Es el caso de la *Ética* de Spinoza, que es un verdadero manual de instrucciones para vivir.

En el marco de una investigación «geométrica» sobre Dios y la naturaleza, Spinoza propone examinar las emociones humanas bajo el prisma de los designios divinos. En la medida que nos adentramos en la lectura de la *Ética,* comprendemos que el filósofo apela a una concepción que intenta ir más allá de la engañosa apariencia de las cosas para penetrar en las verdades eternas y universales que configuran todo lo existente.

Lo que viene a decir Spinoza es que hay una única y permanente sustancia, que es Dios, que reúne en sí misma todos los atributos posibles. Aunque no lo afirma expresamente, podemos interpretar que todos los seres participan de esa eternidad divina como una gota que forma parte de un inmenso océano.

Ello explica otro de los corolarios de Spinoza, cuando apunta que la esencia de todo ser reside en perseverar en sí mismo, lo cual no es una invitación al individualismo, sino todo lo contrario: una llamada a la autenticidad del hombre como una materialización de los designios divinos.

¿Formamos parte de un orden universal o somos un producto del azar? ¿Estamos aquí por una razón que nos trasciende o nuestra naturaleza es pura materia contingente y finita? ¿Tiene sentido la vida o hay que agarrarse a un *carpe diem* que nos reduce a pura temporalidad?

No es fácil responder a estas cuestiones a partir de la filosofía de Spinoza, que posee un elevado nivel de abstracción. En última instancia, parece que él creía en una especie de panteísmo en el que la conciencia individual quedaría disuelta.

No queda clara en su obra la definición de Dios, al que coloca a unas alturas que empequeñecen al ser humano.

Spinoza apunta que el tiempo es a la vez eterno y efímero. Dice que el hombre puede concebir la temporalidad de las cosas y los cambios de la naturaleza, pero también que la mente es capaz de captar el mundo *sub specie aeternitatis*, es decir, desde un punto de vista universal e imperecedero. Parece decirnos que lo perecedero es un espejismo y que el hombre tiene que elevarse hacia las alturas de un pensamiento metafísico que le conduce a Dios.

Nuevamente hay que volver a su biografía para entender sus ideas. Spinoza había abjurado del judaísmo en su juventud, fue denostado por la comunidad judía y tachado de hereje por los cristianos. Optó por una profesión artesanal que le permitía ganarse la vida sin renunciar a su vida intelectual y que tenía mucha relación con la fascinación de su época por la óptica y la geometría.

Dado que la sociedad le rechazaba y no le comprendía, Spinoza debía de sentir la necesidad de buscar un ideal al que entregar su vida y que diera sentido a su sufrimiento. En ese sentido, el filósofo holandés intentaba trascender la finitud humana por ese anhelo de eternidad que desprende su obra, muy en particular, su *Ética*.

Cada vez que he releído algunas de las páginas de este libro que ha estado encima de la mesilla de mi dormitorio durante años, he admirado la grandeza y la ambición de las ideas de Spinoza. Pero también su obra me ha producido la sensación de estar muy alejada de las miserias y frustraciones cotidianas que jalonan nuestras vidas. Su concepción del tiempo me parece demasiado contraintuitiva y distante de la experiencia humana.

El tiempo spinoziano de Dios no es el de los hombres. No es, como él sostiene, una hipotética eternidad la que mide nuestro paso por este mundo, sino el transcurso de los años, la fugacidad de las horas y los días, la sensación de que todo sucede muy rápido. El futuro deviene en pasado a cada instante. Y el paso de los años es la magnitud para medir nuestra existencia, que, como es obvio, está ligada a los ciclos de la naturaleza. Doce meses es el periodo exacto en el que se desarrollan las cuatro estaciones. Y hemos establecido la convención de que el año comienza el 1 de enero, aunque tendría la misma lógica que empezara el 21 de junio.

Nuestra concepción del tiempo es cíclica porque todo vuelve siempre al mismo punto. Hay una especie de eterna repetición en la vida de cada uno. Nuestros hábitos y conductas están determinados por esos plazos marcados por el calendario. El ciclo del nacimiento y la muerte se repite en todos los procesos naturales.

El pensador francés Henri Bergson fue el que introdujo el concepto de duración, que vincula a la experiencia subjetiva del tiempo. Cinco minutos pueden parecer interminables cuando se está esperando. En este sentido, Spinoza había recurrido a esa idea de duración en un sentido similar al de Bergson desde una filosofía muy distinta.

Lo que sostiene Spinoza es que una cosa es la duración, que es la percepción humana de la existencia como sucesión de acontecimientos, y otra es la propia esencia del tiempo, que es algo absoluto, sin principio ni final. Para el autor de la *Ética*, el tiempo es el escenario en el que se manifiesta Dios.

Es evidente que la fundamentación del pensamiento de Spinoza se halla en una concepción religiosa y teológica del mundo. Pero no por ello podemos repudiar esa idea de que el tiempo es una eternidad en la que se diluyen el pasado y el futuro. Si uno piensa en la enorme extensión del universo, en el billón de galaxias que existe y en los procesos de creación y destrucción de las estrellas, la concepción de Spinoza cobra sentido. Somos un breve fulgor en la playa infinita del tiempo. Nuestras acciones y nuestra conciencia se disuelven en ese magma fluido e imparable de los cambios que obedecen a las leyes de la física.

Como decíamos, Spinoza creía que el principal afán de los hombres es perseverar en su propio ser. Y no andaba descaminado. Esa intuición enlaza con esa noción de un tiempo cuasi infinito en el que todo se repite y vuelve a un punto de partida en el que la conciencia personal es una mota de polvo en la inmensidad del cosmos.

Todo esto es demasiado abstracto, pero deberíamos ser más conscientes en nuestra vida cotidiana de la relatividad de nuestros puntos de vista y de la finitud de lo individual en ese eterno fluir de las cosas del que hablaba Heráclito.

Spinoza era un místico y un visionario, y por eso nos atrae tanto a los que nos movemos en la incertidumbre y el escepticismo. Siempre es necesario el autoengaño para mantener unas ciertas expectativas sobre el futuro. La existencia es demasiado cruda para asumirla sin una dosis de esperanza.

Nadie fue capaz de prever la caída del Muro de Berlín, el ataque a las Torres Gemelas o la crisis de 2008. Nuestro entorno es esencialmente incierto y volátil. Los «cisnes negros», los hechos imprevistos, aparecen y cambian nuestra vida. Y ello es extensible a la vida de cada individuo, sometida a factores que son imposibles de predecir y controlar.

La filosofía de Spinoza era determinista hasta el punto de considerar el mal como una forma de ignorancia. Todo está minuciosamente previsto por Dios como el artesano que da cuerda al mecanismo de un reloj, según el autor de la *Ética*. Esta concepción no deja de chocar con la percepción cotidiana de que la realidad es caótica y regida por el azar. No hay más que leer un periódico para constatar la imperfección de este mundo y las desgracias que nos rodean. Podemos seguir soñando y forjando planes porque esa es nuestra naturaleza, pero no nos engañemos: la nada nos acecha en cada recodo del camino.

10

El mal

Cuando Benedicto XVI visitó el campo de Auschwitz, rezó en las cámaras de gas y ante el muro en el que habían sido fusilados miles de prisioneros. El pontífice se preguntó en aquel lugar cómo Dios había podido permitir esa maldad que provocó el asesinato de seis millones de judíos durante el Tercer Reich. Yo me he hecho la misma pregunta muchas veces.

Fue Paul Ricoeur quien escribió que el mal es un enigma indescifrable. En una conferencia pronunciada en Lausana en 1985, sostuvo que supone un desafío a la teología y la filosofía. En última instancia, un misterio ligado a la libertad humana.

El profesor de la Sorbona afirmaba que el mal no tiene una naturaleza ontológica, coincidiendo con san Agustín. El de Hipona creía que Dios ha creado todo lo bueno de este mundo, mientras que el pecado es una forma de no ser, una ausencia del bien. Dicho con otras palabras, una negación de Dios.

Ricoeur no establece esa contraposición, sino que se limita a constatar que el mal existe y forma parte del ámbito de lo humano. Pero distingue dos tipos de mal: el que es producto del libre albedrío de los hombres y el que es el resultado de factores imprevisibles, como las catástrofes naturales o las enfermedades.

Tanto uno como otro producen sufrimiento, de suerte que, sea cual sea su origen, el hombre padece las consecuencias de esa vulnerabilidad que cuestiona el sentido de la existencia y el orden racional de las cosas. Ricoeur dirá que es imposible entender el mal, aunque sí lo podemos combatir.

Es cierto: el mal es algo insondable. No hay y no habrá jamás una explicación a la maldad que provocó el Holocausto y el asesinato de seis millones de judíos. La pregunta sigue siendo cómo Dios pudo permitir esa masacre, el genocidio de Pol Pot en Camboya, la guerra homicida de los Grandes Lagos, los crímenes fratricidas en la antigua Yugoslavia o los bombardeos masivos sobre la población de Gaza.

Ricoeur subrayaba que era difícil compatibilizar la afirmación de un Dios infinitamente bueno con la existencia del mal. Pero, acto seguido, eximía en cierta forma al Ser Supremo al cargar el peso de la responsabilidad sobre la libertad de los hombres.

Las reflexiones del filósofo francés son aplicables a la pandemia que se llevó por delante a millones de personas, ya que, aunque aparentemente el daño tuvo causas naturales, es también cierto que la extensión del virus fue producto del tipo de vida que hemos elegido, de la forma de relacionarnos y puede que de la explotación intensiva de los recursos del planeta. A pesar de lo que sostienen los negacionistas, el equilibrio ecológico se ha alterado y las consecuencias son imprevisibles. Sea como fuere, resulta casi imposible entender cómo un ser simple, un mecanismo elemental biológico, puede causar tanta devastación.

Ricoeur, que falleció en 2005, se preguntaba: «¿Quién sabe si todo sufrimiento no es el castigo por una falta personal o colectiva, conocida o desconocida?». Esta pregunta queda en el aire y nos seguirá mortificando durante mucho tiempo.

La constatación del mal nos genera la misma perplejidad que a Ricoeur, que observaba que surge cuando el hombre toma conciencia de sí y se aparta de los fundamentos naturales que rigen la vida de los animales. El mal es casi siempre una superación de los límites y, por eso, es algo absolutamente humano.

Como hemos visto, Spinoza pregona la existencia de un

orden universal que es la expresión de Dios. Si existe el mal, es porque los seres humanos poseen libre albedrío y pueden actuar contra las leyes divinas.

Esa idea spinoziana me parece una contradicción en sus propios términos, porque, si Dios interviniera en los asuntos del mundo, no podría tolerar el mal ni permitir que los hombres hicieran daño a sus semejantes.

El mal es tan consustancial a los seres humanos como la capacidad de componer una sinfonía o de escribir un soneto. Es sabido que Reinhard Heydrich, el jefe de las SS, se emocionaba al tocar el violín y ofrecía té y pastas a sus vecinos, mientras sentía absoluta indiferencia al mandar a cientos de miles de familias judías a los campos de exterminio.

Hasta el siglo pasado, el mal se manifestaba a gran escala en guerras, masacres, tiranías, deportaciones y otras catástrofes fácilmente identificables. Pero el mal se reviste hoy de tecnocracia, lo que lo convierte en mucho más peligroso. Los recortes en los servicios públicos, el desempleo, la desigualdad, los privilegios de las élites y la asimetría en la aplicación de la ley están provocando grandes males que se justifican en un falso utilitarismo que solo beneficia a los más poderosos.

Todo el proceso de destrucción de las conquistas sociales que habíamos logrado se fundamenta en una pretendida racionalidad económica que empobrece a la gran mayoría y enriquece a una clase dirigente que se ha colocado por encima de toda sospecha y que siempre sale ganando.

Tenía mucha razón Hannah Arendt cuando hablaba de la banalidad del mal. Sí, hoy el mal se ejerce con absoluta normalidad e incluso invoca al bien común cuando se trata de hacer las cosas más inicuas bajo la razón de Estado. El siglo XX estuvo lleno de gobernantes despóticos y sin escrúpulos que mataban a las personas en nombre de pretendidos ideales. Bajo la idea de que el fin justifica los medios, se han cometido las mayores aberraciones.

Afirmaba Sartre que lo más aburrido del mal es que uno se acostumbra a él. Pero hay también una fascinación por esta pulsión que ha inspirado la literatura y el arte. La filosofía se ha ocupado también de la maldad, un terreno muy fértil para el debate intelectual.

Georges Bataille venía a decir que la bondad desemboca en la nada, mientras que el mal es el ejercicio de una libertad que aspira a no tener límites. El bien no podría existir sin el contrapunto del mal.

No hay que ser demasiado observador para constatar esa presencia permanente del mal en los medios de comunicación, atraídos por la proliferación de corruptos, canallas y arribistas que han protagonizado la vida pública de nuestro país. No es difícil detectar una fascinación social ante unos episodios cuya sordidez es un perfecto contrapunto de lo políticamente correcto. La paradoja reside en que, mientras los líderes de los partidos simulan elevar el listón de las exigencias éticas, proliferan en los medios los ejemplos que revelan unas prácticas que minan la confianza en los políticos y las instituciones.

Muy poco o nada se ha hecho para combatir las causas estructurales de la corrupción, pero hoy más que nunca los dirigentes condenados o procesados ocupan la atención de los medios de comunicación, que han convertido en noticia incluso su ingreso en prisión.

Esa presencia de los villanos en la prensa, la radio y la televisión resulta en el fondo tranquilizadora porque cumple dos funciones. En primer lugar, muestra que la justicia castiga también a los poderosos que infringen las leyes. Y, en segundo término, la exhibición del mal contribuye a exorcizarlo mediante su banalización.

La imagen de los políticos corruptos como Rato, Bárcenas y Aldama a las puertas de la cárcel tiene un gran poder de sugestión porque corrobora que el sistema no admite la impunidad, lo cual es un mensaje tranquilizador, pero no necesariamente verdadero, aunque nos haga sentirnos mejor.

El error en este asunto es confundir los efectos con las causas. Que los ciudadanos disfruten cada día del espectáculo de la maldad de los políticos no significa que haya una voluntad real de los partidos y las instituciones de atajar el fenómeno. Solo les preocupa cuando les afecta a ellos y solo la denuncian cuando atañe al adversario.

Lo que quiero concluir es que esa exhibición permanente de la corrupción no solo contribuye a que nos acostumbremos a ella y empiece a parecer irrelevante, como apuntaba Sartre, sino que alienta la falsa impresión de que se está combatiendo enérgicamente desde el poder. Un espejismo muy peligroso.

Para hacer el mal, no hace falta ser malvado. Los hombres normales y corrientes también pueden hacer el mal. Ahí está el ejemplo de Adolf Eichmann, el oficial de las SS que transportó a decenas de miles de judíos a los campos de exterminio sin inmutarse.

«No tuve elección. Debía proceder a la organización de los transportes como se me había ordenado. Puedo tener alguna responsabilidad moral, pero no legal», concluyó en su defensa en el juicio en Israel donde fue condenado a muerte. Algunos medios lo describieron como «un burócrata aburrido» que se explayaba en explicaciones inútiles, mientras que el escritor Joseph Kessel afirmó que «Eichmann había adoptado una máscara que ocultaba su maldad».

Las guerras napoleónicas se saldaron con la pérdida de un millón de vidas humanas, una cifra que supuso un salto muy importante respecto a anteriores choques armados. Pero esa cantidad se multiplicó por sesenta en la Segunda Guerra Mundial, que devastó naciones como Polonia, Rusia, Ucrania y Alemania. El genocidio, las deportaciones en masa, los bombardeos contra la población civil fueron las terribles innovaciones de este conflicto, que acabó con las bombas atómicas sobre Hiroshima y Nagasaki.

La crueldad superó todos los límites en países como Alemania, donde Hitler también tomaba el té con pastas con sus secretarias tras ordenar a sus generales que masacraran a la población civil en Rusia. Las SS, que iban detrás de la Wehrmacht, asesinaban a quienes consideraban una amenaza a la limpieza ética del Tercer Reich.

Es cierto que también Churchill dio luz verde a la destrucción de Dresde mediante un devastador bombardeo cuando la guerra estaba ya decidida, pero en el bando aliado no se cometieron ni remotamente las atrocidades en las que incurrieron los nazis. Lo que más llama la atención es que Hitler elaboró un programa para exterminar a los judíos y esclavizar a la raza eslava en nombre de los ideales de la civilización europea y de la Gran Alemania.

Hitler había sido un indigente que vagaba sin rumbo por las calles de Múnich, un individuo anodino y acomplejado. Pero en su interior fue incubando un odio que, primero, le sirvió para conquistar el poder y, luego, para provocar una destrucción a gran escala, sin precedentes en la historia de la humanidad.

Está claro que no actuó solo, pero también que su liderazgo catalizó el sentimiento de millones de alemanes que apoyaron su locura suicida. Sin una personalidad tan desquiciada y mesiánica como la suya, es difícil predecir el camino que hubiera adoptado Alemania.

Lo que movía a Hitler era una desmesurada ambición, muy vinculada a su narcisismo. Pasaba muchas horas mirándose al espejo y ensayando sus discursos. Rodeado por un grupo de mediocres halagadores, acabó creyéndose una persona infalible.

Muchos otros dictadores, como Stalin y Mao, encajan en esta tipología de personajes que combinan un fanatismo desmedido con una gran astucia para manipular a las gentes. Pero ello sigue sin responder a por qué estos líderes pudieron acumular tanto poder y provocar un daño tan nocivo. La explicación de las circunstancias sociológicas y económicas no me convence, pues en caso de que esta fuera cierta habría sido más lógico que una personalidad como Hitler hubiera surgido en otro país que no fuera Alemania, cuna de la ciencia y la filosofía europeas.

Lo que parece claro es que esa combinación de perversidad casi patológica con los grandes avances de la tecnología crea la posibilidad de hacer el mal a una escala jamás imaginada. Visto lo sucedido en el pasado siglo, no podemos ser optimistas. Y menos al constatar la complicidad de intelectuales y filósofos con poderes totalitarios.

El pensamiento más sublime puede desembocar en la abyección. Es el caso de Martin Heidegger, un hombre que elevó la filosofía a cotas rayanas con la mística y que también cayó hasta las simas más profundas de la iniquidad.

Es imposible no sentirse fascinado por *Ser y tiempo*, la indagación más lúcida que jamás se ha escrito sobre la precariedad del hombre contemporáneo, aferrado a una técnica que no colma su vacío existencial. Heidegger enterró la metafísica tradicional con su noción del *Dasein,* un estar ahí abierto al mundo que abole la distinción entre sujeto y objeto.

Su prodigioso dominio de las posibilidades expresivas de la lengua alemana, su análisis filológico a partir de la relectura de la filosofía griega y su vasto conocimiento de la historia de la cultura occidental nos deslumbran y nos emocionan. Pero Heidegger, el hijo del sacristán y estudiante de Teología, fue también el hombre que abandonó a Hannah Arendt cuando era perseguida por los nazis, el intelectual que entonó una emocionada alabanza a los crímenes de las hordas hitlerianas en su toma de posesión como rector en Friburgo, el profesor que cerró los ojos cuando su maestro Husserl fue expulsado de la universidad por ser judío y el académico que permitió que se quemaran los libros de Heine, Zweig y Freud en el lugar donde ejercía su docencia.

Es verdad que en 1934 escribiría en sus cuadernos que los nazis eran escoria sin la menor grandeza intelectual y renunciaría a sus cargos. Pero también es cierto que guardó silencio sobre el nacionalsocialismo hasta el final de la guerra, cuando fue obligado por los aliados a retirarse de la enseñanza.

Heidegger es un misterio sobre el que siempre me he hecho preguntas sin llegar a ninguna respuesta. ¿Cómo es posible que una mente tan privilegiada no se diera cuenta de lo que significaba la llegada de Hitler al poder y la política sistemática de eliminación de sus adversarios y de destrucción del parlamentarismo? Soy incapaz de contestarme.

Pero sí puedo constatar que el filósofo alemán es la viva demostración de que hay intelectuales que pueden elevar el pensamiento hasta las más elevadas alturas, mientras en su vida se comportan de manera abyecta y justifican los crímenes más execrables.

Desgraciadamente ser un genio, tener razón o pensar no garantizan la ejemplaridad de las personas. Pero también hay afortunadas excepciones en las que se aúnan el talento y la moralidad. Spinoza, Hume y Kant son tres filósofos que se comportaron a la altura de lo que predicaban.

Tal vez Heidegger sea la encarnación de un *Zeigeist*, de un espíritu del tiempo, en el que la voluntad de poder —en su sentido más amplio— se colocó muy por encima de los principios. Nada de lo que escribió puede redimir su traición a la humanidad.

Otro controvertido pensador fue Carl Schmitt, cuyas ideas sirvieron para fundamentar el nacionalsocialismo. Schmitt llegó a ser militante del partido de Hitler, aunque se distanció a partir de 1936. Muchos le consideran el ideólogo de la arquitectura legal del régimen. Fue encarcelado al término de la Segunda Guerra Mundial por los aliados, que acabaron por ponerle en libertad en 1947 tras no poder conectar sus ideas con los crímenes nazis.

Schmitt ha pasado a la historia como el padre del decisionismo, que sostiene que el Estado es la fuente absoluta de legitimación en el ejercicio del poder. Afirmaba que el caudillo tiene una libertad ilimitada para conseguir sus fines, ya que encarna la voluntad popular.

Es evidente que Schmitt no creía en la democracia parlamentaria y defendía un Estado autoritario en el contexto de una dialéctica entre amigo y enemigo, que justificaba la eliminación del adversario y la supresión de los derechos individuales en favor de la voluntad del pueblo.

Pese a la derrota y la destrucción de Alemania, Schmitt no rectificó sus opiniones, limitándose a subrayar que él era un profesor universitario que jamás desempeñó cargos políticos y que sus enunciados eran teóricos. No se consideraba responsable de los crímenes nazis ni de su locura totalitaria.

Por el contrario, al acabar el conflicto se sintió víctima de una grave injusticia al no serle restituidos sus cargos académicos y se vio como una víctima de los aliados, que, a su juicio, habían remplazado la dictadura de Hitler por una falsa y manipulada democracia participativa.

Merece la pena leer *Glossarium*, sus anotaciones entre 1947 y 1958 que rezuman frustración y resentimiento. El libro, que acaba de ser editado en nuestro país, cautiva al lector por la extremada brillantez del personaje y sus sarcásticos comentarios.

«No he hecho en mi vida otra cosa que expresar advertencias bien reflexionadas, desinteresadas y benévolas. Pero los advertidos siempre lo han sentido como una molestia pesada y, finalmente, me han arrinconado», asegura. Este era su sentimiento: el de sufrir una persecución a causa de sus ideas políticas. Ni un ápice de remordimiento o de comprensión hacia las víctimas.

Lo que me impresiona de este libro es la contradicción entre la inteligencia, la erudición y la vasta cultura grecolatina de su autor y su connivencia con la barbarie para justificar sus ideas. Schmitt pretende hacernos creer que no hay conexión ninguna entre la teoría y la praxis, entre lo que uno defiende y las consecuencias de su aplicación. Por eso, *Glossarium* me parece una muestra de cinismo y de cobardía moral que le retrata.

Tanto Heidegger como Schmitt cometieron el imperdonable pecado de separar sus teorías de sus consecuencias. Se consideraban grandes pensadores, y lo eran, pero fueron también oportunistas y acomodaticios, tal vez porque fueron seducidos por el poder. Los dos son una prueba del poder de fascinación del mal.

11

La peste

La peste, una de las caras del mal, siempre ha sido un azote de la humanidad. Antaño se pensaba que era un castigo de Dios a los pecados de los hombres. Hoy la ciencia nos proporciona los medios para conocer su origen y erradicarla, aunque eso no elimina una cierta sensación de culpa. Todavía en nuestro inconsciente colectivo tendemos a creer que es un castigo por nuestro modo de vida. Y tal vez sea cierto.

El Imperio romano perdió un tercio de su población por la viruela, llamada peste antonina, pero los virus ya habían causado estragos en la Atenas de Pericles siete siglos antes. Nada nuevo bajo el sol. Las enfermedades contagiosas han diezmado la población, han provocado migraciones y han sido utilizadas como armas contra el enemigo. Lo que ha cambiado a lo largo de la historia es la visión sobre estas catástrofes que han inspirado a escritores, pintores y artistas.

Por decirlo con otras palabras, cada época ha tenido una diferente percepción de la peste en función de sus creencias y sus códigos morales, hasta el punto de que la reacción frente a este fenómeno devastador sirve para retratar la mentalidad de su tiempo.

Cuando el pueblo tebano se dirige a su rey Edipo para pedirle que acabe con la peste que asola la ciudad, este achaca la desgracia a la voluntad de los dioses. Y por ello decide enviar a su cuñado Creonte a consultar al oráculo de Delfos.

Sófocles, que murió en el año 406 antes de Jesucristo, se inspiró para escribir su *Edipo rey* en la epidemia que masacró a Atenas durante la guerra con los espartanos. El historiador Tucídides contó con todo tipo de detalles los sufrimientos de la población.

En su drama, el primero en el que la peste aparece como un motivo esencial de la trama, Sófocles presenta a Edipo como una víctima del destino ya que, aunque él recurre a todos los medios para aliviar a Tebas del mortal contagio, sufre un cruel castigo. El error que comete Edipo es un tema recurrente en la cultura griega: la *hybris*, el pecado de los hombres que, cegados por su orgullo, se creen iguales a los dioses.

Por ello, el incrédulo y soberbio Edipo constata que el ciego Tiresias tenía razón cuando le había revelado que había matado a su padre y se había casado con Yocasta, su madre. Nada puede hacerse contra la voluntad de los dioses, como subraya el coro de este drama. Y, por ello, Edipo abandona Tebas para morir en soledad y bajo el peso de la culpa.

En *Edipo rey* la peste no solo es un castigo divino. Es, además, una demostración de la imposibilidad de evitar el destino que nos han impuesto los dioses. Y ese era, sin duda, el sentimiento de los atenienses que se habían concentrado junto a las murallas, que creían que Zeus y los dioses del Olimpo favorecían a los espartanos y castigaban a la ciudad que había aniquilado en Salamina poco años antes al poderoso ejército persa, mandado por Jerjes.

Edipo es la prueba de que nada se puede hacer contra la voluntad de los dioses, que mueven a los hombres como marionetas en función de sus arbitrarios caprichos. En última instancia, la peste es una expiación de la *hybris* que personifica Ícaro cuando Febo funde sus alas al volar por encima de los pájaros.

En el fondo, esa misma idea seguía latiendo en la Edad Media cuanto estalló la peste negra o bubónica en 1347, coincidiendo con la guerra de los Cien Años. Bocaccio se inspiró en la devastación de aquella epidemia que afectó a Europa para escribir su *Decamerón*, en el que un grupo de jóvenes florentinos se refugia en una casa de campo para huir del contagio.

En una sociedad feudal y religiosa, la peste bubónica fue recibida como un castigo de Dios a los pecados de la aristocracia y del clero, como una sanción a la impiedad de los ricos y poderosos. Por tanto, la peste tenía un sentido religioso y moral, que se expresa en los capiteles de los claustros de los monasterios y en las representaciones pictóricas de la época, asociada a la figura del diablo.

Hay una maravillosa película de John Huston, *Paseo por el amor y la muerte*, en la que un estudiante y una noble doncella huyen por toda Francia de la guerra y de la peste, que finalmente les alcanza en la abadía en la que se refugian. Son dos seres inocentes cuyo amor es imposible en un mundo de odio y devastación. Ese retrato conecta con el espíritu del *Decamerón*, en el que la epidemia aparece de contrapunto a las ganas de vivir de los jóvenes.

Dando un salto en el tiempo, el escritor irlandés Daniel Defoe escribió en 1722 *Diario del año de la peste*, en el que relata el azote de la plaga que causó una terrible mortandad en Londres en 1655. Defoe describe sus efectos con la visión de un periodista, que cuenta lo que ve, recurre a los datos e intenta buscar una explicación racional.

No en vano Defoe era heredero del empirismo inglés, representado por Bacon y Locke, que sostenía que solo la observación de los hechos podía cimentar el desarrollo de la ciencia y del pensamiento. *Diario del año de la peste* es el primer gran reportaje periodístico de la modernidad. «La peste es como un gran incendio que, si se expande en una ciudad muy poblada, aumenta su furia y la destruye en toda su extensión», observa Defoe.

El escritor irlandés abandona cualquier intento de analizar la peste desde el punto de vista moral y metafísico porque es muy consciente de que se trata de una enfermedad vinculada a las condiciones de vida de la urbe. Charles Dickens, que sobrevivió a varias epidemias de cólera, adopta el mismo enfoque. Nadie ha descrito como él los olores, los miasmas, las miserias de los barrios marginales de Londres como focos de incubación de enfermedades contagiosas. Es un punto de vista parecido al de Émile Zola, padre del naturalismo en Francia.

Curiosamente Thomas Mann, nacido cinco años después del fallecimiento de Dickens, retoma el tema de la peste con un enfoque totalmente distinto en *Muerte en Venecia*, una novela corta escrita en 1912. El protagonista de la narración, llevada al cine por Visconti, es un escritor bávaro llamado Aschenbach que se va de vacaciones a Venecia. Allí conoce a un adolescente llamado Tadzio, del que se enamora. Pero Aschenbach se da cuenta de que la peste ha estallado en la ciudad adriática mientras las autoridades locales intentan ocultarla para no espantar al turismo. Finalmente, el escritor decide permanecer en su hotel del Lido y muere contagiado por el virus.

La novela de Mann es extraordinariamente ambigua porque parece asociar la peste al castigo por el deseo homosexual, lo que confiere a la obra un carácter esencial moral y ejemplificador. Una visión muy parecida a la de los autores medievales que escribían sobre las epidemias.

Una aproximación totalmente distinta es la de Jack London, autor de *La peste escarlata*, publicada el mismo año que *Muerte en Venecia*. La obra del escritor nacido en San Francisco tiene un carácter futurista y casi profético. Y ello porque la trama parte de una epidemia que mata a casi toda la humanidad en 2013, un siglo después de su publicación.

La acción se desarrolla en el año 2074, cuando un grupo muy pequeño de supervivientes viven en condiciones primitivas y salvajes. En ese contexto, un viejo maestro intenta reeducar a sus descendientes en los valores de la civilización desaparecida.

Más que un relato de ciencia ficción, *La peste escarlata* es una distopía. London apunta que la letal enfermedad teñía la piel de color rojo, lo que ha sido interpretado como una referencia y un homenaje a Edgar Allan Poe, fallecido en 1849 cuando solo tenía cuarenta años.

Poe escribió un cuento hoy muy célebre, titulado «La máscara de la muerte roja», en el que el príncipe Próspero y un grupo de amigos se encierran en una remota abadía para protegerse de una peste que mata en medio de horribles sufrimientos en pocos minutos.

Próspero organiza un baile para combatir el aburrimiento sin prever que de repente irrumpe un oscuro personaje, vestido con una capa y cubierto con una máscara, que encarna esa muerte roja, personificación del diablo, y propicia el horrible final de un Próspero que se creía invulnerable.

«La máscara de la muerte roja» fue llevada al cine por Roger Corman, que acertó al reproducir el clímax de terror del cuento de Poe. El papel de Próspero es interpretado, como no podía ser de otra forma, por Vincent Price.

Si la visión de Mann es moralista, la narración de Poe utiliza la epidemia para reavivar los temores profundamente enterrados en el inconsciente colectivo. Pero también en este cuento late una idea del castigo divino a los que se creen invulnerables por su poder y condición social.

La peste de Albert Camus, muy citada durante la pandemia, es la obra que mejor representa la concepción moderna de la fragilidad del hombre ante las enfermedades contagiosas, ya que el escritor francés se plantea unos dilemas que son profundamente actuales.

La novela fue publicada en 1947, en el mejor momento de creatividad de Camus, que, por aquel entonces, dirigía el periódico *Combat*. Había acabado una guerra en la que había sido testigo como miembro de la Resistencia tanto de actitudes heroicas como miserables.

La acción de *La peste* se desarrolla en Orán (Argelia), donde se desata una epidemia, transmitida por las ratas, que diezma a la población. Pronto estalla el terror entre la gente, que intenta sobrevivir como puede mientras algunos echan mano de su poder y de sus privilegios para evitar el contagio.

En medio de la miseria moral, el doctor Bernard Rieux se queda en Orán para luchar contra la enfermedad, arriesgando su vida. Tras erradicar la peste, Rieux formula la reflexión de que es imposible vencer definitivamente a las epidemias porque los microbios no mueren jamás, sino que reaparecen para destruir vidas humanas.

Camus considera que la peste es un absurdo, un hecho sin sentido, dictado por el azar, que mata a las personas en función de una lotería siniestra. Y en esas situaciones caben dos actitudes: se puede actuar con dignidad o intentar huir sin pensar en los demás. Rieux es un médico que asume sus responsabilidades y da un alto ejemplo moral.

Fue Camus el que escribió: «Puede que lo que hacemos no traiga siempre la felicidad, pero, si no hacemos nada, no habrá felicidad». Una filosofía que puede ayudarnos a luchar contra la adversidad y los caprichos del destino, que él ejemplifica en Rieux.

Es imposible expresar mejor la fugacidad y la vulnerabilidad de la condición humana que Jorge Manrique cuando, en torno a 1475, escribió su memorable elegía al fallecimiento de su padre: «Recuerde el alma dormida / avive el seso y despierte / contemplando / cómo se pasa la vida / cómo se viene la muerte / tan callando».

Nunca he dejado de leer a los clásicos y siempre recurro a ellos cuando busco solaz o consuelo. Y me han venido a la mente en las muertes de David Gistau y Domingo Villar, dos amigos que murieron de modo repentino e inesperado.

En una reciente cena, José Luis Garci rememoró el sufrimiento de David cuando una antigua novia le abandonó cuando estaba enfermo. Su miedo era morir joven para no dejar desamparados a sus hijos, como a él le sucedió. Pero el destino casi siempre nos castiga con nuestros temores.

Sentí algo muy parecido cuando desapareció de repente Domingo Villar, que se fue por un devastador infarto cerebral en mayo de 2022. Al saber que se debatía entre la vida y la muerte en un hospital de Vigo, albergué la sensación de que iba a despertar tras una pesadilla. No he borrado su teléfono de mi móvil porque todavía creo que algún día me lo encontraré por el barrio en el que los dos vivíamos.

Todo esto me produce una mezcla de nostalgia e impotencia que me lleva a relativizarlo todo. ¿Para qué esforzarse en trabajar y escribir si mañana podemos no estar en este mundo? La edad me ha hecho muy consciente de la precariedad y la vulnerabilidad del ser humano.

La existencia ha pasado de manera vertiginosa y he tenido la suerte de sobrevivir casi dos décadas más que mis dos amigos. También soy más viejo que mi padre cuando falleció en 1991. Y la constatación de este hecho me ha llevado a una permanente conciencia de la mortalidad y de que mi tiempo se agota. La vida ha transcurrido en un abrir y cerrar de ojos.

Siento una profunda insatisfacción por los muchos errores que he cometido, por las decisiones equivocadas y las omisiones en mis acciones. Y lo peor es que creo que es tarde para cambiar y reparar mis pecados. La memoria de David y Domingo me atormenta, pero me ofrece un consuelo: que ellos se fueron sin experimentar la degradación de la vejez y de la indignidad. Siempre permanecerán jóvenes en el recuerdo, como la última vez que vi a David, que había estado en el gimnasio, subiendo a la moto con el casco en la mano. Aunque la vida perdió, harto consuelo nos deja su memoria, como escribió Manrique.

Blaise Pascal afirmó con notable agudeza: «Es más fácil soportar la muerte sin pensar en ella que soportar el pensamiento de la muerte». El filósofo francés, que vivió en el siglo XVII, fue, tal vez, el primero en formular esa idea que hoy nos resulta tan familiar y que impregna nuestra cultura.

La muerte había gozado de una especie de exaltación desde la Edad Media. Ello se percibe muy bien en el Romanticismo, en el que todavía se embellecen los cadáveres y se exalta la trayectoria personal del finado. Morir no era algo vergonzoso, sino un digno colofón que servía para resaltar los méritos del difunto.

El fallecimiento era un rito de paso a la otra vida y, por ello, resultaba muy importante que el agonizante fuera consciente del momento. El médico que atiende a don Quijote moribundo le recomienda que prepare su alma para la cita con Dios. Esa no es la actitud del doctor Benassis, el personaje de Balzac, que se lamenta de que la familia no le ha avisado a tiempo para intentar salvar la vida de un campesino.

Desde la segunda mitad del siglo XIX, la muerte ha pasado de ser motivo de exaltación a un suceso que se rechaza, como escribe el historiador Philippe Ariès. Nuestra cultura ha convertido el final en un tabú que debe ser exorcizado y expulsado de la vida cotidiana.

Una mentalidad que sorprendería al abogado y filósofo de la historia Giambattista Vico, fallecido en 1744 en Nápoles, que apuntaba que la vida civilizada se caracteriza por tres elementos: la religión, el matrimonio y la práctica de honrar a los muertos, hoy olvidados en nuestros quehaceres cotidianos y desterrados de nuestra conciencia.

Hasta hace un siglo, la mayor parte de la población se moría en casa. Como ya he comentado, yo he sido monaguillo en Miranda de Ebro y he acompañado al sacerdote en muchas ocasiones a impartir la extremaunción al moribundo en su cama, lo que era habitual todavía a principios de los años sesenta.

Pero desde hace algunas décadas la gente se muere en los hospitales o en las residencias porque la muerte, como la peste, tiene un poder de contagio simbólico. Nadie quiere estar cerca de los muertos y, por eso, son separados de los vivos en los tanatorios.

La muerte está ligada hoy en nuestro inconsciente a la idea de enfermedad. Son los médicos los que la administran e incluso deciden cuándo alguien ya no puede seguir viviendo. Y no lo digo como un juicio moral, sino como una constatación de nuestra forma de pensar.

Por ello, es coherente que se le oculte al moribundo su condición, al que la familia y los amigos intentan hacerle creer hasta el final que es posible la curación contra toda evidencia. En nuestra cultura, uno muere siempre a causa de una enfermedad, como si el óbito fuera un hecho fortuito e imprevisto por la ciencia.

Si en la Edad Media era costumbre abrazar a los cadáveres, hoy crece el hábito de la incineración, que hace innecesarios los cementerios y el culto a los muertos en las tumbas. Nada más aséptico que unas cenizas en una urna.

No vimos cadáveres ni ataúdes a lo largo de los muchos

meses en los que la pandemia causaba estragos, lo que no fue una casualidad. Refleja ese tabú que existe en nuestra cultura sobre la muerte, que nos empuja a censurar cualquier mirada a una imagen profundamente perturbadora que evoca nuestro inevitable destino.

La asepsia y la marginación de la muerte que reina en nuestras sociedades, dominadas por el culto al bienestar material, tiene mucho que ver con la secularización de la forma de vivir del hombre contemporáneo. Dios ya no ocupa ningún lugar en la vida pública ni en las relaciones sociales. La muerte ha dejado de ser un rito de paso hacia el más allá. Se presenta como un acto sin significado o como un mero hecho biológico, pero ya no está presente en lo cotidiano ni en lo simbólico. Es una ausencia que va paralela al silencio de Dios o, mejor dicho, a la cancelación de lo trascendente en las sociedades industriales. Esta banalización de la muerte hace todavía más aterradora su presencia invisible.

Podríamos creer que la muerte se ignora porque Dios no existe. O, ya que Dios es una hipótesis superflua, carece de sentido interrogarse sobre la muerte. Pero ello no deja de ser un engaño porque lo reprimido, como observaba Freud, siempre vuelve. Está presente en la vida cotidiana, aunque finjamos no verla.

Convertida en tabú social, en un tema de mal gusto, nuestra idea de la muerte ha devenido en irrelevante. Desvalorizar e ignorar la muerte es una manera de matar a Dios en nuestra conciencia, un empeño inútil porque morir siempre nos enfrenta a la gran pregunta sobre si el espíritu sobrevive más allá de las cenizas. ¿Quedará algo de nosotros en el curso interminable del tiempo?

12

El caso Eichmann

El 11 de abril de 1961 comenzaba en Jerusalén el juicio a Adolf Eichmann, el oficial de las SS que fue condenado a muerte por su participación en el Holocausto. Se había ocultado en Argentina con una identidad falsa hasta que fue secuestrado en mayo de 1960 por un comando del Mossad que lo trasladó a Israel. El proceso provocó una gran polémica internacional y la atención de los medios de todo el mundo. Y el libro de Hannah Arendt *Eichmann en Jerusalén* generó una polémica que dura hasta nuestros días, por su tesis sobre la banalidad del mal. Arendt subrayaba que Eichmann era un hombre mediocre, un funcionario servicial que había cometido las mayores monstruosidades como el eslabón de una cadena de mando. Dicho con otras palabras, el mal es posible porque en muchas ocasiones se ejerce de una forma impersonal, bajo la cobertura de una legalidad que garantiza la impunidad.

Hannah Arendt subraya que Eichmann era una persona absolutamente normal, que pasaría desapercibida en cualquier reunión social. Nunca negó lo que había hecho, pero tampoco consideraba nada intrínsecamente malo en sus actos. «Cumplía órdenes de Estado», aseguró en el juicio mientras alegaba su condición de «buen ciudadano» que cumplía aquello que se le encomendaba. La conducta de este oficial de las SS y padre de familia modélico, con un estricto código de honor, nos ilustra sobre la naturaleza compleja y ambigua del mal.

La historia del proceso se remonta al 23 de mayo de 1960, cuando David Ben-Gurión, primer ministro israelí, interrumpió los trabajos del Knéset para anunciar la captura de Eichmann, al que definió como «uno de los responsables de la Solución Final». Los parlamentarios se abrazaron y lloraron.

Eichmann, que tenía el grado de teniente coronel de las SS, había escapado de Alemania en 1945 tras haber estado internado en un campo de prisioneros. Con un pasaporte de la Cruz Roja, llegó a Buenos Aires, donde se refugió bajo el nombre de Ricardo Klement. Vera, su esposa, pidió a las autoridades alemanas una pensión de viudedad en 1947 que le fue negada. Poco después, viajó a Argentina con sus hijos.

Por esa época Simon Wiesenthal denunció que Eichmann seguía vivo y que estaba oculto en Latinoamérica, igual que otros criminales nazis como Mengele. Pero nadie sabía dónde se había escondido. Residía con su familia en una modesta casa sin luz eléctrica a las afueras de Buenos Aires y cogía el autobús cada día para ir a trabajar a una fábrica de Mercedes-Benz bajo esa falsa identidad.

Su localización se produjo no como resultado de la búsqueda de cazanazis como Wiesenthal, sino por una casualidad. Un judío medio ciego llamado Lothar Herman, que había huido de Alemania, tenía una hija que empezó a salir con un joven de su edad. Este se jactó de que su padre había sido un jerarca del Tercer Reich. La hija buscó un pretexto para colarse en la vivienda de los Eichmann y comprobó el parecido físico con el mando de las SS.

Lothar escribió una carta a Fritz Bauer, fiscal general del Estado de Hesse, que era judío y había sido dirigente del Partido Socialdemócrata. Bauer decidió investigar la denuncia, pero no puso al corriente al Gobierno de Adenauer porque no se fiaba de sus servicios secretos ni del aparato judicial.

Tras llegar a la conclusión de que Klement era Eichmann, trasladó su información al Mossad, que le respondió que estaba equivocado. Bauer protestó al fiscal general de Israel, que presionó a Isser Harel, jefe de la inteligencia, para que volviera a investigar. Harel envió a un subordinado a Buenos Aires, que volvió con fotos y datos que demostraban de forma indiscutible que Bauer tenía razón.

Pocas semanas después, Eichmann fue secuestrado por el Mossad cuando volvía caminando a su casa. Lo metieron en un coche, lo drogaron y lo llevaron a un piso franco. En el interrogatorio facilitó su rango, el número de carné en las SS y su verdadero nombre. Decidieron trasladarlo a Israel en un vuelo privado con destino a Recife, simulando que transportaban a un enfermo. Tras doce horas en el aire, haciendo una escala en Dakar, el aparato aterrizó en Jerusalén. Las autoridades argentinas protestaron y denunciaron ante la ONU al Gobierno israelí. Pero era un gesto de cara a la galería, ya que conocían la operación y permitieron que Eichmann saliera del país. No querían una propaganda negativa.

Tras el anuncio de Ben-Gurión de que Eichmann sería juzgado por un tribunal en Jerusalén, se desató una polémica que duró meses. El escritor Ernesto Sabato apoyó la iniciativa de Israel como una acción justa y necesaria. Por el contrario, el *Washington Post* dijo que se había actuado con «la ley de la jungla», mientras que William Buckley, de *National Review*, calificó el secuestro como «un acto de venganza». El *New York Times* habló de «juicio espectáculo».

Hubo voces en todo el mundo, incluyendo a Israel, que abogaron por que el juicio se celebrara en Alemania, el país donde se habían cometido los crímenes. Pero el Gobierno israelí sabía perfectamente que Adenauer tenía pavor a celebrar el proceso en su país, por la sencilla razón de que podían aflorar complicidades y molestos secretos del pasado. Hans Globke, el jefe de su Cancillería, había sido uno de los redactores de las leyes raciales de Núremberg.

Hubo también una reacción negativa de las organizaciones sionistas fuera de Israel, que dudaron de que el juicio pudiera desarrollarse en un clima de imparcialidad. Pero Ben-Gurión y Golda Meir, su ministra de Exteriores, afirmaron que el nuevo Estado judío representaba los intereses de todas las víctimas del Holocausto. «Todos los judíos son ciudadanos de Israel», sentenció el primer ministro.

Ben-Gurión ganó finalmente la batalla legal, ya que el Consejo de Seguridad de la ONU avaló el derecho de Israel de juzgar a Eichmann, asumiendo que no era ciudadano argentino y que había serios indicios de su responsabilidad en el Holocausto.

Antes de comenzar el proceso, surgieron dudas sobre la composición del tribunal. El Parlamento aprobó una ley para establecer los criterios de designación de los tres jueces. Fueron elegidos Moshe Landau, magistrado del Supremo; Benjamin Halevi, que había presidido un juicio contra los judíos alemanes que habían ayudado a los nazis en las deportaciones, y Yitzhak Raveh. Eichmann eligió como abogado a Robert Servatius, un penalista de Colonia que no había colaborado con el régimen de Hitler. Había sido defensor de Sauckel y Brandt en Núremberg. El Gobierno israelí no solo aceptó su designación, sino que, además, consintió en pagar sus treinta mil dólares en concepto de honorarios. Ben-Gurión no quería que nadie pudiera deslegitimar el juicio por falta de garantías.

El lugar elegido para celebrar las vistas fue el nuevo centro cultural Beit Ha'am, que contaba con un teatro totalmente remodelado. Tenía cabida para seiscientos espectadores, además de los puestos para jueces, fiscales, abogados y periodistas.

El papel de acusador lo ejerció Gideon Hausner, hijo de un rabino judío nacido en Polonia. Era fiscal general del Estado de Israel y había militado en la organización paramilitar Haganá. Estaba obsesionado por la idea de aprovechar el juicio para que el mundo fuera testigo de la maldad de los nazis.

Hausner ordenó a Avner Less, oficial de la policía, que encabezara el llamado Bureau 06 para recabar documentos y pruebas contra Eichmann. Less hizo un trabajo exhaustivo. Aportó papeles y la identidad de testigos que corroboraban el papel del incriminado en el Holocausto. Y, con la autorización de los jueces, interrogó a Eichmann de forma minuciosa. Según su testimonio, el oficial nazi temblaba y respondía con vaguedades a las acusaciones.

Eichmann había nacido en 1906 en Renania, pero se había trasladado a Austria cuando era niño. Tenía cincuenta y cinco años cuando se celebró el juicio. En su juventud, trabajó en Linz para la Vacuum Oil. Se unió al Partido Nacionalsocialista en 1932, un año antes de la llegada de Hitler al poder. Fue despedido en 1933 y decidió volver a Alemania. No tenía una ideología definida, pero decidió entrar en las filas nazis por recomendación de Ernst Kaltenbrunner, futuro jefe de las SS, al que conocía.

En 1935 se le destinó a la sección judía de la SD, el servicio de inteligencia de las SS, donde su tarea era vigilar a las organizaciones sionistas y recabar información. Leyó las obras de Theodor Herzl, viajó a Palestina y elaboró un descabellado informe en el que sostenía que había una conspiración judía para hacerse con el control de Alemania. Pronto se ganó la confianza de sus jefes y fue ascendido a teniente. En la primera intervención, Eichmann escuchó la exposición del fiscal Hausner en una cabina acristalada custodiada por agentes. Le acusó de ordenar el exterminio de la población judía, de saquear sus propiedades, de haber deportado a centenares de miles de víctimas y de ser el planificador y ejecutor de la Solución Final. Hausner lo presentó como el arquitecto del Holocausto, algo que no era cierto porque Eichmann figuraba en el cuarto nivel de las SS tras Himmler, Heydrich y Müller, sus tres jefes directos.

Servatius respondió a Hausner, subrayando que Eichmann había cumplido órdenes y que no había vulnerado las leyes del Reich. Pero, sobre todo, alegó que el tribunal no estaba legitimado para juzgarle porque carecía de jurisdicción sobre delitos cometidos en Alemania. También sostuvo que su cliente había sido secuestrado en Argentina.

El tribunal deliberó durante cuatro días. Decidió desestimar la argumentación de Servatius y proseguir el juicio. También rechazó su petición de que no se utilizaran las transcripciones de unas grabaciones en las que Eichmann se enorgullecía de su trabajo en las SS. Era una prueba demoledora porque reconocía haber presenciado ejecuciones en las cámaras de gas, aunque decía que eran «repugnantes».

El primer testigo que declaró fue Salo W. Baron, historiador de la Universidad de Columbia. Aportó una visión general del Holocausto y dio cifras de las matanzas y de los saqueos. Conmovió a los asistentes cuando afirmó que cuando él vivía en Tarnow (Polonia) antes de la guerra había veinte mil judíos y que solo quedaban veinte en 1945.

Franz Meyer centró su declaración en las atrocidades nazis en Viena en 1938. Eichmann había sido enviado para dirigir las expropiaciones y las deportaciones de ciudadanos judíos. Describió con detalle cómo habían sido despojados de todos sus bienes. «Era como un molino que trituraba a los judíos. Entrabas con tu patrimonio y salías sin nada», dijo. El fiscal leyó una carta de Eichmann en la que manifestaba: «Estos caballeros hacen lo que yo quiero». Otro testigo afirmó que el oficial nazi le había llamado «saco de mierda». Hausner aportó pruebas de que el encausado había ordenado personalmente la deportación de cincuenta mil judíos austriacos.

En octubre de 1939, Heydrich envió a Eichmann a Polonia con la orden de hacer una limpieza étnica. Le había nombrado delegado de la Oficina de Seguridad del Reich para los territorios orientales. Ello le convertía en el máximo responsable de las SS tras las filas del ejército.

Ada Lichtmann testificó que había salvado su vida tras el fusilamiento masivo de cientos de ancianos y niños. Cayó ilesa en el foso, quedando cubierta de sangre y cadáveres. Varios ciudadanos polacos describieron cómo Eichmann había trasladado a dos mil judíos a Nisco y los había abandonado, sin agua ni víveres, en una zona pantanosa.

Eichmann fue destinado en 1941 a Francia. Los testigos le responsabilizaron del internamiento de miles de judíos en el campo de Drancy y de la deportación de cuatro mil niños a Auschwitz. Ninguno de ellos volvió a ver a sus padres. Lo describieron como un hombre arrogante e implacable.

El fiscal Hausner le preguntó a Yaakov Gurfein por qué no se habían resistido en los campos de exterminio, dado que eran mucho más numerosos que sus guardianes. Respondió que habían sido humillados, que estaban agotados y que querían morir de la forma más rápida posible. La pregunta incomodó a los jueces y suscitó la indignación de Hannah Arendt, que había sido enviada por *The New Yorker* para cubrir el juicio. Moshe Bejski describió a instancias de Hausner cómo las SS habían obligado a diez mil prisioneros a presenciar el ahorcamiento de un niño en Platzöw. Tras acabar su declaración, se encaró con el fiscal y le recriminó su actitud. Hubo un momento de alivio cuando Werner Melchior, gran rabino de Dinamarca, explicó cómo la población de su país había ocultado y protegido a los judíos. Una mujer se puso a llorar.

A una pregunta de Servatius, Heinrich Gruber, pastor protestante encarcelado y torturado, diferenció entre la ideología nazi y la comisión de crímenes a partir de 1933. Servatius se quejó de que muchos testimonios eran indirectos y que, por ello, carecían de validez.

El juicio alcanzó el clímax a la hora de abordar la participación de Eichmann en los asesinatos y deportaciones en Hungría en 1944, cuando los rusos se acercaban a Budapest. Hausner demostró que el oficial de las SS actuó con plenos poderes de Himmler en la deportación de cuatrocientos treinta mil judíos a los campos de exterminio. Ordenó identificarlos con una estrella amarilla, les incautó todos sus bienes y se jactó de su eficiencia. Murieron trescientos mil deportados. Un espectador le acusó a gritos de haber asesinado a toda su familia y fue expulsado de la sala. Martin Foldi recordó cómo había visto entrar a su mujer vestida de rojo en la cámara de gas de Auschwitz.

Las declaraciones de los testigos concluyeron con la acusación de Hausner de que Eichmann había disparado un tiro en la cabeza a un niño por haber robado fruta. El juez Landau le recriminó y restó validez a sus palabras por ser un testimonio indirecto. Hausman apuntó que el acusado había ordenado el traslado de decenas de miles de prisioneros de los campos en unas condiciones extremas al final del conflicto. Muchos de ellos no soportaron la travesía. Eichmann lo negó y aseguró que habían muerto por «causas naturales».

A Servatius le concedieron ocho días para preparar el testimonio de Eichmann. Este se reafirmó en su inocencia y llegó a señalar que siempre había intentado regirse por el imperativo categórico de Kant. Insistió en que había colaborado con las organizaciones sionistas en Austria, Rusia y Polonia y que había salvado la vida de miles de judíos. Justificó las incautaciones de bienes y alegó que él era el responsable de organizar los traslados a los campos, pero que no participaba en las decisiones.

Lo más relevante e incriminatorio fue su reconocimiento de que había estado presente en la reunión de Wannsee, en enero de 1942, cuando se aprobó la Solución Final. Aseguró que Heydrich le había ordenado levantar acta y luego incurrió en varias contradicciones. Comentó que, al final de la cita, había tomado un coñac junto a una chimenea con Heydrich y Müller, jefe de la Gestapo.

«No tuve elección. Debía proceder a la organización de los transportes como se me había ordenado. Puedo tener alguna responsabilidad moral, pero no legal», concluyó. Algunos medios le describieron como «un burócrata aburrido» que se explayaba en explicaciones inútiles, mientras que un judío húngaro al que había chantajeado vio en él «la encarnación del diablo que se disfraza con piel de cordero».

En su alegato final, Hausner calificó el testimonio del oficial de las SS como «una sarta de mentiras», argumentó que su papel había sido esencial en Hungría, exhibió decenas de documentos con su firma y le acusó de haber amenazado y vejado a ciudadanos indefensos.

A continuación, llegó el turno de preguntas de los tres jueces. Raveh le interrogó sobre cómo había podido compatibilizar la moral kantiana con sus acciones. Halevi le hizo observar que, si había tenido poder para salvar a miles de judíos, también había ejercido ese mismo poder para ordenar su deportación y asesinato. Landau puso mucho énfasis en su presencia en Wannsee y Eichmann negó que se hubiera hablado allí de «métodos de matar».

Finalmente, Servatius cerró el juicio subrayando la ilegalidad del proceso, la inocencia de su cliente y pidiendo «perdón y olvido». El proceso concluyó en diciembre de 1961 con esas palabras y los jueces tardaron cuatro meses en pronunciar la sentencia: pena de muerte. El Gobierno de Ben-Gurión denegó la petición de clemencia de intelectuales como Martin Buber o Gershom Scholem. «Seis millones de veces, no», tituló el diario *Maariv* contra la solicitud. Eichmann fue ejecutado en la horca el 31 de mayo de 1962 y sus cenizas fueron dispersadas en el mar.

Han pasado más de sesenta años desde la ejecución de este criminal y las preguntas de Arendt siguen sin tener una respuesta fácil porque hoy, como durante el Holocausto, el mal se disfraza de banalidad mientras los hombres eluden la responsabilidad de sus actos. Hemos visto unos bombardeos en Gaza contra la población civil que son justificados por parte de la opinión pública europea por la necesidad de acabar con Hamás.

En última instancia, los crímenes cometidos por las SS, la Gestapo y hombres como Eichmann remiten a la gran pregunta de cómo Dios pudo permitir esa barbarie. Los teólogos dirán que sus actos fueron la consecuencia de su libertad de albedrío, pero es difícil de entender que la autodeterminación individual pueda estar por encima de la vida de tantos inocentes. Un elefante puede aplastar a un ratón sin querer, pero es incomprensible que el Todopoderoso cerrara los ojos a la devastación nazi y permitiera la locura homicida del Tercer Reich. El mal es un enigma tan grande como el de la existencia de Dios, un interrogante que carece de respuesta.

13

Cogito ergo sum

René Descartes fue el filósofo más eminente de su tiempo. Pero también cultivó las matemáticas, la geometría y la medicina. Esto último le venía de familia porque sus dos abuelos eran médicos. Siendo muy niño, los doctores dijeron a sus padres que René no viviría mucho tiempo. Pero el pronóstico no se cumplió. Creció con una salud robusta e incluso se alistó en la milicia al servicio de Maximiliano de Baviera. Sus libros lo convirtieron en una celebridad y su filosofía cruzó las fronteras. Hobbes intentó refutar su sistema, ridiculizando sus ideas sobre la separación del mundo de lo mecánico y el alma, que llamaba expresivamente *res cogitans*.

Llevado por un optimismo excesivo, Descartes aseguró que era científicamente posible que los hombres pudieran vivir cientos de años como los profetas del Antiguo Testamento. Creía que la alimentación y un tipo de vida austero podrían prolongar la longevidad hasta límites increíbles. Incluso prometió redactar un tratado para desarrollar sus ideas.

Muchas personas le escribían y le pedían consejos para alargar su existencia. Y se rumoreó que el pensador francés poseía el secreto de la eterna juventud. Probablemente él mismo llegó a creer que podría vivir mucho más que sus contemporáneos gracias a las recetas que se aplicaba.

En el máximo apogeo de su fama, Descartes viajó a Estocolmo en septiembre de 1649 para dar clases a la reina Cristina de Suecia. Ello le obligaba a levantarse a las cinco de la mañana en el crudo invierno nórdico. Al cabo de unos meses, el filósofo padecía escalofríos, vómitos y náuseas. El médico de la reina le aconsejó un tratamiento de sangrados, pero Descartes ignoró sus recomendaciones y optó por curarse con una pócima de vino y tabaco. El 11 de febrero de 1650 murió a los cincuenta y tres años, muy lejos de la edad de Noé, Set o Matusalén, como él había soñado.

Pronto surgió el rumor de que había sido envenenado con arsénico porque los luteranos veían una amenaza en la influencia de un filósofo católico en la reina Cristina. No era descabellado, pues la guerra de los Treinta Años, motivada por un choque religioso, había terminado dos años antes de su fallecimiento.

La historia de Descartes encierra una lección: hasta las mentes más brillantes, con una formación académica excepcional, se pueden dejar llevar por las más absurdas supercherías. ¿Cómo es posible que un espíritu que había dominado el pensamiento de su tiempo creyera que podía engañar a la muerte?

Fue el gran filósofo de la modernidad, que logró superar la escolástica de santo Tomás, reivindicar la autonomía de la ciencia y las leyes de la mecánica y edificar un sistema que salvaguardaba el dogma católico al reafirmar la inmortalidad del alma. Pero sucumbió ante una superstición que no era verosímil ni para un imbécil. Misterios de la condición humana.

Su cadáver fue enterrado en una iglesia de Estocolmo, trasladado dieciséis años después a su país natal y, más tarde, llevado por la Revolución francesa al Panteón. Hoy descansa en la abadía de Saint Germain des Prés. La lápida de su primera tumba contenía una inscripción en latín que expresa en pocas palabras su trayectoria vital: «Tratando en sus ocios invernales de armonizar los misterios de la Naturaleza con las leyes de la matemática, albergó la esperanza de abrir los arcanos de ambas con una misma llave». Esa llave era la razón.

Si hay un empeño en la obra de Descartes no es otro que su afán de hacer compatible la autonomía del pensamiento y de la ciencia con su fe católica. Un difícil equilibrio que le creó problemas con la autoridad religiosa. Y que también generó contradicciones insalvables en su filosofía.

Descartes, educado en los jesuitas, sentía una fuerte inclinación intelectual por las matemáticas y la física. Se le considera el padre del cálculo infinitesimal, y también realizó interesantes aportaciones en los campos del álgebra y la geometría. No era, sin embargo, un ratón de biblioteca. Se alistó en el ejército para luchar en la guerra de los Treinta Años, luego viajó por Europa, se instaló en Holanda y finalmente volvió a París. Existe la leyenda de que se batió en un duelo por una mujer. Era una persona que cultivaba la amistad y la buena mesa. Despreciaba a la Inquisición y abogaba por la libertad de pensamiento.

Tras sumergirse en sus estudios científicos, Descartes se dio cuenta de que las matemáticas partían de unos principios de aceptación universal, algo que no sucedía con la filosofía, donde observaba una enorme confusión y disparidad de criterios.

Fue reflexionando acerca de esta contradicción como llegó a la formulación del pilar sobre el que construyó su obra: *Cogito ergo sum*. Pienso, luego existo. Esta es una verdad clara y distinta, que no puede ser cuestionada porque, si estoy dudando, es porque estoy pensando. Y, por lo tanto, existo.

Dando un paso más, Descartes subraya la existencia de un yo pensante de naturaleza espiritual frente al mundo material que perciben nuestros sentidos. Por ello, hay una *res cogitans*, que es el pensamiento, y una *res extensa*, que es la materia. Esta dicotomía es esencial para comprender su filosofía.

Según desarrollará en *Discurso del método* y sus *Meditaciones metafísicas*, dos libros imprescindibles, la separación entre el reino de lo espiritual y de lo físico impide que las ideas tengan un origen en la observación empírica. Ello le llevará a afirmar que las ideas son innatas, están inscritas, valga la metáfora, en el alma humana por Dios.

Podríamos sospechar que hay «un duende maligno» que extravía nuestra razón y que la vida es un sueño, pero eso no es posible porque el Ser Supremo no lo permitiría en su infinita bondad. El conocimiento es un despertar de las ideas grabadas por Dios en el yo pensante.

Frente a ese yo pensante, albergamos una idea clara y distinta de la extensión a través de nuestros sentidos. La extensión y el movimiento son las cualidades del mundo físico. Y permanecen constantes: la materia no se destruye, se transforma. Ello fundamenta el mecanicismo, que tanta influencia ejercería sobre la física en los siglos posteriores.

Descartes era muy consciente de que su rígida separación del pensamiento y el cuerpo generaba una dualidad repleta de paradojas. Y por eso llegó a afirmar que existe una conexión en el cerebro del alma con el cuerpo a través de una glándula pineal. La explicación no convenció a Leibniz, Spinoza y Malebranche, que impugnaron su filosofía y optaron por otras formulaciones.

Descartes defendió la libertad y la autonomía de la ciencia, que no está supeditada a la fe, sino a los dictados de la razón. Fue, por ello, un heterodoxo de su tiempo y no resulta exagerado considerarle el padre de la filosofía moderna.

Siempre ha existido la tentación de buscar causas únicas a los fenómenos. Lo que ha variado a lo largo de la historia son esas explicaciones últimas de la realidad, que remiten a Dios, a la materia, a las ideas puras, a la biología o a la historia. Nada hay más tranquilizador que encontrar una clave que elimine todas nuestras incertidumbres para iluminar los acontecimientos con una luz que disipe cualquier duda.

Uno de los filósofos más representativos de este afán de reducir el mundo a una sola causa es Nicolas Malebranche, sacerdote, hijo de un alto funcionario de Richelieu y de la corte de Luis XIII, educado en la Sorbona. Era un teólogo con formación científica, por lo que, como Descartes y Pascal, fue un humanista que dominó todos los saberes. Nació en 1638, doce años antes de la muerte de Descartes, cuya filosofía fue esencial para entender su obra.

Malebranche fue el padre del ocasionalismo, según el cual Dios es la única causa verdadera de todo lo que sucede. Hay también causas ocasionales o circunstanciales que remiten a esa causa última. «Si no viésemos a Dios de alguna manera, no podríamos ver ninguna cosa», afirmó. Por tanto, todo lo que nos rodea es un reflejo del Ser Supremo, una teoría que recuerda mucho el pensamiento de Spinoza y su idea de la sustancia.

Contra la tesis de Descartes, Malebranche sostenía que hay una separación absoluta entre el alma y el cuerpo, que no pueden comunicarse. Es Dios, causa única del movimiento, quien une ambas sustancias. De lo que se deduce que es el Supremo Hacedor quien insufla el conocimiento de la verdad. Dicho de otra forma, el hombre ve la realidad a través de Dios.

Si los astros giran sobre la Tierra y el Sol calienta nuestro planeta, es porque la mano invisible de Dios guía su rotación. Todo podría ser distinto, pero no es así por la voluntad divina, que ha optado por crear el mundo tal y como es.

El problema de la filosofía de Malebranche es que resulta difícil conciliar su visión con la libertad del ser humano, que no encaja dentro de su sistema determinista. Lo mismo que sucede con el materialismo marxista o los que creen que la conducta humana obedece a la genética.

Aunque la lectura de Malebranche me fascinó, siempre he desconfiado de estos filósofos que pretenden reducir la realidad a una sola causa. Por el contrario, creo que existen muchos factores que explican cualquier fenómeno y que el azar juega un papel importante en nuestras vidas.

Esto no es una mera disquisición retórica, sino que tiene importantes consecuencias en la política, la organización social e incluso en la técnica, que responden a una determinada forma de ver el mundo. El idealismo de Malebranche ha calado en nuestros huesos y nos ha conducido a esa ilusión de la verdad, por la que cada uno está convencido de tener razón frente a los demás. Pero no es así porque no hay que ser muy perspicaz para darse cuenta de que hay tantas verdades como hombres.

En última instancia, Descartes y Malebranche coinciden en situar a Dios como un ser superior que ha creado a los hombres y como una realidad que está por encima del entendimiento, aunque el primero concede a la razón una autonomía que niega el segundo. El *cogito ergo sum* cartesiano no está muy lejos de un existencialismo que, tres siglos después, fundamentaba la individualidad en la conciencia.

14

El Relojero Universal

Fue a Leibniz a quien se le ocurrió la feliz metáfora del Dios relojero que hace que el universo funcione como un gigantesco engranaje. La idea del filósofo alemán es que el Todopoderoso ha creado un mundo que se mueve de manera armónica gracias a unas leyes universales que él ha diseñado.

Ya Aristóteles creía en una música celestial producto del roce de las esferas concéntricas del cielo. Pero también Dante y los escolásticos estaban convencidos de la existencia de una armonía universal que era la consecuencia de las normas divinas.

Hoy tenemos unos conocimientos de astronomía que nos llevan a cuestionarnos esa visión del mundo. Muchos científicos piensan que el universo es algo caótico, sometido a la degradación termodinámica y regido por unas leyes que desconocemos en gran medida. ¿Quién puede concebir la existencia de agujeros negros capaces de tragarse un sistema solar en un instante?

La idea de Leibniz es tranquilizadora porque nos hace sentirnos protegidos. Pero si el universo funciona como un reloj al que Dios ha dado cuerda, podemos deducir que no existe el libre albedrío, que todos nosotros somos una simple pieza de ese engranaje creado por el Supremo Hacedor.

Desde que era adolescente, me he planteado si somos libres para elegir nuestra vida o estamos empujados a seguir un camino por nuestra herencia familiar, nuestro carácter y nuestra formación.

Si miro a mi alrededor, veo a muchas personas temerosas de perder su trabajo, su patrimonio o su imagen, lo que las empuja a hacer cosas en las que no creen.

La verdadera libertad está en ir a contracorriente de los demás, en anteponer lo que uno piensa a lo dominante socialmente o lo correcto políticamente. Muy pocos se arriesgan a ello, pero quienes actúan de este modo demuestran que sí existe el libre albedrío.

En su *Discurso de metafísica*, Leibniz defiende la idea de predestinación del individuo: «Todo lo que ha de ocurrir a alguna persona está ya comprendido virtualmente en su naturaleza o noción».

Pero acto seguido sostiene que un hombre es libre de utilizar su dinero para vivir en el lujo o de ayudar a los demás. Por tanto, aunque el hombre está condicionado por su naturaleza, conserva la facultad de elegir.

Leibniz viene a decir que hay un reino de la necesidad, que son las realidades de la física, y otro reino de la libertad, que existe en la conciencia del individuo. Pero esa libertad está limitada por la naturaleza.

Es como una pescadilla que se muerde la cola. Somos libres, pero solo en la medida en que nuestros condicionantes nos dejan serlo. El mero hecho de buscar la felicidad ya limita notablemente nuestra capacidad de acción. Si miramos hacia nuestro interior, nos damos cuenta de lo difícil que es ejercer la libertad en determinadas situaciones.

Gottfried Leibniz, nacido en 1646 en Leipzig, fue tal vez el último de los genios que dominó las matemáticas, la física, la geometría, el derecho, la historia y la filosofía. Su insaciable curiosidad intelectual lo abarcó todo. No solo fue el gran pensador que llegó a las cotas de influencia alcanzadas por Descartes y Spinoza, sino que, además, fue el padre del cálculo diferencial e introdujo el concepto de algoritmo. La matemática moderna no se entendería sin sus aportaciones.

Leibniz no solo fue un hombre consagrado a la reflexión,

pues dedicó buena parte de su vida a la diplomacia y la política. Ya de joven entró al servicio del príncipe elector de Maguncia y luego trabajó para la casa Hannover. Conoció las grandes capitales europeas en sus viajes como representante de sus señores e intercambió correspondencia con los científicos más importantes de su tiempo.

Era, por decirlo en términos actuales, un cosmopolita que escribía en latín, en francés y en alemán. Hijo de una devota familia luterana, se sabe muy poco de su vida privada. Su padre murió prematuramente y fue un joven autodidacta que se formó en la biblioteca que heredó de su progenitor. Estudió Derecho, pero nunca ejerció como letrado.

Leibniz fue un filósofo original y heterodoxo cuya obra todavía se sigue reinterpretando. Algunos lo consideran un místico, mientras que otros ven en él un precursor de la física contemporánea. Pero no fue ni una cosa ni otra. Lo que intentó fue hacer una síntesis entre el mecanicismo que explicaba el movimiento por causas materiales, como propugnaba Descartes, y el pensamiento metafísico platónico y aristotélico, que apuntaba a las formas puras como razón última de las cosas.

El concepto central de la filosofía de Leibniz son las *mónadas*. Todo su edificio conceptual está construido sobre esta palabra griega, que hace referencia a una unidad no divisible (*monos*). Si Descartes establecía una diferenciación entre la materia o *res extensa* y el espíritu, que reside en el alma, Leibniz concibe las mónadas como sustancias simples e inextensas, no divisibles. «Son los elementos de las cosas», dirá.

Se han hecho muchas interpretaciones de su filosofía y acostumbra a señalarse que Leibniz se anticipó al descubrimiento de los átomos, al concebir sus mónadas como sustancias simples e indivisibles que están presentes en todo lo que vemos.

La originalidad de la concepción de Leibniz es que señala que cada mónada contiene el infinito en sí mismo, el origen y el final de todo lo existente. Todo lo que sucede se halla en esas partículas elementales que coexisten para producir la armonía universal.

Las mónadas tienen percepción e incluso conciencia. Por ejemplo, el alma humana. Y también Dios, que es una mónada perfecta e infinita. La tesis recuerda mucho al panteísmo de Spinoza, cuando apunta que solo existe una sustancia que emana de Dios.

Tal y como entiende Leibniz, fascinado por la filosofía china, todo es uno y uno es todo. En este contexto, apunta su célebre frase: «Las mónadas no tienen ventanas». Ello significa que no se comunican entre ellas porque cada una despliega en sí misma el infinito.

Leibniz rechazaba con todas sus fuerzas la distinción cartesiana entre una realidad espiritual, el alma, y una *res extensa,* que es lo que tiene cuerpo. Para el matemático, teólogo y diplomático alemán, no hay ninguna fractura entre el pensamiento y la materia. Ambos son indisociables.

Sorprendentemente, los escritos de Leibniz, que murió en 1716, anticipan la física cuántica, la teoría del Big Bang y los últimos avances sobre las partículas elementales. El propio principio de incertidumbre de Heisenberg, que afirma que no es posible conocer al mismo tiempo la posición y la velocidad del electrón, coincide asombrosamente con la idea de Leibniz de que es imposible localizar las mónadas en lugar alguno porque son inmateriales. Están en todos los sitios y en ninguno.

Leibniz tenía un genio asombroso. Lo mismo sentaba las bases del cálculo infinitesimal como escribía un opúsculo sobre la sucesión del rey de Polonia. Pero lo que más me atrae de él es que su filosofía deja traslucir que la apariencia nos engaña porque la realidad está sometida a leyes que escapan a nuestro entendimiento.

Creo que Leibniz nos está diciendo en el fondo que las mónadas son un misterio insondable y que el hombre está determinado por fuerzas que no puede comprender ni controlar, lo cual no obsta para que cada individuo tenga la libertad de elegir entre el bien y el mal.

Su pensamiento es una lección de modestia que apela a la noción de que somos parte de un todo universal y que compartimos una herencia que nos hace iguales a todos los seres humanos. No es una conclusión fútil en un mundo donde el populismo y el nacionalismo intentan crear identidades artificiales.

En una carta de 1714 a su amigo Remond, poco antes de su muerte, señala que «las mónadas son sustancias simples y las únicas verdaderas, mientras que las cosas materiales no son más que fenómenos, aunque bien fundados y coordinados». Las mónadas son eternas e indestructibles, ya que han sido creadas por Dios y son de naturaleza espiritual.

Siguiendo el desarrollo de este concepto, Leibniz sostiene que las mónadas son pura fuerza, origen y causa eficiente del movimiento. Ello explica tanto el afán de conocimiento de los hombres como el permanente cambio que perciben nuestros sentidos. Y a la vez las mónadas son parte integrante de un todo, por lo que solo pueden ser comprensibles en el marco de una totalidad que queda reflejada en cada uno de los elementos. En este sentido, las cosas son a la vez únicas y plurales.

Las mónadas son pura potencia: un *esse* (ser) del que emana un *agere* (actuar). Pero no hay un solo tipo de mónadas. Por el contrario, cada una de ellas es diferente de las demás. Las plantas y los animales son la expresión de mónadas imperfectas y primitivas. En cambio, el hombre es capaz de pensar y tener conciencia de sí mismo porque sus mónadas son superiores. En el último escalón se encuentra Dios, que es acto puro. Ser y pensamiento se identifican en su omnisciencia.

Llegados a este punto, Leibniz sostendrá que vivimos en el mejor de los universos posibles porque Dios, en su infinita sabiduría y bondad, no podría haber hecho otra cosa. El Ser Supremo es la causa eficiente del mundo, el Relojero Universal que ha creado las leyes que rigen los movimientos de los planetas y las estrellas. Una tesis muy discutible porque no es difícil imaginar un mundo mejor que el que conocemos.

Para conciliar esta idea de un Dios previsor y omnipotente con la libertad humana, Leibniz señalará que las mónadas son imperfectas. El mal y el dolor existen, pero pueden servir para que los hombres se rediman. Con sentido común, argumenta que no podría existir el bien sin la capacidad de hacer el mal.

Al profundizar en su filosofía, se puede llegar a la conclusión de que, a pesar de las apariencias, su teoría de las mónadas confluye con la idea de la sustancia única de Spinoza. Es verdad que Leibniz salva la pluralidad de los entes que niega su colega, pero ambos coinciden en que el mundo material y los fenómenos —sea cual sea su naturaleza— son la consecuencia de una voluntad divina que impregna el ser. Lo real existe a modo y semejanza de Dios porque las mónadas son partes de un todo creado por el Ser Supremo. Ese todo de Leibniz se parece mucho a la sustancia spinoziana, de lo que se deduce que ambos llegan al mismo final por muy distintos caminos.

15

El azar y la necesidad

Cuando Einstein analizó los movimientos de las partículas elementales se dio cuenta de que su trayectoria era imprevisible, ya que no obedecía a ninguna pauta. El científico recurrió a la metáfora del andar del borracho para reforzar gráficamente que esas partículas se movían al azar.

Muchos filósofos y estudiosos han teorizado en las últimas décadas sobre la importancia del azar en nuestras vidas. Leonard Mlodinow, profesor en Caltech, retomó la expresión de Einstein para sostener que la mayor parte de nuestras decisiones cotidianas se adoptan por motivos inconscientes que nuestro cerebro tiende a racionalizar. Por ejemplo, uno se compra un coche porque le apetece, pero busca causas objetivas para justificar esa adquisición.

El deseo, o lo inconsciente, juega un papel muy importante en nuestros actos, como ya sabemos desde Freud, pero nos cuesta más admitir el papel del azar porque el funcionamiento de la mente, como también sucede en el proceso de decisiones, tiende a encontrar una racionalidad donde no la hay. El cerebro estructura la realidad en pautas, ya que la supervivencia no admite el caos.

Ganar dinero en la bolsa, elegir a una pareja para casarse o encontrar un empleo son opciones en las que interviene de forma muy importante el azar. Tendemos a pensar que son elecciones racionales y reflexivas, pero en realidad no es así.

Nuestra propia identidad está conformada por el azar, ya que como sostenía el biólogo Jacques Monod, la combinación de los genes que heredamos de nuestros antepasados es aleatoria, lo que permite entender por qué dos hermanos son de caracteres opuestos.

El azar ha jugado un importante papel en la historia. El ejemplo más obvio es la derrota de Napoleón en Waterloo, a la que contribuyó que el ejército de Grouchy se perdiera en una jornada de mal tiempo. Pero también el ascenso de Hitler al poder y la revolución bolchevique fueron posibles por una serie de circunstancias que se podían haber producido de otra forma.

Extrapolando estas reflexiones a la vida política, muchos de los acontecimientos son consecuencia del azar y no de la necesidad. La propia llegada al poder del actual presidente del Gobierno Pedro Sánchez se materializó por una serie de hechos imprevisibles y casuales que empiezan por la sentencia del caso Gürtel y terminan en el cambio de posición del PNV. La habilidad del presidente del Gobierno fue ver la oportunidad, pero él no generó el contexto que le permitió ganar la moción de censura. No hay nadie que sea capaz de predecir sin un amplio margen de error lo que va a suceder en los próximos tres o cuatro meses ni en el mundo ni en nuestro país. Nadie podía ni siquiera imaginar la destructiva dana que devastó Valencia en el otoño de 2024, provocando centenares de muertos y arrasando un área en la que viven cuatrocientas mil personas. Se podrá argumentar que existía un elevado riesgo de riadas en esa zona, con desbordamientos periódicos y precedentes inquietantes, pero nadie pudo prever la magnitud de la catástrofe ni el momento en el que se produjo. Fue un «cisne negro» que generó una tremenda conmoción social y política.

Aunque seamos reacios a la idea, todo está abierto al azar. Cualquier previsión sobre el futuro comporta un elevado riesgo de ser equivocada. Sin embargo, la predicción del fin de la humanidad y de la cercanía de catástrofes es un género literario y filosófico con una gran tradición. Ya el obispo irlandés Malaquías predijo en el siglo XII la destrucción de Roma y el

Juicio Final. El último profeta de la hecatombe se llama Nouriel Roubini, que ha escrito un libro titulado *Megamenazas* en el que anticipa la mayor crisis económica desde la Revolución Industrial, superando a la Gran Depresión de 1929 o la recesión de 2008.

Roubini sostiene que el envejecimiento demográfico, el cambio climático, el salto tecnológico, el crecimiento de la deuda y la pugna entre China y Estados Unidos desencadenarán un colapso de la economía que provocará un derrumbe de los valores y una gran oleada de desempleo.

Nadie fue capaz de predecir la crisis de las *subprime* en 2008 ni su terrible efecto sobre el sistema financiero. Como tampoco nadie advirtió de que la subida de los precios del petróleo en 1973 devastaría las industrias tradicionales. La experiencia demuestra que solo es posible acertar sobre la evolución de la economía *a posteriori*, cuando los hechos ya se han producido.

Todos hemos leído las crónicas de los inversores americanos que se tiraban por la ventana tras el derrumbe de Wall Street hace casi un siglo. Pero quienes tienen dinero han seguido asumiendo enormes riesgos con la esperanza de obtener unas rápidas ganancias. La codicia es un mal inherente a la humanidad.

La economía no es una ciencia ni se mueve por leyes previsibles como la física. Hay una exuberancia irracional en los mercados, como ya señaló en su día Alan Greenspan, presidente de la Reserva Federal de Estados Unidos, incapaz de prever las consecuencias fatales de su política monetaria.

Es seguro que una mala política económica conduce a la catástrofe. Pero también es posible que, aun haciendo bien las cosas, una crisis global provoque una fuerte recesión y un aumento del desempleo. Y ello porque la economía es un monstruo que nadie controla y porque los mercados operan con una lógica perversa, como se demostró con la quiebra de los bancos de inversión en 2008. Poco o nada ha cambiado.

Los desastres son un riesgo inherente al funcionamiento estructural del capitalismo, que, a la vez que crea riqueza y prosperidad, lleva en su interior unas tendencias destructivas que laten en su esencia. Todavía no hemos sido capaces de encontrar el equilibrio entre la libertad y la igualdad y eso aumenta el peligro de colapso del sistema. Por ello, tarde o temprano, la gran catástrofe estallará, aunque tal vez tengamos que esperar mucho tiempo, quizá décadas.

Hace ya muchos años leí la *Trilogía de la Fundación* de Isaac Asimov, en la que, si mal no recuerdo, el autor se refería a una ciencia que podía predecir con exactitud casi matemática el futuro de un imperio galáctico.

La idea no es nueva. El físico, astrónomo y matemático Pierre Laplace, fallecido en 1827, sostenía que, si pudiéramos conocer todas las leyes de la física y el estado actual del mundo, seríamos capaces de anticipar la evolución del universo con absoluta fiabilidad. Laplace era un determinista que no creía que había sitio para el azar, incluso en una tirada de dados.

Las ideas de Laplace han sido retomadas por un investigador ruso, llamado Peter Turchin, inventor de la «cliodinámica», que considera una ciencia capaz de predecir el futuro a través de modelos matemáticos. Estos modelos manejan datos históricos, demográficos, sociológicos y económicos.

Turchin, que estudió en Estados Unidos y tiene un brillante currículo académico, predijo que en el año 2020 se produciría un tremendo caos que pondría a prueba a la humanidad. No hay duda de que acertó: fue el año de la pandemia. Esto le ha hecho un personaje muy famoso.

Aunque parezca irrespetuoso, yo creo que las teorías de Turchin chocan no solo contra el sentido común, sino también contra lo que pensaban científicos como Henri Poincaré, que sostenía que una pequeña perturbación en las variables de un sistema conduce a largo plazo a resultados imprevisibles.

Esto se ha corroborado en la dinámica de fluidos o los juegos de azar, en los que de hecho es imposible predecir el resultado ¿Cuántas veces saldrá el cuatro en cien tiradas de dados? ¿Cuál será el número de la lotería del próximo sorteo? ¿Cómo se esparcirán los restos de un vaso de vidrio que se estrella contra el suelo? No lo sabemos.

Esta simple idea de la física es aplicable a los hechos sociales. Existen demasiadas variables para poder predecir lo que nos va a suceder. Y de hecho nadie fue capaz de avisar de que surgiría el coronavirus en China. Tampoco nadie predijo que las Torres Gemelas caerían por el impacto de unos aviones en 2001 y ni siquiera que el sistema financiero internacional iba a derrumbarse en 2008. Y nadie creyó posible que Donald Trump pudiera ser presidente de Estados Unidos en 2016 y, dos legislaturas después, volver al poder tras haber instigado el asalto al Congreso y haber sido condenado por la justicia. Tampoco era nada predecible que Putin decidiera invadir Ucrania y embarcar a Rusia en una guerra de agresión. Hay decenas de ejemplos como estos.

Lo cierto es que vivimos en un mundo altamente complejo donde intervienen tantas variables que es imposible predecir el futuro, porque basta que se modifique una de ellas para que todo cambie. En ese sentido, el virus tiró por tierra todas las previsiones económicas y demostró que hay acontecimientos imposibles de prever.

La propia evolución del hombre, el desarrollo tecnológico y la globalización generan un nuevo entorno en el que el futuro es cada vez más imprevisible. De todo esto podemos extraer la lección de que hemos construido un mundo en el que no podemos controlar las consecuencias de nuestras acciones.

Donald Rumsfeld, exsecretario de Defensa en la época de George Bush, pronunció una frase que merece no ser olvidada: «Hay cosas que sabemos que sabemos, hay cosas que sabemos que no sabemos, pero también hay cosas que no sabemos que no sabemos». Obviamente, resulta inquietante la última afirmación que evidencia algo muy cierto: que estamos a merced de lo imprevisible porque hay muchas adversidades que ni siquiera podemos intuir y, por tanto, son imposibles de evitar.

Esto lo hemos experimentado con la citada recesión económica que se inició en 2008 a raíz de una crisis del sistema financiero y, posteriormente, con la eclosión de una pandemia que se llevó por delante millones de vidas. Nadie fue capaz de predecir ninguno de estos dos fenómenos.

Tampoco nadie creía que el Muro de Berlín y la Unión Soviética se iban a derrumbar en tan poco tiempo, o que la economía occidental quedaría paralizada en la crisis del petróleo de los años setenta, hoy olvidada pero que tuvo un impacto brutal en las estructuras productivas.

Hay muchos ejemplos en la historia que corroboran la tesis de Rumsfeld. Las mayores catástrofes fueron inesperadas, como sucedió con el estallido de la Primera Guerra Mundial, que todos consideraban muy improbable en el verano de 1914. Ello debería servirnos para relativizar las predicciones y tomar conciencia de que lo que consideramos seguro y previsible se asienta sobre pilares de arena. El aleteo de una mariposa puede desencadenar un cataclismo global.

El sociólogo Nassim Taleb acuñó en 2007 el término «cisne negro» para conceptualizar esos acontecimientos que, como los atentados contra las Torres Gemelas, irrumpen en nuestras vidas y cambian nuestra percepción de la realidad. Igual sucede en la experiencia cotidiana de las personas, que puede verse alterada por una muerte inesperada o una desgracia que trastoca todas nuestras expectativas.

Peter Drucker lo expresaba de forma muy gráfica: «Tratar de predecir el futuro es como conducir un coche por la noche y sin luces, mirando por la ventana trasera». Así es: el conocimiento es limitado y carecemos de los instrumentos para saber lo que nos aguarda.

Ello nos lleva a la conclusión de que la existencia humana es pura incertidumbre, una evidencia que nos negamos a asumir porque nadie acepta que el destino dependa de lo que no sabemos que no sabemos. O, tal vez, de lo que podríamos llamar el azar.

Albert Einstein contradijo la tesis de que las cosas suceden de forma aleatoria. Sostenía que nada sucede por casualidad y que las leyes de la física excluyen el azar. «Dios no juega a los dados», afirmó. En una de sus discusiones, Niels Bohr, padre de la física cuántica, contestó a esta aseveración de forma irónica: «No le digas a Dios, querido amigo, lo que tiene que hacer».

La discusión entre quienes creen en el determinismo y quienes se inclinan por el azar es muy vieja y no solamente se plantea en el terreno de la física. También ha generado un gran debate en la biología y, por supuesto, en la filosofía.

Spinoza era obviamente un determinista que creía que el hombre formaba parte de un orden trazado por Dios, mientras que Hume defendía la existencia del libre albedrío tras reconocer que las decisiones están condicionadas por factores de los que no somos conscientes. Hegel desarrolló una variante sobre el determinismo, que consistía en creer que lo real es lo racional. Dicho con otras palabras, la Razón guía nuestros pasos y es la mano invisible que mueve el destino. No hay lugar para el caos o la improvisación, según el autor de la *Fenomenología del espíritu*.

Fue el mencionado biólogo francés Jacques Monod, Nobel de Medicina, quien combatió la tesis de Hegel desde un punto de vista de la genética, al sustentar que en la herencia biológica se combinan el azar y la necesidad.

Ha quedado grabada en mi memoria la imagen de este científico realizando una siniestra predicción: la de su muerte inminente. Tres o cuatro meses después de la misma, en mayo de 1976, el respetado científico francés fallecía de una enfermedad incurable. Monod había estudiado los procesos de creación de la vida y las propiedades del ADN. Escribió en 1970 un libro de gran éxito, titulado *El azar y la necesidad*.

Siguiendo los trabajos del monje agustino Mendel, Monod elaboró la teoría de que el desarrollo de los seres vivientes es el resultado de una combinación de las leyes biológicas —la necesidad— y del azar. Sin embargo, la muerte de Monod, como la de cualquier otro hombre, contradecía en apariencia su hipótesis, al ser un acontecimiento necesario en el que el azar estaba excluido. Como él sobradamente sabía, existen procesos que no son reversibles ni aleatorios.

Siempre he creído que la teoría de Monod resulta aplicable a la perfección a la actividad política y a la biografía de los seres humanos, que es el producto de esa combinación de la suerte con la necesidad.

Los genes, el lugar donde hemos nacido, la familia y la educación que hemos recibido nos hacen ser lo que somos. Pero todo depende en última instancia del azar. Nuestra vida podría ser enteramente distinta de lo que es si no hubiéramos conocido por casualidad a una persona o hubiéramos tomado un camino distinto en una de las muchas encrucijadas de nuestra existencia.

Las categorías del azar y la necesidad pueden ser aplicadas también a los acontecimientos históricos. Por ejemplo, a los atentados del 11M. ¿Fueron producto de un proceso que conducía inevitablemente a un fatal desenlace o fueron el resultado de una combinación de factores casuales? ¿Tenía España que pagar necesariamente un precio por el apoyo de Aznar a la intervención en Irak o ello no tuvo nada que ver con la masacre?

Las preguntas contienen una trampa porque probablemente la respuesta correcta no es excluyente, sino complementaria: los atentados fueron consecuencia de factores necesarios y de elementos puramente azarosos.

A juzgar por mi experiencia, Monod está en lo cierto. La existencia humana se encuentra condicionada por los genes, el lugar en el que nacemos y la educación, pero el azar puede cambiar en un instante nuestras vidas. En último lugar, somos responsables de nuestros actos.

Yo era perfectamente consciente de la encrucijada en la que me hallaba cuando monsieur Matheu me ofreció ser su socio en su negocio agrario de Vernet tras la muerte de su único hijo. Tenía veintiún años y opté por volver a Madrid y acabar mis estudios. ¿Qué hubiera pasado de haber tomado la decisión contraria?

No hay una respuesta, como tampoco la hay de por qué uno entra en un café y conoce a la mujer de su vida o por qué te atropella un coche al cruzar una calle. La vida parece un conjunto de sucesos azarosos y encadenados, a los que damos un sentido *a posteriori* cuando ya han sucedido. Entonces nos parecen lógicos e ineludibles, pero probablemente no lo son, contra la tesis de Einstein.

Si nos detenemos un momento a pensar y empezamos a ser conscientes de que nuestros planes son una pura ilusión y de que el azar puede cambiar nuestras vidas en un instante, cobra bastante más importancia el presente.

En la víspera de escribir estas líneas, tras sufrir un ataque de pereza, decidí no ir a mortificarme en el gimnasio y me tumbé en el sofá para escuchar un disco del trío América de comienzos de los años setenta. Retrocedí cuatro décadas en el pasado y rememoré en mi interior los tiempos del San Juan Evangelista, un colegio mayor de la Complutense, cuando queríamos cambiar un mundo en el que todavía se fumaba Celtas, se escribían cartas y se llamaba por teléfono con fichas. Yo escuchaba en mi habitación la música de América, veía las películas de la *nouvelle vague* y leía los libros de Wilhelm Reich sobre la liberación sexual.

Murió Franco y llegó la democracia, pero pronto desaparecieron nuestras ilusiones. El futuro nos cogió desprevenidos. Casi nada era como habíamos soñado. Nuestra existencia empezó a adquirir una tonalidad mediocre.

Hoy no puedo evitar preguntarme si no hubiera sido más feliz a la sombra del Canigó o vagando sin rumbo por las calles de París. Pero soy consciente de que me estoy haciendo trampas. Yo he elegido lo que quería ser y en esa apuesta he ganado y he perdido. No puedo saber qué papel ha jugado el azar y qué papel ha jugado la genética en mi vida. Muy probablemente, si volviera a nacer, repetiría todos y cada uno de los errores que he cometido. Es de lo único que estoy casi seguro.

La imprevisibilidad de las existencias individuales contrasta con la previsibilidad de las leyes de la física y la termodinámica que rigen a escala universal. Los científicos pueden predecir con exactitud la vida que le queda al Sol y cuándo se agotará su energía. Y también tenemos una imagen del momento en el que surgió la materia, el llamado Big Bang, y de la expansión que dio lugar al universo en el que vivimos.

Han aparecido recientemente dos noticias sobre astronomía que modifican nuestra forma convencional de pensar sobre el universo. La primera es que un grupo de científicos americanos ha formulado la teoría de que el universo se expande y se contrae en una serie de ciclos que duran decenas de miles de millones de años. Según esta tesis, el Big Bang sería no ya el inicio de las estrellas y las galaxias, sino un eslabón intermedio en una larga cadena de procesos.

La segunda noticia es que los agujeros negros, esa enorme acumulación de materia oscura, dieron lugar a los objetos estelares visibles, de suerte que estas enigmáticas condensaciones que tragan incluso la luz serían el origen de todo lo que nos rodea.

Si uno intenta sacar alguna conclusión de ambas hipótesis, es que la materia y, por tanto, la vida, se fragua en un laboratorio por ahora inaccesible a las leyes de la física y del conocimiento humano.

¿Hubo un Relojero Universal que diseñara en el principio del tiempo estos complejísimos procesos o el Big Bang y los agujeros negros surgieron en función de unas condiciones puramente aleatorias?

La pregunta —la gran pregunta— sobre el origen de la materia no tiene a mi juicio respuesta, porque la primera opción es tan improbable o incoherente como la segunda. No podemos recurrir a Dios para explicar el cosmos, pero tampoco al azar.

Si uno pretende entender cómo es posible —por utilizar un símil— que una bola de unos centímetros de diámetro contenga más materia que todo nuestro sistema solar y cuál ha sido la causa de este fenómeno, cualquiera puede volverse loco, aunque sea un científico. Por tanto, el universo, lo que nos rodea, aquello que somos y de lo que venimos, carece de toda lógica comprensible. Ya Werner Heisenberg, al formular el principio de indeterminación, señaló que no era posible conocer la posición y el movimiento de una partícula en el espacio.

La física contemporánea está derribando todas las certidumbres y colocando al ser humano como una pequeña pieza de un gigantesco engranaje que opera con una dinámica que supera nuestra razón.

Siempre he creído que el azar gobierna nuestras vidas y que lo que aparece como más necesario es fruto de una mera casualidad. Ahora empiezo también a pensar en la improbabilidad del azar.

Si Dios no existe y el concepto de azar es un absurdo, me pregunto cuáles son las fuerzas que condicionan nuestro devenir. No tengo ninguna respuesta para ello, más allá de constatar la pura contingencia y arbitrariedad de la existencia.

Somos seres fugaces, finitos y contingentes. Y lo mismo que somos podríamos no haber sido. De las numerosas combinaciones que existían como hipotéticas en el pasado, nuestra existencia es en buena medida producto del azar de que dos personas se conocieran, tal vez porque sus planes cambiaron en el último momento. Todos nos hemos preguntado cómo se hubiera desarrollado nuestro futuro si en una encrucijada hubiéramos tomado el camino de la derecha en lugar del de la izquierda. Nada está predestinado de antemano.

En este sentido, hay una frase que a veces se atribuye a Josep Pla, pero que es de Michel de Montaigne: «La vida es ondulante». El propio Pla aclaró el equívoco en sus *Dietarios*: «Nadie había escrito nada parecido hasta Montaigne. Es la observación más ajustada que se haya dicho contra el fanatismo, la incomprensión y el dogmatismo cada vez más dominante». Y también sobre el carácter cambiante de la vida y el papel del azar.

El jurista francés, alcalde de Burdeos en el siglo XVI, desengañado de las vanidades de este mundo, se retiró a su *château* en los últimos años de su existencia para leer y meditar. Montaigne había sido testigo de las guerras de religión que habían dividido a la sociedad francesa y de las purgas provocadas por la intolerancia. Él mismo fue una víctima póstuma cuando Bossuet logró que sus *Ensayos* fueran prohibidos por la Iglesia, casi un siglo después de su muerte.

Los que tenemos una cierta edad sabemos por experiencia que la vida es ondulante. En primer lugar, porque es imprevisible. Hay cosas que cambian la existencia y no podemos controlar. Un golpe de suerte o una enfermedad, por ejemplo.

Y luego porque lo que ayer era políticamente correcto hoy es infame. El mundo en el que nacimos ha desaparecido, lo nuevo ha enterrado a lo viejo, mientras que la globalización y las nuevas tecnologías han creado una tipología humana que desdeña el pasado.

Nada de ello es sorprendente porque les ha sucedido a todas las generaciones. No hay más que leer a Montaigne para darse cuenta del desencanto que provocó su renuncia a la vida pública tras haber desarrollado una prometedora carrera política en su Burdeos natal. Siempre que yo cruzaba frente a su estatua en el Barrio Latino de París, recordaba su irreverente aserto: «Aun en el trono más alto del mundo, estamos sentados sobre nuestro culo».

Por eso, la vida es ondulante. La enfermedad, el fracaso, la fugacidad, la pérdida del amor, la traición, la vejez nos acechan. No se trata solo de que somos seres arrojados al mundo, resulta además que no podemos controlar nuestro destino ni protegernos de la adversidad. El azar rige nuestra existencia.

Si echo la vista atrás, me doy cuenta de que lo que soy ahora es en buena medida producto de una serie de casualidades y caprichos del destino, ajenos a mi voluntad. Parece como si una mano invisible me hubiera guiado. Mi ondulante vida sería totalmente distinta si, en lugar de seguir estudiando en Madrid, hubiera aceptado la herencia de ese terrateniente francés que me quiso convertir en un hijo adoptivo. Nunca he sabido por qué tomé aquella decisión. Ni tampoco otras muchas que he racionalizado *a posteriori* pero que obedecían a impulsos sentimentales.

La razón está sobrevalorada en una sociedad enferma de falsas seguridades e ídolos que adoramos de forma inconsciente. Quizá porque el autoengaño es necesario para vivir. Pero, como apuntaba Montaigne, la guerra más complicada es la que cada uno libra contra sí mismo. Aceptar que estamos sentados sobre nuestro culo es no solo muy difícil, sino contrario a nuestros desmedidos egos. La vida es y solo es ondulante.

No hay nadie que sea capaz de predecir sin un amplio margen de error lo que va a suceder el mes que viene porque todo está abierto al azar o algo que no podemos ni siquiera nombrar. La realidad siempre nos sorprende y nos obliga a revisar todas nuestras expectativas, lo que implica que tenemos que acostumbrarnos a vivir en la provisionalidad. Dios genera certezas a los creyentes, pero quienes no tenemos una fe sólida solo podemos creer en esa mano invisible y caprichosa que guía los acontecimientos. «Dudar es estar a salvo», escribió Montaigne. No estoy seguro, más bien me parece que la duda es una condena. Vivir sin certezas en una maldición.

16

Arrojados al mundo

Hace algunos años leí un cuento de Gabriel García Márquez que se titula «Ojos de perro azul». Trata de un hombre que mira a una mujer en un sueño. La está mirando de espaldas, aunque en realidad es ella quien le mira a él. ¿Se puede mirar de espaldas?

En realidad, ese hombre sabe que está soñando y no quiere despertarse para que la mujer no se esfume. Pero lo importante de la historia son los ojos. Los míos y los tuyos. Lo que vemos o lo que nos ve. No hay nada más personal que los ojos, esa puerta abierta que nos conecta con el mundo. Y es que cada ojo es un universo infinito con una cartografía única. Todo cabe en un ojo, incluso una mirada.

Pero la cuestión es qué vemos y qué miramos. Tal vez siempre nos estamos viendo a nosotros mismos, pero no lo sabemos. O a lo mejor la realidad solo existe a través de nuestros ojos. El obispo Berkeley creía que solo podemos ver lo que Dios quiere. Lo que no podemos ver por definición es la nada.

Ahora que voy perdiendo la vista, que necesito leer con gafas, me doy cuenta de lo que deben de sentir los ciegos. Vivir sin ver tiene que ser peor que una pesadilla, porque no existe el mundo si no podemos mirarlo. Mi miedo más espantoso es quedarme ciego y no poder leer o ver amanecer.

Somos nuestros ojos y si algún día nos encarnamos tendremos otras manos, otro color del pelo, otra cara, otra edad y otra estatura, pero siempre los mismos ojos. Esos ojos que nos miran, con los que miramos sin mirar.

Hay una química de las miradas. Eso lo sabemos, pero en ocasiones nos asusta la intensidad. Ver es más fuerte que amar o quizá es lo mismo. Lo que es seguro es que primero vemos y luego amamos en el lance de recreación de la mirada.

He llegado a un punto que me dan miedo mis ojos. A veces puedo ver demasiado y el contraste entre la realidad y el deseo me frustra. Pero sigo mirando sin saber por qué. Probablemente porque tengo ojos y no me los puedo arrancar de la cara.

Mis ojos son mi felicidad y mi tormento. Son mi espejo, mi condena, mi pensamiento. Estoy encadenado a ellos como Sísifo a las rocas que debía subir a la montaña una y otra vez. No es una buena metáfora, pero expresa el sufrimiento de la mirada, de tener que abrir los ojos cada día.

Malos tiempos para tener ojos, pero peor sería no tenerlos. Ellos deciden, miran por mí. En ocasiones no quiero, me resisto a abrir los ojos y cierro los párpados, pero sigo viendo. Estoy sentenciado a ver. Mis ojos lo traspasan todo y lo ignoran todo. Me permiten andar, ver una película, leer un libro. Pero, insisto una y mil veces, no me permiten ver a Dios, inaccesible, invisible, inalcanzable.

Sin esos ojos, sin la vista, no podría leer algunas novelas que me provocan el impulso de abrir la ventana para respirar. Una de ellas es *Los demonios* de Fiódor Dostoievski, una obra incatalogable en la que el maestro de San Petersburgo desciende a los abismos más oscuros del alma humana. Ya lo dijo Nietzsche: «Dostoievski es el único psicólogo del cual se puede aprender algo, es uno de los accidentes más felices de mi vida».

No ha habido tal vez en la historia de la literatura un escritor con una empatía para los personajes como la de Dostoievski, que logra tal profundidad en la psicología de sus criaturas que podríamos decir que la realidad imita al arte de sus creaciones. Este es el caso de *Los demonios*, publicada en 1872, una novela profética que anticipa la caída del zarismo y el triunfo de la revolución bolchevique.

La obra fue escrita en la ciudad alemana de Dresde, donde se hallaba el escritor para huir de sus acreedores. Dostoievski, al igual que Balzac, gastaba su dinero con prodigalidad, invertía en negocios ruinosos y luego se veía obligado a publicar para saldar sus deudas y sacar a flote a su familia.

Dostoievski se inspiró en su propia experiencia para crear *Los demonios*, ya que había sido encarcelado en su juventud y condenado a cuatro años de trabajos forzosos en Siberia, tras ser delatado por un infiltrado de la policía en el grupo de intelectuales al que pertenecía, cercano al socialismo utópico de Babeuf.

Esa experiencia personal le hizo interesarse por los movimientos revolucionarios y nihilistas surgidos en Rusia a partir de 1860, que convulsionaron los cimientos del régimen. En concreto, Dostoievski quedó impresionado por el personaje de Serguéi Necháyev, agitador, anarquista y terrorista, que había asesinado por diferencias ideológicas a Iván Ivanov, un compañero de la célula revolucionaria a la que ambos pertenecían.

El protagonista del relato es Stepan Verjovenski, una recreación de Necháyev, nihilista embargado por el odio, resentido por la sumisión de su padre a su noble protectora y obsesionado por destruir todo lo que le rodea. Dostoievski lo describe como «un fanático despiadado» frente a su contrafigura en la novela: Nikolai Stavroguin, hijo de una familia de terratenientes, hastiado de la existencia, vanidoso, frívolo e incapaz de amar, seducido por la fuerza mental de Verjovenski.

En una carta a un amigo cuando escribía la obra, el autor ruso confesó: «Un hombre que se aleja de su gente y de sus raíces nacionales también pierde la fe en sus ancestros y en Dios. Esta es la esencia del tema de mi novela. Se llama *Los demonios* y describe cómo estos diablos entraron en la piara de cerdos».

Y es que Dostoievski se sumerge en la descripción de las miserias de la aristocracia y la burguesía rusa, a las que presenta como unos estamentos decadentes y sin valores morales, que se han alejado de las esencias que vertebraban la armonía social. Frente a estas élites parasitarias y acomodadas al lujo, el escritor ruso describe una nueva generación de jóvenes que rechazan lo que ven y que optan por una pasividad desencantada, como Stavroguin, o una furiosa voluntad de destrucción, como Verjovenski.

En medio se sitúa el personaje de Kirilov, que tanto fascinaría a Albert Camus, que se inspiró en él para escribir *El mito de Sísifo*. Kirilov se suicida porque considera que quitarse la vida es un acto de suprema libertad. «La libertad completa existirá cuando sea indiferente vivir o morir. Aquel a quien le dé igual morir o vivir será un hombre nuevo. Quien venza el dolor y el miedo será Dios. Y el otro Dios no existirá», sentencia.

Los demonios es, a mi juicio, la mejor novela de Dostoievski, superando a otras dos de sus obras maestras: *Los hermanos Karamazov y Crimen y castigo*. No se puede entender la historia de Rusia en el siglo XIX y los acontecimientos que desencadenaron la abdicación de zar y la Revolución de 1917 sin leer esta trilogía, en la que el escritor de San Petersburgo refleja la dualidad de la sociedad rusa, dividida entre la fe y la razón, la religión y la libertad, la tradición y la modernidad.

Dostoievski fue un hombre desgarrado por estas contradicciones y también un nostálgico que quería preservar una Rusia que solo existía ya en su imaginación. Pero también fue un creador prodigioso, un profeta maldito, y, como subrayaba Nietzsche, un perspicaz psicólogo del alma humana. Leer a Dostoievski es sumergirse en la vida. Nadie como él ha conseguido capturar la complejidad de las emociones. Hizo de su dramática existencia un arte que le ha sobrevivido y que seguirá germinando en las generaciones venideras.

No hay respuesta al problema de la naturaleza del mal ni tiene sentido la pasividad de Dios frente a los grandes azotes de la humanidad, como planteaba Dostoievski. La vida es absurda. Este vacío atraviesa también la obra de Franz Kafka, el escritor que mejor comprendió la deshumanización del mundo y la precariedad del ser de la que hablaba Heidegger. Kafka sería hoy un desconocido si no fuera por la decisión de su amigo y albacea Max Brod, al que pidió poco antes de su fallecimiento que destruyera todos sus escritos. Brod no le hizo caso y se preocupó de la publicación de los textos del escritor nacido en Praga, que pronto recibieron una gran acogida de la crítica y del público.

El proceso apareció en 1925, un año después de su muerte. La novela fue editada por una editorial berlinesa. Hay que apuntar que Kafka escribía en alemán, puesto que había venido al mundo en el seno de una familia de judíos asquenazíes. Su madre era hija de un próspero fabricante de cerveza y su padre era un comerciante que explotaba un negocio textil con éxito. Por tanto, la infancia del escritor se desarrolló en el ambiente de la alta burguesía praguense. Franz era el mayor de seis hermanos, dos de los cuales murieron prematuramente; una desgracia que influyó en su carácter y que le generó una sensación de culpabilidad. Las malas relaciones con un padre autoritario también marcaron su juventud.

Kafka era un persona tímida y solitaria, con un miedo patológico a hacer el ridículo. Estaba acomplejado por su aspecto físico y tenía serios problemas para relacionarse con las mujeres. Nadie sabe por qué rompió con su novia Felice Bauer cuando ambos estaban comprometidos a contraer matrimonio. La relación epistolar de la pareja ilustra sobre la complejidad del carácter del escritor.

A pesar de la oposición de su progenitor, Kafka decidió dedicarse a la literatura, lo que simultaneaba con su trabajo en una empresa de seguros. Presionado por su padre, había estudiado Derecho, lo que le obligó a unas prácticas de un año en los tribunales. Más tarde, ejerció brevemente de pasante en un despacho de abogados. Todas estas circunstancias son esenciales para comprender *El proceso*, una de las novelas más influyentes en las letras del siglo XX.

Al releer *El proceso* pocos días antes de escribir estas líneas, he sentido la misma impresión que hace cuarenta años: que estaba dentro de un sueño. El relato de Kafka es una experiencia onírica que remite al cine expresionista alemán, a películas como *Mabuse* o *El gabinete del doctor Caligari*, en las que la realidad aparece deformada por las sombras y una geometría delirante. Con esta filosofía Orson Welles llevó a la pantalla la obra de Kafka en 1962, logrando plasmar ese ambiente opresivo de la narración.

El proceso cuenta la pesadilla que sufre Josef K., apoderado de un banco, cuando dos agentes se presentan en la pensión en la que reside para informarle de que está acusado de un delito que en ningún momento se le comunica. A pesar de sus esfuerzos por esclarecer los motivos de la acción de la justicia, nadie es capaz de explicarle ni qué se le imputa ni cuáles son los jueces ni cuáles son las reglas de ese proceso, en el que, según argumenta su abogado, la mejor estrategia es no defenderse porque cualquier alegato puede ser un indicio de culpabilidad. En consecuencia, le insta a renunciar a toda esperanza con estas palabras: «La defensa no está permitida por la ley. La ley se limita a sufrirla».

Su tío Albert reprocha la conducta de Josef K. y le dice: «Sufrir semejante proceso es ya haberlo perdido». Y efectivamente no existe posibilidad de ser declarado inocente por un aparato judicial en el que los jueces son inaccesibles y en el que carece de sentido presentar un pliego de descargos cuyo destino es ser archivado sin que nadie lo lea.

A lo largo de la obra, Josef K. deambula por los pasillos de los tribunales, situados en edificios lóbregos y ruinosos de las afueras de la ciudad, en los que cientos de acusados esperan a ser llamados a declarar. El protagonista de *El proceso* busca infructuosamente a alguien que pueda tener contacto con los jueces, como un pintor llamado Titorelli, que vive en una covacha, al que compra tres cuadros sin ningún resultado. En las páginas finales, Josef K. es llevado por dos esbirros a un descampado en el que le clavan un cuchillo en el corazón. Es el cumplimiento de una sentencia no dictada por un tribunal que no existe en función de unas leyes que nadie conoce.

El proceso es mucho más que una trágica parodia de un sistema judicial impersonal y burocratizado. Es una reflexión sobre la condición humana en una sociedad en la que el individuo es aplastado por un Estado omnipotente, que le priva de libertad y le impide elegir su propio destino. En este sentido, la novela podría ser un precedente de *El extranjero* de Camus o de *La náusea* de Sartre, en las que sus protagonistas son víctimas por el mero hecho de existir.

Y la novela de Kafka es también un grito de desesperación en un mundo sin sentido, donde Dios brilla por su ausencia. El hombre está arrojado al mundo, a la angustia inevitable y permanente de existir. Existir es una condena.

Vivir y sufrir eran lo mismo para Kafka, sensación que compartió Flannery O'Connor, escritora estadounidense que murió el 3 de agosto de 1964 a los treinta y nueve años. Padecía una grave enfermedad degenerativa que le obligaba a andar con muletas. Los trece últimos años de su vida los pasó en una granja en Georgia en la que su padre criaba pavos reales y otras aves. Allí concluyó *Sangre sabia*, su obra maestra, llevada al cine por John Huston quince años después de su fallecimiento.

Sangre sabia es la historia de Hazel Motes, un predicador desquiciado, sin familia y sin hogar, que vaga por el sur de Estados Unidos para transmitir su extraña fe: un cristianismo sin Cristo, una religión sin Iglesia, una salvación que conduce al infierno. «Yo no creo en nada», le responde Motes a un taxista que le pregunta por sus creencias. «Ese el problema. Os sentís demasiado buenos para creer en algo», le reprocha su interlocutor.

El predicador, un ser sin arraigo que ha abandonado el ejército y que viaja con un saco en el que lleva una cruz y las gafas de su madre, reniega de Cristo e insiste en que la salvación solo está en manos de los hombres. Blasfema y escandaliza a quien le escucha, zahiere al que le quiere ayudar, rechaza el calor humano, pero en el fondo de su corazón sigue buscando a Dios.

Flannery O'Connor era una mujer profundamente católica, por lo que se ha querido ver en esta novela una crítica del fanatismo religioso de los predicadores que recorrían Estados Unidos al sur del Mississippi. Esa fue mi interpretación al leer

— 161 —

la obra en mi adolescencia, cuando la publicó la editorial Lumen en una edición de 1966 que conservo todavía con numerosos párrafos subrayados.

He vuelto a disfrutar de la intensidad de la prosa de esta gran escritora y, más de cuatro décadas después, el texto de O'Connor adquiere para mí un significado distinto. Lo que he encontrado ahora en esas páginas es algo que va mucho más allá de la denuncia de la superchería de unos farsantes que explotan el negocio de la fe o un ejercicio de virtuosismo literario. Lo que se esconde en *Sangre sabia* es una dramática interrogación sobre el sentido de la vida de una mujer joven que estaba condenada por su enfermedad y que se siente abandonada por el silencio de Dios.

Todos los personajes de la novela se agitan como los animales que la escritora muestra en las jaulas del zoo, sin comprender por qué están vivos y, lo que es peor, atrapados en un entorno brutal en el que el dinero, la rutina, las pasiones y el alcohol ahogan cualquier sentimiento de espiritualidad.

Hazel Motes es un ser solitario e incomprendido, incapaz de adaptarse a la insensibilidad dominante. Se revuelve contra Dios, pero se mortifica con piedras en los zapatos y alambre de espino en el pecho porque le persigue un sentimiento de culpa que no puede exorcizar. Está preso de un destino que lo conduce a la autodestrucción. En un arranque de desesperación, se quita la vista metiendo los ojos en un cubo de cal viva. Podemos intuir que Flannery O'Connor sentía esa misma fatalidad de la que no podía escapar.

La lectura de esta novela implica el riesgo de quedar contaminado por la angustia que late en sus páginas y que ha sobrevivido a lo largo del tiempo, hasta convertir a *Sangre sabia* en una de las diez mejoras obras de ficción publicadas en Estados Unidos durante el siglo XX, a la altura del mejor Faulkner.

La autora maneja con la habilidad de un mago esta compleja narración en la que aparecen y desaparecen extraños personajes como el chico que roba una momia del museo, el falso predicador que estafa a los creyentes o la patrona de la pensión que intenta aprovecharse y se acaba enamorando de Motes.

Nada es lo que parece en un texto con situaciones esperpénticas y giros sorprendentes, en los que la farsa y el drama se dan la mano. Y ello con un estilo literario absolutamente personal, lejano de la corriente principal de la literatura americana de esa época (la novela apareció en 1951). Solo puedo encontrar un paralelismo de la obra de esta mujer con la producción de Carson McCullers, natural de un pueblo de Georgia y contemporánea de O'Connor.

Recuerdo que tras releer esta impresionante novela sentí la necesidad de salir a la calle, mirar al cielo y respirar profundamente. La sensación de orfandad y falta de arraigo que transmiten los relatos de O'Connor y de McCullers está también presente en los relatos de John Cheever, un escritor cuya prosa es fascinante. Fue un hombre atormentado, que intentó mantener un aire de normalidad en un mundo que se había derrumbado a su alrededor.

Era profesor de literatura en la Universidad de Boston en 1974 cuando Cheever tuvo que ser trasladado a su casa de Ossining tras quedar desvanecido en su apartamento, a causa de una de las continuas borracheras que encadenaba. Su hermano acudió en su socorro y cuenta que lo encontró en un lastimoso estado físico, con una depresión que le impedía ponerse en pie cuando se hallaba sobrio.

Durante el trayecto de vuelta al hogar, donde le aguardaba su esposa Mary, se bebió en el coche un litro de whisky y meó luego en la botella. Su situación era tan penosa que tuvo que ser internado durante un mes en un centro de desintoxicación en los alrededores de Nueva York. Recobró la lucidez y ya no probó ni una sola gota de alcohol hasta su muerte en 1982, cuando había cumplido setenta años.

El alcohol fue uno de los peores enemigos de Cheever, que esperaba a quedarse solo en casa o deambulaba por alguna calle marginal de Ossining para beberse una botella de ginebra por las mañanas. Pero el escritor también sufrió una permanente crisis de identidad, ya que era un homosexual que se esforzaba por aparentar normalidad en un matrimonio convencional del que habían nacido cuatro hijos. Sus *Diarios*, un insólito ejercicio de sinceridad, reflejan ese desgarramiento interior.

La permanente esquizofrenia entre lo que era y lo que anhelaba ser atraviesa toda la obra de John Cheever, un creador solitario y atormentado, que hizo de su sufrimiento la fuente de inspiración de *Falconer*, su gran novela, y de los *Cuentos (The Stories)*, que son un verdadero prodigio literario. Es imposible escribir mejor que este hombre, que solía publicar sus trabajos en revistas como *The New Yorker*.

Los relatos cortos de Cheever fueron recopilados a finales de la década de 1970. En su mayoría, habían sido escritos en los años cuarenta y cincuenta, como él mismo reconoció. En España, están reunidos en un solo volumen de la editorial RBA. Se puede decir sin riesgo de exagerar que hay, por lo menos, una decena de esos cuentos que podría figurar en cualquier antología del género. Sueños rotos, matrimonios fracasados, arribistas que se hunden en la miseria, seres devastados por el alcohol y personajes solitarios e inadaptados pueblan el paisaje de su narrativa. Pero quiero destacar un relato que me parece impresionante y que he releído de forma obsesiva. Me refiero a «El nadador», que inspiró cuatro años después de su publicación una película de Sydney Pollack, estrenada en 1968, en la que Burt Lancaster encarna al protagonista de la narración.

«El nadador» cuenta la historia de un hombre de unos cincuenta años que decide volver a casa en un caluroso día de verano cruzando todas las piscinas del condado. En unas es bien recibido e invitado a tomar una copa; en otras, es ignorado e insultado. Conforme avanza la jornada, el tiempo cambia y empieza a llover. En una de las últimas piscinas que atraviesa, escucha las murmuraciones de una vecina que le reprocha que ha contraído deudas, ha perdido su casa y sus hijas se han marchado del lugar. Antes de llegar a su destino, oye también los lamentos de una antigua amante y observa como los árboles han adquirido un color otoñal. Al anochecer y aterido por el frío, Ned salta la verja de su viejo hogar y se apercibe de que no hay nadie: la puerta está cerrada, las habitaciones se hallan vacías y los muros ofrecen muestras del implacable paso de los años.

No hay que ser muy perspicaz para darse cuenta de que el texto de Cheever es una metáfora sobre las ilusiones perdidas y la inefable fugacidad de la felicidad. Las piscinas que deja atrás Ned son una condensación de los episodios de su propia vida. Y la casa cerrada podría representar el destino inexorable de todos los hombres: la muerte.

Pero «El nadador» encierra también una reflexión sobre el alcoholismo, ya que la forma en que se relaciona Ned con su entorno es mediante la bebida. Hay un momento en el que el protagonista pierde la conciencia tras abusar de la ginebra. Es el alcohol el que conduce como un autómata a ese nadador, que podría ser cualquiera de nosotros, hacia una autodestrucción que no solo aniquila todos los vínculos familiares, sino que, además, le empuja a refugiarse en un mundo de fantasía y alucinaciones.

No hay duda de que el cuento tiene un carácter autobiográfico e incluso profético, porque los hijos de Cheever abandonaron la casa de Ossining al no poder soportar el carácter de su padre y, tras su muerte, la sacaron a la venta a la vez que repudiaban su memoria. Cheever fue extremadamente desgraciado y retraído. Solo se sinceraba ante el papel y la máquina de escribir. Pero su literatura le redime. Logró trascender su amarga visión del *American way of life* para transmutar sus pesadillas en verdadero arte. Esa fue su salvación, como la de Kafka, Dostoievski y otros muchos escritores que compartieron la angustia de estar arrojados al mundo.

En este sentido, nadie como Malcolm Lowry en *Bajo el volcán* ha profundizado en la autodestrucción de un hombre aniquilado por el destino. Nada menos que trece editores rechazaron la publicación de *Bajo el volcán*, la extraordinaria novela de Malcolm Lowry, que finalmente vio la luz en 1947. Fue un triunfo de la tenacidad del escritor inglés, que se negó a mutilar la obra como le sugería Jonathan Cape, quien finalmente accedió a imprimir el texto, reescrito por el autor en una cabaña en un bosque de Canadá junto a su segunda mujer.

Cape le había trasladado a Lowry que su manuscrito era largo, tedioso y enrevesado, sugiriendo que redujera a la mitad su extensión. La respuesta de Lowry, en la que argumentaba por qué no se podía tocar su creación, ha pasado a la historia de la literatura. Pocos escritores han defendido con tanta lucidez y convicción la integridad de su trabajo.

Y no le faltaba razón porque *Bajo el volcán* es una de las mejores novelas del siglo XX, aunque no sea fácil catalogarla. Al igual que Joyce cuenta veinticuatro horas de la vida de Leopold Bloom en *Ulises*, Lowry centra la narración en el 2 de noviembre de 1938 en la ciudad de Cuernavaca (México), el día de Difuntos.

En esa jornada, el excónsul Geoffrey Firmin ya está borracho a las siete de la mañana cuando espera en el bar de un hotel la llegada de Yvonne, su antigua esposa, que vuelve al lugar tal vez para reconciliarse o tal vez para reafirmarse en su decisión de separarse. Firmin vive en una enorme casa a las afueras de Cuernavaca, en medio de una vegetación salvaje, donde también reside temporalmente su hermanastro Hugh, un revolucionario que ha mantenido relaciones en el pasado con su cuñada.

Toda la acción transcurre en lo que será el último día de la vida de Geoffrey Firmin, que muere asesinado por unos escuadrones paramilitares que le acribillan por una afrenta imaginaria. Es una muerte absurda, arbitraria, que culmina una novela en la que ya desde el principio dos amigos del cónsul recrean en un *flashback* el triste final de su existencia.

La novela de Lowry, como le reprochaban los editores que rechazaron su publicación, carece de acción. Es una especie de viaje interior por la cabeza del excónsul, que rememora su vida junto a Yvonne y su hermanastro, a los que ha perdonado su infidelidad. Firmin es un hombre desengañado y fracasado, que se refugia en el mezcal y que camina hacia su final sin ninguna esperanza.

Cuernavaca, con un clima asfixiante y una humedad insoportable, situada bajo dos volcanes, es el telón de fondo donde se desarrolla el último capítulo de la vida del excónsul, que desde que le abandonara su mujer ha asumido que todos los caminos conducen a la nada. El hilo conductor de la narración es el proceso de autodestrucción de Firmin, un diplomático alcoholizado que podría haber tenido una carrera brillante pero que se niega a transigir con la hipocresía dominante en su oficio.

Firmin podría ser Orestes, condenado a pagar por sus viejos pecados, o cualquier figura de las tragedias griegas, porque es un hombre que se ve atrapado por el destino. No puede ni quiere luchar porque asume que hay fuerzas sobrenaturales contra las que nada se puede hacer. Es ese hilo conductor de la fatalidad el que empuja al lector a devorar las páginas de *Bajo el volcán*, una obra de arte total y un exabrupto contra la existencia.

Confesaba García Márquez que le hubiera gustado escribir la obra de Lowry: «Es la novela que más veces he leído en mi vida. Quisiera no leerla más, pero sé que eso no será posible, porque no descansaré hasta descubrir dónde está su magia escondida». La respuesta a la pregunta del autor de *Cien años de soledad* es que la magia está en el lenguaje. Se sabe que Lowry tardó diez años en concluir la novela, que reescribió completamente al menos cuatro veces.

La fuente de inspiración de *Bajo el volcán* es puramente autobiográfica, ya que Lowry se mudó con su primera mujer a un hotel de Cuernavaca en 1936 para intentar sin éxito salvar su primer matrimonio. Su esposa lo abandonó y durante muchos meses se sumió en el alcoholismo, hasta que las autoridades mexicanas decidieron expulsarlo del país. El escritor se volvió a casar en segundas nupcias, pero nunca pudo superar su adicción a los antidepresivos y a la bebida, que le provocaron la muerte en 1957, cuando solamente tenía cuarenta y siete años.

Lowry apuró la vida como un trago de mezcal, lo mismo que Geoffrey Firmin. Pero al menos tuvo la suerte de ver publicada su obra gracias a su convicción y su tenacidad. Genios como Jane Austen, Proust, Faulkner y el propio Joyce también lograron superar la incomprensión de sus editores, que no fueron capaces de intuir los tesoros que habían caído en sus manos.

Hoy *Bajo el volcán* aparece en todos los rankings de las mejores novelas escritas en inglés en el siglo XX. Resulta muy difícil sobreponerse a su influjo cuando se han superado las cuarenta primeras páginas y el lector se sumerge en la prosa de Lowry, que, como un drama de Shakespeare, seguirá cautivando a quienes también viven a través de los libros.

Dostoievski, Kafka, O'Connor, Cheever y Lowry son escritores que reflejan mejor que mil tratados filosóficos la precariedad del ser humano y su orfandad existencial. Dios, aunque sea por ausencia, está presente en la obra de estos creadores atormentados que convirtieron en arte su sufrimiento. La literatura es también una metafísica y un instrumento de indagación de la condición humana, de esa sensación de estar arrojados al mundo y desnudos ante el infortunio. En un universo donde Dios no habla a los hombres.

17

La muerte y su representación

André Malraux escribió que «la muerte solo tiene importancia en la medida que nos hace reflexionar sobre el valor de la vida». Es una gran verdad porque la literatura, la pintura, la escultura y las demás artes que se inspiran en el tránsito hacia el más allá lo que hacen es hablarnos de la existencia humana. Podríamos decir que el arte hace visible lo no visible, como subrayaba Paul Klee.

El pavor a la muerte, el miedo a su poder contagioso y la necesidad de separar a los muertos de los vivos no es algo que caracterice la modernidad, porque ya estaba presente en las sociedades del Paleolítico. Existen números hallazgos arqueológicos de tumbas formadas por cúmulos de piedras o excavadas en la piedra en las que se enterraba el cadáver con sus útiles domésticos. Ello refleja no solo la creencia en otra vida en la que el fallecido iba a reunirse con sus ancestros, sino, además, la necesidad de preservar la sepultura de una profanación y de protegerse de la putrefacción.

En nuestro país, en el alto valle del Ebro, se han encontrado tumbas del Neolítico, de hace alrededor de seis mil años, en las que el cadáver era introducido en el sarcófago con su ajuar, recipientes de cerámica y sus armas si era un varón. El muerto era enterrado en posición fetal con las manos sobre las rodillas, una evocación de la posición en el seno materno.

Con la expansión del cristianismo en Europa, el óbito se

asocia a la resurrección de los muertos y una concepción religiosa de la existencia como tránsito. La vida es algo pasajero en el camino a la redención de Dios, que juzgará a los hombres en el último día. El mejor exponente de esta filosofía es la *Divina comedia* de Dante, en la que los pecadores expían sus actos en los círculos del Infierno. «Abandonad toda esperanza los que entréis aquí», se advierte a los condenados en la puerta del Infierno.

Ya en la Edad Media, en torno al siglo XII, se instaura la costumbre de enterrar a la víctima envuelta en un sudario de tela con la cara descubierta. Sus deudos lloran y abrazan el cadáver. Si es un noble o un obispo, se le sepulta en el interior de un templo. En el mismo sepulcro se graba su nombre y condición porque, a partir de ese momento, la muerte se individualiza y pierde su carácter anónimo.

El historiador Philippe Ariès subraya que, durante la etapa que va desde el siglo VIII al XIII, la muerte es una poderosa arma en manos de las órdenes religiosas para suscitar en la conciencia individual el temor de Dios y la necesidad de la caridad. Unos siglos en los que la peste, el hambre y los fríos inviernos provocaron una gran mortandad entre la población.

Es a partir del siglo XIV cuando se ponen de moda las danzas macabras y las visiones de la muerte como algo terrorífico, como un permanente recuerdo de la fugacidad de la vida. En ellas aparece representada como un esqueleto, dotado de una guadaña, que acecha en cada momento a los seres vivos. El poeta francés François Villon, que se preguntaba por las nieves de antaño, recoge ese sentimiento cuando escribe: «Tú me arrebataste a mi amada y con ello no estás aún saciada».

Memento mori, «recuerda que tienes que morir». Esa concepción queda reflejada en *El triunfo de la muerte*, el magnífico cuadro de Pieter Brueghel que parece describir el fin del mundo. En el fondo del óleo, los incendios devastan el horizonte mientras legiones de esqueletos se abaten sobre los vivos. *El paseo*, grabado de Durero datado en 1490, muestra a una pareja de enamorados que sonríen y expresan la plenitud de vivir, inconscientes de que la Muerte les acecha, oculta tras un árbol.

Al colocarse frente a la representación de Brueghel, la mirada del espectador queda atrapada por la devastación de un paisaje desolado, con barcos que naufragan y ciudades que arden mientras la muerte lleva a cabo de forma sistemática su trabajo. Nadie queda fuera de su alcance. Un ejército de esqueletos, cuyos escudos son tapas de ataúdes, avanza implacable sobre una humanidad condenada al Infierno.

A la derecha del cuadro, los hombres son empujados hacia un túnel, mientras un esqueleto va segando vidas humanas con una guadaña. Horcas, palos con ruedas, patíbulos y hogueras ilustran las escenas de ese apocalipsis en el que nadie puede salvarse. Una legión de difuntos saluda desde un torreón a los vivos que pronto van a engrosar sus filas.

Algunos intentan luchar, como ese caballero que desenvaina su espada. Un bufón se intenta ocultar tras una mesa. Y una pareja de enamorados canta y toca el laúd. Pero el espectador sabe que son gestos inútiles, porque nadie podrá escapar de las garras de esos esqueletos que atrapan a las doncellas y degüellan a los indefensos. Un famélico caballo rojo, sobre el que cabalga un fantasma, salta sobre los que están a punto de entregarse a la muerte. En la parte inferior izquierda del cuadro, un rey tendido en el suelo parece esperar resignado su hora final.

No hay ni el menor signo de esperanza porque toda la humanidad es castigada por sus pecados sin posibilidad de salvación. La mirada de Brueghel en *El triunfo de la muerte* convierte al hombre en un monstruo sin dignidad, confrontado a una naturaleza idílica que aparece en algunos de sus trabajos. Los seres humanos se parecen mucho más al Satanás con la boca de un pez que devora inmundicias, que se muestra en su cuadro *Dulle Griet*, que a criaturas hechas a imagen y semejanza de Dios.

El único signo de la presencia del bien es una cruz solitaria, a la que nadie presta atención porque los hombres han perdido la fe. Están ocupados en huir de la muerte o en disfrutar de un último momento de placer en un inútil intento de escapar del vacío. Si Sartre veía que la existencia humana es un empeño de eludir la nada, Brueghel es mucho más pesimista, porque la única realidad de este valle de lágrimas es el mal, un mal que impregna la naturaleza humana y que es consustancial a la vida.

Retomando el inicio de este capítulo, si la representación de la muerte era una permanente admonición sobre la fugacidad de la vida y el castigo a los pecados hasta el Renacimiento, el concepto evoluciona a partir de la época de los Reyes Católicos en el siglo XV, cuando el tránsito hacia el más allá se convierte en un motivo para ensalzar las cualidades del difunto.

El humanismo renacentista sitúa al hombre como centro de todas las cosas, lo que explica que los monarcas y los aristócratas sean enterrados bajo costosos sepulcros de mármol y alabastro en los que se esculpe un retrato realista de los fallecidos. Ello produce obras de arte como la tumba de Martín Vázquez de Arce, el llamado *Doncel de Sigüenza*, o el sepulcro de Juan II de Castilla e Isabel de Portugal en la cartuja de Miraflores, rodeados por los apóstoles y los santos, una maravilla de Gil de Siloé. Para mayor realismo, era habitual sacar máscaras de cera del cadáver con el fin de que el rostro del difunto tuviera una semejanza con su representación.

La mejor expresión de esta exaltación es la estatua de Alejandro VII en la basílica del Vaticano, realizada por Bernini en mármol blanco, en la que aparece dotado de sus atributos papales. No obstante, el escultor coloca un esqueleto a los pies del pontífice que lleva un reloj de arena para transmitir el mensaje de que la muerte también alcanza a los hombres más poderosos.

Artistas como Miguel Ángel y Bernini fueron incluso más allá, al representar la muerte con un carácter erótico en el que se funden el dolor con un éxtasis que parece tener connotaciones sexuales. Eso se puede ver en las esculturas *Santa Teresa* y *Santa Ludovica* de Bernini, representadas en pleno arrebato de unión mística con Dios.

Alberto Durero logró en *El caballero, la muerte y el diablo*, un grabado con un buril sobre plancha de metal datado en 1513, una lúcida reflexión sobre la condición humana. La fecha es esencial para entender el grabado. Maximiliano de Habsburgo era el emperador del Sacro Imperio Romano Germánico y Lutero estaba a punto de clavar sus noventa y cinco tesis en la puerta de la iglesia de Wittenberg. Fernando el Católico, regente de Castilla, entraba en la recta final de su vida, mientras Juana permanecía recluida por su locura. Era un mundo sometido a grandes cambios, en el gozne de una era que conduciría a la modernidad. El Renacimiento daba sus últimas bocanadas mientras emergía una nueva cultura en la que la razón y la ciencia empezaban a cuestionar cualquier fundamento teológico de la existencia.

Durero, nacido en Núremberg en 1471 y fallecido en su ciudad natal en 1528, era en ese momento un artista de proyección europea tras haber realizado varios viajes a Italia y Holanda. Sus pinturas y sus grabados eran disputados por los monarcas y la aristocracia europea, hasta el punto de que el emperador Carlos V, recién llegado al trono, lo recibió y se interesó por su obra, de la que fue benefactor su abuelo paterno Maximiliano.

No conocí este grabado hasta que leí *El caballero y la muerte*, la novela de Leonardo Sciascia, publicada un año antes de su fallecimiento en 1989. Inspirándose en el trabajo de Durero, el escritor italiano cuenta la historia de un detective moribundo, carcomido por el cáncer y obsesionado por investigar el asesinato de un abogado por un grupo terrorista, una oscura trama en la que se desvelan los secretos del poder. El protagonista tiene colgado en su despacho la representación de Durero, que sirve de telón de fondo al libro.

El detective de Sciascia es un hombre empeñado en buscar la verdad a toda costa, una especie de hidalgo romántico que se enfrenta al peligro con un sentido del deber quijotesco que no deja de ser anacrónico. Y mucho de eso hay en el grabado de Durero, en el que vemos a un caballero con su lanza, su coraza y su casco, erguido sobre el poderoso caballo que lo conduce a través de un valle tenebroso. Va acompañado de un perro que simboliza la fidelidad y engrandece su figura.

Detrás aparece el diablo, un macho cabrío cuya cabeza

está coronada por un gran cuerno. Lleva un báculo y fija sus penetrantes ojos en el esforzado jinete que le precede. A la derecha del caballero está representada la muerte, un chivo con serpientes en su cabello, montado sobre un viejo jamelgo. Lleva un reloj de arena, el clásico motivo medieval que hace referencia a la brevedad de la existencia. Y en la parte inferior del grabado, hay una lápida con la firma del autor y una calavera que subraya el final ineludible de cada vida humana.

En la parte superior del grabado se pueden ver las torres de una fortificación que se eleva sobre el valle y que bien podría ser el destino al que se dirige el caballero, imperturbable a la presencia de las dos amenazas. Por ello, el trabajo de Durero fue interpretado por sus contemporáneos como una representación de este mundo, el valle de la muerte, y de la ciudad de Dios, recompensa de las almas cristianas tras vencer a las tentaciones de la carne, el demonio y la vanidad.

Durero se inspiró en un texto de Erasmo de Rotterdam, al que admiraba, que dice lo siguiente:

> Para que no te dejes apartar del camino de la virtud porque te parezca abrupto y temible, porque seguramente tendrás que renunciar a las comodidades de este mundo, te será propuesta la norma de que todos esos espectros y fantasmas que se abaten sobre ti has de tenerlos en nada.

He aquí el secreto que imbuye el alma del caballero: la indiferencia ante la muerte y el estoicismo que le empuja a desdeñar las desgracias con la misma impavidez que la gloria y la fortuna. La figura del grabado de Durero es el hombre renacentista que, a diferencia de la locura quijotesca, se reafirma en el combate por su dignidad.

Algo que conecta con la filosofía que Albert Camus enuncia en *El mito de Sísifo*, donde sostiene que, aunque la vida carezca de sentido, el hombre está obligado a subir una y otra vez la piedra a la cumbre en una lucha contra las injusticias y la precariedad del ser.

El tema de Durero es una evocación de la condición humana y una reivindicación del valor de ese caballero que, indiferente a los peligros y las tentaciones, camina con la cabeza alta hacia su incierto e inevitable destino.

Cien años más tarde, la visión cambia. El siglo XVII es la época del empirismo y de la reivindicación cartesiana de la ciencia, en la que la observación y la racionalidad desplazan a la fe y a la teología. Surge entonces el estudio y el análisis del cadáver como método de conocimiento de la naturaleza humana. Esto queda reflejado en *La lección de anatomía del doctor Tulp*, el cuadro de Rembrandt en el que un maestro y sus discípulos diseccionan un cuerpo tendido sobre una mesa.

En 1778, el médico Félix Vicq d'Azir publicó un tratado —que hoy nos parecería incluso repugnante— en el que se dedicó a analizar la transformación de los cadáveres en las tumbas, la emisión de gases y la pestilencia de los muertos. D'Azir pone ejemplos de conventos contaminados por los cadáveres que se custodian en ellos.

Fue justamente unos años después de la aparición de este libro cuando Luis XVI dictó un edicto en el que se obligaba a construir los cementerios fuera de las ciudades, prohibiendo los enterramientos en las iglesias por razones de salud pública.

Después de la Contrarreforma reaparece la muerte en su más crudo realismo. Es un recordatorio de la fugacidad de la vida y el castigo divino a los pecados. En esa concepción se inscribe toda la imaginería religiosa que abunda en nuestros templos y las magníficas tallas que se pueden observar en el Museo de Escultura Policromada de Valladolid. San Ignacio de Loyola en sus *Ejercicios* apunta que la evocación del inevitable final es el mejor remedio contra las tentaciones de la carne y la vida mundana.

Es el mismo espíritu que trasciende en las representaciones de los pintores holandeses y flamencos de la época, al retratar sus naturalezas muertas y sus bodegones. El pintor Jan Davidsz de Heem muestra en *Naturaleza muerta con libros* la carcoma de unos volúmenes abandonados sobre una mesa, signo inequívoco del paso del tiempo y de esa *vanitas vanitatis* que impregna los empeños humanos.

El artista sevillano Juan de Valdés Leal, fallecido en 1690, pinta un cuadro titulado *Finis gloriae mundi* en el que retrata el esqueleto de un prelado con su mitra y su báculo en una cripta. Ello nos evoca la cámara sepulcral del monasterio de El Escorial, donde están enterrados los reyes de España. Antes de ser trasladados a ese regio lugar, los restos permanecen décadas en el llamado pudridero, situado en un pasadizo cerrado.

La muerte es idealizada en el Romanticismo tanto en la literatura como en las artes plásticas e incluso la música (ahí están las *Sonatas* de Beethoven) como un acto de exaltación del individuo e incluso como un motivo de inspiración del artista. Esto se puede percibir en el cementerio parisino de Pére Lachaîse, construido a comienzos del siglo XIX, donde están enterrados Balzac, Chopin, Delacroix, Michelet, Thiers, Wilde y otros escritores y creadores, cuyo genio es ensalzado en los monumentos que se erigen en sus tumbas. El propio cementerio está construido como un parque con arbolado y jardines para pasear, una idea muy distinta de la dominante durante la Revolución francesa.

Si hasta el siglo XVIII los cadáveres eran visualizados como momias y esqueletos, en el siglo XIX se retrata el aspecto heroico de los moribundos que afrontan la muerte con valor y serenidad. Un ejemplo es *La muerte de Sardanápalo*, tela pintada en 1827 por Delacroix que se exhibe en el Louvre. Su longitud es de cuatro por cinco metros.

Pero el óbito también se asocia a un descanso eterno y purificador. Esa idea queda plasmada en *La muerte de Ofelia*, cuadro de John Everett Millais, en el que el personaje de *Hamlet* duerme plácidamente en las aguas con unas flores en la mano. Corot dibuja en *La jeune fille et la Mort* a una adolescente con el brazo extendido hacia unas ramas con la Parca encogida a sus pies.

La fascinación por la muerte en el Romanticismo llega a transformarse incluso en exaltación del suicidio. El joven Werther se quita la vida al no poder lograr el amor de Carlota en la obra de Goethe mientras que Empédocles se arroja al cráter del Etna en un acto que para Hölderlin es de comunión con la naturaleza y de renuncia a las vanaglorias mundanas.

El cambio de paradigma fue tal que, cuando el prefecto Haussmann se planteó en la época de Napoleón III cerrar algunos cementerios del centro de París, tuvo que desistir por la oposición de un amplio sector de la población, que veía en ello un sacrilegio a unos monumentos del pasado.

La mentalidad evoluciona a partir de 1914, cuando millones de soldados pierden la vida en la Gran Guerra y la muerte se convierte en una epidemia que devasta Europa, al igual que la gripe española, que provocó unos cincuenta millones de víctimas en todo el mundo.

Desde entonces, la Parca ha dejado de inspirar a los artistas y se ha convertido en un tabú de nuestra cultura. Hoy el fallecimiento está asociado a la enfermedad y las personas son llevadas a los hospitales para pasar sus últimos días. Casi nadie muere en casa. Se vive como si la muerte no existiera y, en cierta forma, hemos vuelto a la época del Paleolítico, en la que se alejaba y enterraba a los cadáveres para evitar su efecto contagioso.

Cuando creíamos que la ciencia y los avances tecnológicos nos hacían invulnerables, el coronavirus ha puesto en evidencia que, aunque hayan cambiado sus representaciones a lo largo de la historia, la muerte sigue al acecho como en el grabado de Durero. Este sentimiento queda reflejado en la reflexión de Walter Benjamin, un pensador alemán judío que murió en la frontera entre España y Francia cuando intentaba escapar del nazismo.

En una poderosa imagen, Benjamin escribe que el *Angelus Novus*, el Ángel de la Historia, vuelve horrorizado la cabeza hacia un pasado donde solo quedan las ruinas provocadas por la destrucción y la barbarie. Para él, la Razón se ha tornado en una pesadilla. Llevando la idea hasta sus últimas consecuencias, Auschwitz no es el producto de una mente enferma, sino de una lógica hegeliana llevada a sus extremos.

Si el sueño de la Razón produce monstruos, dando un paso más, Theodor Adorno, miembro ilustre de la llamada Escuela de Frankfurt, sentencia: «El todo es lo no verdadero». Es decir, resulta imposible encontrar la verdad en los sistemas, que siempre clasifican en categorías abstractas a los individuos y cosifican la realidad en beneficio del poder.

Mutatis mutandis, esta reflexión sigue siendo válida porque existe un gigantesco aparato cultural y mediático que orienta al gran público al consumo y le aleja de cualquier reflexión crítica. Si el Ángel de la Historia volviese hoy su rostro a lo que está sucediendo, vería una sociedad narcotizada por la televisión y las redes sociales, que banalizan todo lo que cae en sus manos. La guerra de Ucrania, la masacre de Gaza, la inmigración hacia la vieja Europa o los conflictos tribales en África son percibidos como un espectáculo, como mera ficción televisiva que desaparece al apretar el mando a distancia. Hoy más que nunca resulta necesario retornar a los orígenes de esa Razón ilustrada que reivindicaban Adorno y Benjamin, que no es más que devolver a los individuos su autonomía intelectual frente a los espejismos del poder.

18

La vida como apuesta

«Si puede ser escrito o pensado, puede ser filmado». La frase es de Stanley Kubrick, pero no estoy seguro de que sea cierta. El lenguaje del cine es de naturaleza visual, la literatura está hecha de palabras. Hay una distancia insalvable entre lo que se piensa y lo que se puede expresar en una pantalla.

Eric Rohmer abordó este reto al que aludía Kubrick en *Ma nuit chez Maud*, un filme estrenado en 1969 y premiado con el Óscar a la mejor película extranjera y la Palma de Oro de Cannes. La crítica fue unánimemente buena. Y con toda justicia porque si hay una obra cinematográfica en la que la filosofía y el cine logran un maridaje consumado es en este trabajo.

La historia es una reflexión sobre la naturaleza del amor y, más allá, sobre los efectos devastadores del tiempo. Pero, como en toda gran creación, hay muchas capas superpuestas en este filme de aparente sencillez, pero de perturbadora profundidad.

La trama gira en torno a un ingeniero de treinta y cuatro años que trabaja en la fábrica de Michelin en Clermont-Ferrand y que se enamora de una joven católica. El papel es interpretado por Jean-Louis Trintignant de una manera sobria y convincente. El ingeniero, que ha llegado hace tres meses a la ciudad tras un periplo por varios países, es un seductor inconstante que duda en asumir algún compromiso. Pero decide que la muchacha a la que ha visto en misa será su mujer.

Todo se complica cuando un viejo amigo le invita a cenar en casa de Maud, una mujer divorciada con una hija.

Jean-Louis se siente atraído por Maud, que le invita a dormir en su cama en medio de una gran tempestad de nieve. Finalmente se acuestan juntos, pero no consuman el amor. Maud intenta seducirle, pero él opta por buscar a la chica que ha conocido de forma casual. Finalmente la aborda y tiene éxito. El vínculo con Maud, interpretada por Françoise Fabian, se interrumpe y ella abandona Clermont.

Tras la compleja relación de los tres personajes, late en toda la película la filosofía de Blaise Pascal, continuamente leído y citado. Jean-Louis confiesa que detesta el jansenismo de Pascal porque introduce la duda sobre la seguridad de la fe, pero en el fondo el ingeniero es un pascaliano que busca un sentido a la vida. Cuando Maud lo echa de su cama, le reprocha que es un hombre que nunca sabe qué hacer.

La película tiene dos largas secuencias que condensan el dilema moral de los personajes. La primera es una conversación entre el ingeniero y un profesor de filosofía que ha sido su amigo desde la adolescencia. Sentados en un café en una cruda noche de invierno en la que cae la nieve, discuten sobre Pascal.

El debate gira alrededor de la idea de la apuesta. El amigo de Jean-Louis defiende que tiene sentido apostar, aunque las posibilidades sean mínimas si la ganancia es infinita. Nada se pierde al creer en Dios, aunque la probabilidad de que exista sea muy pequeña. El ingeniero desmonta la tesis con el argumento de que no tiene sentido jugar cuando las posibilidades son muy escasas. En el amor, llegará a decir, hay que ir sobre seguro.

La segunda conversación se desarrolla en el dormitorio de Maud. Ambos se acaban de conocer, pero realizan una serie de confesiones íntimas. Maud muestra su interés por abrir una relación con Jean-Louis, pero este no quiere comprometerse con una mujer que no le ofrece ninguna seguridad y que cuestiona sus principios. Ella se burla y le tacha de hipócrita e incoherente.

Cuando vi la película en 1972, quedé totalmente fascinado. Había dejado Burgos y llevaba en Madrid unas pocas semanas. El filme de Rohmer no solo supuso el descubrimiento de una nueva forma de hacer cine, sino que generó mi curiosidad por la *nouvelle vague*. Tres años después, conocí al filósofo Gilles Deleuze en Vincennes. En un paseo por el bosque tuve la oportunidad de hablar con él de *Ma nuit chez Maud*, una película que le fascinaba. Recuerdo que me dijo que ningún cineasta había reflexionado con tanta lucidez sobre el tiempo como Rohmer. Tuve que volver a ver el filme para comprender sus palabras, ilustradas por la escena final en la que Jean-Louis y Maud se encuentran cinco años después en una playa. Ambos están casados y ella es infeliz. Nada es como era y las oportunidades perdidas nunca vuelven porque el tiempo es una flecha que avanza es una sola dirección.

En la estela de esta película, vuelvo una y otra vez a los *Pensamientos* de Pascal. Sus palabras me conmueven, tienen una fuerza que abruma. Pascal fue un gran científico, pero a la vez era un gran místico. Alguien dijo que era el más mundano de los místicos y el más místico de los mundanos.

No en vano el sabio francés, discípulo de Descartes, daba gran importancia al corazón como fuente de conocimiento. Creía en la validez de la razón, pero también estaba convencido de la importancia de los sentimientos. En realidad, su verdadero estímulo era la pasión por el conocimiento, por buscar explicaciones a los fenómenos del mundo que le rodeaba.

Su padre le prohibió que dedicara tiempo a las matemáticas y la física para no perjudicar sus estudios de griego y latín hasta que un día lo encontró escribiendo fórmulas con un trozo de carbón en la pared. Era una demostración inédita de que los ángulos de un triángulo suman dos ángulos rectos. A los dieciséis años, escribió su famoso *Ensayo sobre las formas cónicas*, que provocó la admiración de Descartes y Leibniz.

Pascal, que murió a los treinta y nueve años, fue un hombre profundamente desgraciado. Cuando apenas tenía tres años, falleció su querida madre. Tuvo una salud muy frágil y estuvo a punto de quedarse paralítico. Andaba con muletas, padecía problemas de circulación de la sangre y sufría frecuentes dolores de cabeza y ataques de ansiedad.

Durante el otoño de 1654, los caballos que conducían el carruaje de Pascal cayeron al agua por el puente de Neuilly en París. Las riendas se rompieron en el accidente y el coche quedó colgado del puente, con nuestro hombre asomado al vacío, a unos centímetros de la muerte. El filósofo se desvaneció y permaneció inconsciente durante varias horas.

Dicen que fue esta experiencia la que lo llevó a frecuentar el convento de Port Royal, en el que abrazó el jansenismo y desafió la autoridad del papa Alejandro VII. Pascal repudiaba la pompa de la Iglesia católica y creía en el sacrificio y la austeridad como medio de comunicarse con Dios. El rey Luis XIV ordenó la destrucción de su obra y el pontífice calificó sus libros de heréticos.

El francés defendió hasta sus últimos días sus convicciones, a pesar del fuerte quebranto de su salud. El 18 de agosto de 1662 comenzó a sufrir convulsiones y recibió la extremaunción. Al día siguiente, murió tras pronunciar estas palabras: «Que Dios nunca me abandone».

Pascal era un hombre de fe, pero también de razón. Supo transformar su enorme sufrimiento en un profundo conocimiento. Pero, sobre todo, optó por el calvario de morir en soledad conforme a sus ideas antes que asumir falsos compromisos, al igual que su contemporáneo Spinoza. Aquí veo la magnanimidad de espíritu de estos grandes seres, que, rehuyendo las vanidades y la gloria efímera del mundo, buscaron desesperadamente la verdad.

Yo siempre he preferido la verdad por mucho sufrimiento que comporte. No acepto una idea utópica de la felicidad si es a costa de la ignorancia. Siempre es mejor saber. A veces, veo en mis sueños una especie de nube que sale de mi cabeza y que luego deja de fluir. Es una pesadilla. Asocio la imagen con el miedo a no poder pensar, a que la vejez acabe por secar mi mente. El hecho es que voy perdiendo memoria y reflejos al cumplir los años, me cuesta mucho recordar hechos recientes, pero conservo intacta la evocación de mi infancia.

He observado en las personas ancianas con deterioro cognitivo que olvidan el pasado reciente. No saben la hora, ni el día ni el año en el que viven y no son capaces de decir su edad. Su memoria es tan fugaz que ni siquiera recuerdan las actividades realizadas horas antes. Un querido vecino, afectado por ese mal, me preguntó en qué ciudad vivía y dónde estaba su casa.

Confieso que tengo miedo a quedarme sin memoria. También me preocupa el deterioro de mi salud, la pérdida de energía y la disminución de los reflejos, pero lo que más me asusta es llegar al estado actual de mi madre: ser incapaz de recordar. Debe de ser terrible que el pasado se vaya borrando de tu cabeza hasta el punto de olvidar quién eres, cuál es la profesión que has ejercido o qué libros has leído.

Es obvio que la identidad es la memoria. Si no sabemos lo que hemos sabido, es imposible saber quiénes somos. Y eso supone la incapacidad de llevar una vida espiritual y de poder reflexionar sobre nuestros actos. La vida pasa a ser entonces un lastimoso ejercicio de supervivencia.

Los filósofos, especialmente Hume, Kant y Heidegger, han dedicado muchos esfuerzos a determinar la naturaleza de la conciencia. Hume apunta que es la experiencia empírica lo que alimenta nuestro cerebro. Kant habla de una especie de conciencia inmanente en el sujeto a través de la cual es capaz de comprender la realidad externa. Superando esas dos concepciones que han pugnado en la historia de la filosofía, Heidegger liga la conciencia a la existencia, un camino cuyos pasos recorrería posteriormente Sartre.

Heidegger, tan presente en este libro, es un filósofo al que amo y detesto con la misma pasión. Su complicidad con el nazismo me repugna, su cobardía moral me aleja de él, pero su concepción del hombre y su fuerza intelectual me parecen de una lucidez imprescindible.

La reflexión de Heidegger sobre el ser es la indagación de una condición humana arrojada al mundo, según sus propios términos. Nada de lo que podamos decir o pensar es formulable fuera de esa exterioridad que forma parte de nuestra identidad. Somos seres que tomamos conciencia a través de los otros, una idea que impregna todo el existencialismo.

El filósofo alemán acuñó una serie de conceptos que expresaba con palabras enlazadas como ser-en-el-mundo, un recurso con el que quería condensar la idea de supresión de los límites entre el sujeto y el objeto. Con ello pretendía enfatizar la historicidad como algo inherente a los hombres, cuya existencia solo es comprensible en un contexto temporal.

Siguiendo su estela, Sartre subrayó que siempre somos conciencia de algo. Lo importante es el «de». Este concepto está unido a lo que llamaba el-ser-para-sí, que define la construcción del individuo a través de su proyección en el mundo, de una búsqueda personal para llenar la falta de esencia.

Su colega Karl Jaspers sintió una profunda inquietud cuando Heidegger se adhirió al nacionalsocialismo en 1933, aceptando el cargo de rector de Friburgo. No hay duda de que en ese momento sucumbió a la tentación de la vanidad y el poder. Y puso su sabiduría al servicio de un régimen criminal.

Conectando con su concepción del ser, Heidegger se inventó una alianza entre el pueblo y las élites nazis, subrayando que la plena realización de los ciudadanos pasaba por su adscripción al ideario totalitario de Hitler, en el que se fusionaban el individuo y la nación. Habló de «una revolución transformadora» de Alemania.

Esta evocación de la filosofía heideggeriana viene muy a cuento en nuestros días, cuando vemos que pululan caudillos populistas de uno y otro signo ideológico que nos piden que renunciemos a pensar y que nos sumemos a sus causas. La izquierda ejerce la tiranía de lo políticamente correcto y de su superioridad moral y la derecha agita miedos atávicos para defender un orden fosilizado.

Hay mucha gente que entrega su alma a líderes populistas y fanáticos, que prometen soluciones fáciles a los problemas complejos, porque necesita seguridades. El vertiginoso cambio social y tecnológico empuja a adorar a falsos profetas. Un espejismo comprensible, pero que obvia lo que el propio Heidegger traicionó: que somos seres arrojados al mundo, condenados a vivir en la precariedad y en una permanente búsqueda de un sentido que se nos escapa. Como apuntaba Kant, la lucidez de un individuo se mide por la incertidumbre que es capaz de soportar.

Muchos siglos antes de que lo hiciera Heidegger, san Agustín se había interrogado sobre la condición humana desde el punto de vista del cristianismo o, mejor, de la fe en Dios. San Agustín escribió sus *Confesiones* cuando tenía cuarenta y cuatro años. Hacía más de una década que se había convertido al cristianismo y había sido nombrado obispo de Hipona. A pesar de que el libro fue redactado en torno al 398 después de Cristo, la obra es de una extraordinaria modernidad. Y ello porque es tal vez la primera autobiografía en la que se traza un itinerario personal en el que la experiencia íntima se convierte en materia de reflexión.

Se ha dicho que toda la historia de la filosofía es una nota al pie de página del pensamiento de Platón. Pues también podría decirse que toda la historia del cristianismo es una nota a pie de página de las *Confesiones* y *La ciudad de Dios*, dos de las obras religiosas más importantes jamás escritas.

Glosar en unas pocas líneas las aportaciones de su inmenso legado es una osadía, pero siempre me ha llamado mucho la atención la concepción del tiempo de san Agustín, que enlaza con filósofos contemporáneos como Heidegger y Bergson. Incluso hay mucho de Hegel en su idea de que el presente es un delgado hilo que une el pasado, convertido en rememoración, y el futuro, que es pura entelequia.

La argamasa que une nuestra conciencia es la memoria, siempre en permanente reelaboración. En el fondo, no somos más que los recuerdos que enlazan el fugaz presente como un pasado que se aleja a una vertiginosa velocidad.

San Agustín recurre al término *cupiditas* para expresar el deseo de lo material, de lo inmediato. Confiesa que se dejó llevar en su juventud por el impulso sexual y el gusto por el placer, que, según él, son autodestructivos y desembocan en la frustración. Solo el amor a Dios y la contemplación de su infinita bondad nos pueden proporcionar equilibrio y salvar nuestra alma.

Lo que defiende san Agustín está en la esencia del cristianismo: la existencia terrenal es un estado de transición hacia el otro mundo, donde nos será dado unirnos a la comunidad celestial que goza de la visión de Dios. Por ello, la fe es la principal cualidad del creyente y el motor que le lleva a la salvación. La fe antes que el amor o la entrega al prójimo.

San Agustín me conmueve cuando describe como nadie lo ha hecho su descubrimiento de Dios, la intensa emoción de su presencia que evoca el misticismo de Pascal. Pero ello le lleva a repudiar los quehaceres y los afanes humanos, catalogados como pura ilusión, mera *cupiditas* que genera vacío y amargura.

Todo lo humano le resulta ajeno a san Agustín, que nos mira desde las alturas de una fe que convierte en espejismo la existencia en este mundo. Solo podemos ser felices en un más allá cuyo fulgor convierte en un valle de sombras nuestro paso por esta vida. La visión de un santo que nos hace sentirnos unos gusanos a quienes sentimos apego por el barro del que estamos hechos.

El debate está abierto. Y nos lleva directamente a la pregunta sobre la existencia de Dios. ¿Es fruto de nuestros deseos, de una necesidad o es posible llegar a probar racionalmente la existencia? Esto tiene mucho que ver con la naturaleza de la conciencia, que es indudablemente un misterio.

Dando otro gran salto en el tiempo, merece la pena leer al respecto un texto de la cantante y compositora Patti Smith en el que habla de su peregrinación a la tumba de Ludwig Wittgenstein, una sencilla lápida de piedra con su nombre en un cementerio cerca de la casa rural de Cambridge donde murió en 1951. Dice que estaba cubierta de hierbas, en un estado de semiabandono. Inmediatamente conecté esta descripción con un sueño mío, recurrente desde la juventud.

Me veo a mí mismo en un cementerio abandonado, con tumbas ocultas por la maleza y lápidas fracturadas por el tiempo. Intento leer las inscripciones y, de pronto, descubro mi nombre. La angustia me invade y, de repente, me despierto con la duda de si ha sido una pesadilla o una experiencia bien real.

Wittgenstein había muerto con discreción y había sido enterrado sin ninguna pompa. El olvido habitaba en aquel lugar cuando Patti Smith acudió a rememorar su figura. Parece seguro que el amor a Dios no hizo sus últimos días más llevaderos. Tras intentar profundizar en sus libros, creo que se llevó sus dudas a la tumba. Pero de lo que no tengo ninguna duda es de que Wittgenstein apostó por llevar la vida que quería y que pagó un precio por su libertad. Rompió con su familia y su clase social para ser coherente con sus convicciones.

Fue el filósofo vienés el que enunció en su *Tractatus*: «El mundo es todo lo que es el caso». Y precisó su postulado: «El caso son los hechos en el darse como estados de las cosas». Dos afirmaciones enigmáticas, abiertas a la interpretación.

La primera pregunta que surge es si el caso es algo objetivo o puramente personal y depende de la percepción de cada uno. Y la segunda es qué entiende Wittgenstein por el estado de cosas. ¿Están incluidas las conciencias en esta definición?

Creía que el mundo tiene una estructura lógica, pero que hay realidades como el más allá y la existencia del hombre que no pueden ser conocidas. «De lo que no se puede hablar hay que callar», afirmó. Era un ser solitario e introvertido, con un extremo sentido de la austeridad. Había nacido en el seno de una de las familias más ricas de Austria con unos padres que pertenecían a la burguesía ilustrada. Por su casa pasaban todas las eminencias de la época, entre ellas Mahler, Freud y Loos.

Bajo el chantaje de los nazis, renunció a toda su fortuna y se refugió en las montañas de Noruega con su amante. Pasó los últimos años de su vida impartiendo clases en Cambridge y escribiendo libros que se han convertido en referencias en la historia del pensamiento.

Wittgenstein apostó como Pascal por el conocimiento y la reflexión frente al dinero y el poder. No estoy seguro de que esa elección fuera acertada, pero sí de que no podía haber tomado otro camino, empujado por su carácter. Eso nos pasa a la mayoría de los seres humanos, que somos empujados por una mano invisible que nos guía en nuestras decisiones; o tal vez se trata de algo más simple y se llama azar.

19

Dios no se expresa

Hay preguntas que carecen de respuesta porque existe un abismo entre la realidad y el lenguaje, entre las cosas y las palabras. Esta contradicción está presente en la obra de Ludwig Wittgenstein, al que me refería en el capítulo anterior y en cuya filosofía merece la pena profundizar. Fue un pensador heterodoxo que resulta imposible clasificar. Hay en su filosofía un análisis lógico del lenguaje que se combina con una cierta mística que se expresa en sus diarios.

Wittgenstein nació en Viena en 1889, cuando el declive del Imperio austrohúngaro empezaba a ser irreversible. Su padre era el magnate de la industria siderúrgica austriaca, un hombre culto y sociable que congregaba en su casa-palacio a genios como Freud, Brahms, Klimt, Mahler o Rilke. Ludwig tuvo siete hermanos, que fueron educados por profesores privados, y su madre tocaba el piano con virtuosismo.

A los diecinueve años decidió estudiar Ingeniería Aeronáutica en Mánchester, pero allí se dio cuenta de que quería trasladarse a Cambridge, donde daba clases Bertrand Russell. La lectura de sus *Principios de la matemática* le fascinó y lo empujó a volcarse en la lógica.

Su primera y más famosa obra, el *Tractatus logico-philosophicus*, data de 1921. Tenía entonces treinta y dos años. Había luchado como soldado durante la Primera Guerra Mundial y había renunciado a su fortuna familiar. Wittgenstein observaba en la distancia un mundo que se había desmoronado y un sistema de valores basado en la hipocresía.

Esta es la razón por la que, a partir del estudio de Russell, Frege y Moore, decidió aplicar la lógica al análisis del lenguaje. Siguiendo el esquema de la *Ética* de Spinoza, el *Tractatus* está redactado mediante una serie de enunciados, de proposiciones y observaciones que articulan un sistema. Se ha dicho que esta obra es como una sinfonía.

Wittgenstein afirma que el mundo es «todo lo que es el caso», que se enmarca en la totalidad de los hechos, en todo lo que acontece. Y esos hechos no son necesarios; la realidad es como es, pero podría ser de otra manera. Pero esa aleatoriedad de lo real no significa que el mundo carezca de lógica. Todo lo contrario: el mundo se puede expresar mediante proposiciones elementales.

La lógica sirve para depurar el lenguaje y para revelarnos la estructura interna de lo real. Y ello porque hay una homología, una conexión profunda entre el pensamiento, el mundo y la lógica. Wittgenstein coincide con Kant en que el entendimiento forma parte del sujeto, es una «forma *a priori*», pero la diferencia estriba en que no hay frontera entre quien piensa y lo pensado. Ambos están inmersos en la naturaleza del mundo que expresan.

Pero el lenguaje tiene límites. Más allá de lo que observan nuestros sentidos y las conexiones proposicionales de lo real, las palabras no pueden «decir», sino «mostrar» las realidades que escapan fuera de la lógica, como la existencia de Dios o la dimensión ética de la vida. De aquí viene su célebre afirmación de que «sobre lo que no se puede hablar, hay que callar».

A mediados de la década de 1920, Wittgenstein abandonó Cambridge y se refugió en una pequeña aldea austriaca para enseñar a los niños. Para ser coherente con su fe cristiana, decidió renunciar a todas las vanidades humanas con la idea de una redención personal.

Pero volvió a Cambridge a finales de 1926, presionado por Keynes y sus amigos, que le consiguieron una beca. Fueron años muy productivos en los cuales el filósofo vienés fue pergeñando sus *Investigaciones filosóficas*, publicadas en 1953, dos años después de su muerte.

El pensamiento de las *Investigaciones* supone una clara ruptura con las tesis del *Tractatus*. Wittgenstein rectifica su afirmación de que el mundo puede ser comprendido por pro-posiciones lógicas y apunta que el lenguaje es un conjunto de reglas convencionales, una construcción social.

Ya no hay conexión entre el lenguaje y la realidad, como sostenía Platón en el *Crátilo*, sino que la comprensión de lo real está condicionada por el significado que damos a las palabras y sus connotaciones. Sí, el pensamiento es el lenguaje, pero este no obedece a una estructura lógica, sino a una serie de códigos sociales y experiencias colectivas. Aunque no lo dice de esta forma, el lenguaje es un producto histórico. Por tanto, es como una segunda piel de la que no podemos prescindir y que condi-ciona nuestra forma de entender el mundo, lo que supone caer en un relativismo epistemológico cercano a Hume.

Uno de los últimos textos de Ludwig Wittgenstein, muy poco conocido, es *Observación sobre los colores*, terminado apenas unos días antes de su muerte a causa de un penoso cán-cer. El ensayo es de extraordinario interés porque el filósofo vienés aprovecha la reflexión psicologista de Goethe sobre los colores para abordar un análisis sobre cómo el lenguaje cons-truye la realidad.

Su tesis es que las cosas son como las nombramos y, por ello, los colores son construcciones culturales. Dicho de otra manera, es el lenguaje el que determina cómo vemos la reali-dad, de suerte que los griegos fueron ciegos al azul, mientras que hay tribus oceánicas que son capaces de discernir hasta treinta tipos de rojos y los esquimales tienen una docena de palabras para denominar el estado de la nieve.

Wittgenstein analiza las implicaciones metafísicas de esta concepción, que refuta el empirismo y contradice las tesis de Hume, ya que sostiene que no es la realidad la que funda nues-tra visión de las cosas, sino que vemos las cosas a partir de las categorías del entendimiento, es decir, del lenguaje. Una idea que se acerca mucho a la analítica trascendental de Kant.

— 191 —

Puede parecer que estas reflexiones de Wittgenstein son muy abstractas, pero no lo son porque explican en buena medida la naturaleza de la política y, más concretamente, lo que está pasando en España desde hace algunos años.

Nuestros dirigentes son muy sensibles a unos colores y, en cambio, son incapaces de percibir otros, como les sucedía a los griegos. Siempre me ha asombrado que Homero apunta en la *Ilíada* y la *Odisea* en numerosas ocasiones que el mar tiene el color del vino, algo que choca frontalmente con nuestra percepción. Pues bien, también los políticos observan la misma cosa al mismo tiempo y la ven de una forma totalmente distinta e incluso opuesta.

Wittgenstein murió en Cambridge de cáncer en 1951. Dijo pocas horas antes de fallecer que había vivido «una existencia maravillosa», pero lo cierto es que pasó etapas de un intenso sufrimiento, como cuando decidió volver a renunciar a la vida social y refugiarse en una cabaña en Noruega. Sus últimos días, consciente de la cercanía del final, fueron también muy tristes.

En sus diversos diarios refleja una dimensión mística y religiosa que choca con la imagen que daba de sí mismo. Creía en el imperativo categórico kantiano y luchaba por la redención personal a través de la austeridad y una soledad elegida como la de Kierkegaard. Quizá esta sea la óptica adecuada para comprender su gigantesco desafío intelectual.

El tormento interior de Wittgenstein no se refleja en sus escritos. Era una persona sumamente introvertida y existen muchas incógnitas sobre su biografía. Fue muy solitario y melancólico, y protegió celosamente su intimidad. Su carácter era opuesto al del escritor inglés Graham Greene, extrovertido y sociable, pero también con una vida marcada por las dudas y las crisis de fe. El primero buscó a Dios a través de la filosofía, el segundo, a través de la literatura. Ambos fueron espíritus atormentados por la incertidumbre.

Cuenta Greene en su autobiografía *A Sort of Life* que el cardenal católico Bernard Griffin le advirtió de que había propuesto a las autoridades de Roma que su novela *El final del affaire*, publicada en 1951, fuera incluida en la lista de libros prohibidos por la Iglesia.

Cuando estudiaba Literatura en el bachillerato en los jesuitas de Burgos, el manual del curso incluía un apéndice en el que figuraba el *Index* de obras censuradas por la Congregación de la Fe. En él aparecían Descartes, Balzac, Stendhal, Zola, Hume, Nietzsche, Sartre y Gide. También incluía esta novela que tanto había escandalizado a Griffin.

He vuelto a leer la reedición de *El final del affaire*, llevada a cabo por Libros del Asteroide, que ha elegido mantener el título literal de la obra frente a *El fin de la aventura* o *El fin del romance* de anteriores versiones en castellano.

Había leído la novela hace casi cuarenta años y tenía vagos recuerdos de la trama, que narra el adulterio entre un escritor mediocre y una mujer casada con un diplomático. La acción transcurre en Londres durante la Segunda Guerra Mundial. Pero, como suele suceder, la relectura me ha permitido descubrir aspectos que no comprendí cuando era más joven.

«No es posible que exista un Dios misericordioso al mismo tiempo que siento esta desesperación», dice Bendrix, el protagonista de la novela, que encuentra en su sufrimiento un motivo invencible para desconfiar en que el Ser Supremo pueda tener una influencia en su existencia.

Por el contrario, Sarah, su amante, hace el camino inverso porque se convierte al catolicismo tras la renuncia a seguir amando al escritor. En su caso, la fe opera como una especie de sublimación de un amor desesperado que atrae y repele a Bendrix.

En la obra de Greene, que se había convertido al catolicismo como su personaje, hay siempre una confrontación irresoluble entre el deseo, vivido en el fondo como algo pecaminoso, y una fe que exige la renuncia a una cierta clase de amor.

Confieso que en muchos momentos me ha costado meterme en la lógica de los protagonistas de la novela, atormentados por un sentimiento místico de la vida que se me escapa. Pero he leído *El final del affaire* de una forma compulsiva, sin poder parar hasta la última línea. Más que una conclusión racional, lo que me queda del libro de Greene es la sensación de frustración por la fragilidad del amor, la fugacidad de los momentos felices y la crueldad del destino.

Se puede creer o no creer, pero el dolor y el sufrimiento son iguales para todos. Es difícil hallar las palabras correctas para describir esa suerte de abandono frente a las adversidades de la existencia. Pero todos estamos condenados a movernos en una oscuridad absoluta.

Al leer esta novela y repasar su autobiografía, uno se puede dar cuenta de que Greene fue un escritor de éxito, con una vida apasionante y una gran perspicacia emocional. Pero también que fue profundamente desgraciado y que sufrió decepciones amorosas que le hirieron en lo más profundo.

Su conversión al catolicismo no solo no le proporcionó certezas, sino que agudizó su desesperación porque no podía conciliar el sufrimiento personal con la idea de un Dios bondadoso. Cuando Bendrix descubre la pureza de los sentimientos y la generosidad de Sarah, que acaba de morir, siente que hay un abismo que le traga y debilita su fe.

Greene llega a decir: «No podría creer en un Dios que comprendiera». Y esas dudas son las que hacen más valiosa su apuesta por el catolicismo en un sentido pascaliano. He aquí un libro recomendable para todos los católicos y también para los que no lo son.

Hay un creador cinematográfico que precede a Greene y con el que existe una gran afinidad emocional, un clima moral que comparten ambos. Es Carl Theodor Dreyer. No ha vuelto a existir nadie como él, ni siquiera alguien que pudiera recordárnoslo. Esto afirmó José Luis Garci del director danés fallecido en 1968. Su gran obra maestra es *Ordet*, estrenada en 1955 y galardonada con el León de Oro en el Festival de Venecia.

«Si un día echamos de menos a Ford, tenemos a Hawks o a Walsh. La ausencia de Dreyer, en cambio, no la pueden suplir Bergman o Tarkovski», aseguró Garci. Solo puedo ratificar estas palabras, porque Dreyer consiguió elevar el cine a sus más altas cotas expresivas con un dominio prodigioso de la luz y la cámara.

Dreyer es el autor de cuatro o cinco películas extraordinarias. Podríamos citar *Gertrud*, *La pasión de Juana de Arco*, *Vampyr* o *Dies Irae*. Todas ellas reflejan la maestría excepcional de Dreyer, que gustaba de decir que el cine es imagen. Pero *Ordet* supera toda su filmografía y se sitúa en la cumbre del séptimo arte. No es exagerado decir que estamos ante una película sublime, dos horas de genio e inspiración que conmueven al espectador.

Ordet es la historia de la familia de Borgen, un terrateniente que vive en una granja al norte de Dinamarca. Es un hombre de profundas convicciones religiosas, y una persona severa que no tolera que ningún miembro de su familia se aparte del camino que él ha trazado. Tiene tres hijos. Mikkel, el mayor, es un descreído; Johannes, el segundo, se ha vuelto loco a causa de la lectura de Kierkegaard y se cree Jesucristo; y Anders, el tercero, sueña en casarse con la hija de un vecino que está enfrentado a su padre por divergencias en la interpretación de la fe.

El cerrado círculo familiar se derrumba cuando muere su nuera Inger mientras da a luz a un esperado niño. Mikkel, su esposo y padre de dos hijas, se desespera y reniega de Dios. Borgen, el patriarca, no entiende por qué el Supremo Hacedor no ha escuchado sus oraciones. Y Johannes desaparece sin que nadie pueda encontrarle. Finalmente, se produce el milagro de la resurrección de Inger gracias a la fe del hermano loco, que recupera la razón.

La película, en blanco y negro, es de una belleza estética incomparable, con secuencias que recuerdan la pintura de Vermeer. Las habitaciones están iluminadas con velas o por la luz que entra por las ventanas, que generan claroscuros que realzan la personalidad de los personajes. Cuando la cámara sale de la granja, quedamos deslumbrados por las dunas, el viento que agita los matorrales y el frío paisaje báltico, que contrasta con la calidez de los interiores.

Es imposible ver esta película sin quedar hipnotizado por el magnetismo que desprenden las imágenes, que, como subraya José Luis Garci, entran en el terreno de lo místico: «Jamás he podido definir el cine de Dreyer, pero lo siento». Dreyer es a la vez espiritual y carnal porque, como dice el desesperado marido frente al ataúd de Inger, no solo amaba su alma, sino su cuerpo.

Hay una escena en la que la luz entra por las ventanas e ilumina el cadáver de Inger, mientras Anders enciende las velas, en la que Dreyer logra sobrecoger al espectador. Y también merece la pena destacar el momento en el que los deudos rezan salmos en la antesala, mostrados por la cámara en un virtuoso *travelling* circular.

Dreyer era un perfeccionista que estudiaba todos sus encuadres y meditaba el desarrollo del filme antes de empezar a rodar. Aunque despreciaba la técnica, jamás dejaba nada al azar. Hasta los detalles más minuciosos como un insecto o el ruido exterior del viento están pensados.

Hay en toda la película una presencia invisible sin la que es imposible entender *Ordet*: es la filosofía de Kierkegaard. El pensador de Copenhague afirmaba que la esencia del cristianismo es la fe y la aceptación ciega de los designios de Dios. Kierkegaard renunció a lo que más amaba y se sumió en la desesperación, algo con lo que Dreyer se identificaba y que plasmó en esta obra inclasificable en la que las imágenes sumergen al espectador en un clima místico.

Dreyer tiene en común con Wittgenstein y con Graham Greene las dudas existenciales y la crisis de fe que emerge en toda su obra. Hay en los tres un trasfondo que remite a Kierkegaard, el filósofo que lo abandonó todo para encontrarse con un Dios por el que prescindió del amor y, tal vez, de sus vínculos con la humanidad.

El pensador y teólogo alemán Paul Tillich partió de la angustia kierkegaardiana para buscar un sentido a la existencia. Ha habido que esperar más de cuatro décadas a la reedición en castellano de *El coraje de ser*, la gran obra del pensador exiliado de Alemania en 1933, cuando los nazis le impidieron seguir practicando la enseñanza.

Tillich, pastor luterano, se afincó en Nueva York hasta que en 1955 fue nombrado profesor en Harvard. *El coraje de ser* tiene su origen en unos cursos impartidos en la Universidad de Yale entre 1950 y 1951, en los que abordó una reflexión sobre la condición del hombre contemporáneo. El libro ha vuelto a ser publicado en nuestro país por Avarigani, una editorial especializada en temas filosóficos.

Merece la pena resaltar el prólogo del profesor Diego Sánchez Meca, que subraya la actualidad del texto de Tillich en un mundo en el que el ser humano está aplastado por la globalización y una ideología dominante que le condena a la irrelevancia.

Digamos de entrada que *El coraje de ser* es un libro necesario en el sentido sartreano del término porque, entroncando con el pensamiento de Spinoza, Kierkegaard y Nietzsche, acierta a desvelar las raíces del malestar que el progreso económico y material no ha conseguido erradicar del corazón humano.

Tillich parte de la diferencia entre angustia y miedo. Este se produce por motivos concretos como la enfermedad o la pérdida de una persona querida, pero la angustia surge del temor al no ser que es innato a cada hombre. La angustia, según el análisis de Tillich, se manifiesta por tres causas diferentes: la inexorabilidad de la muerte, la falta de sentido de la vida y la culpa por no haber sido coherentes con nuestro proyecto vital. Por cualquiera de estos caminos podemos llegar a la desesperación, que es una negación de la vida.

Para el teólogo alemán, el coraje de ser reside en la capacidad humana de sobreponerse al miedo y a la angustia mediante un acto de voluntad en el que el sujeto se reafirma en el valor de la existencia. Es una actitud ética por la que el hombre mira de cara la adversidad y acepta la contingencia y la finitud de su condición.

Tillich llegará a decir que el no ser, la nada, están inscritos en lo más profundo del ser ya que, como sostenía Hegel, no se puede entender un concepto sin el otro. Pero mientras que el filósofo idealista sostiene que el individuo solo se puede realizar en el progreso histórico de la Razón, el teólogo se acerca a una visión estoica en la que cada uno tiene que luchar por afrontar los contratiempos que comporta vivir.

Ya Spinoza en su *Ética* había subrayado esa voluntad del ser por perseverar: «El esfuerzo por el cual todo procura persistir en su propio ser no es otra cosa que la verdadera esencia del ser en cuestión». A partir de esta proposición del maestro, es posible entender mucho mejor lo que plantea Tillich, que también hace suyas aquellas palabras de Nietzsche: «Hablo de quien conoce el miedo pero lo domina, de quien mira hacia el abismo pero con orgullo».

En Grecia, Roma y el mundo medieval se exaltaba la *fortitudo* como una virtud que empuja a los seres humanos a cumplir con las obligaciones que implica la pertenencia a una comunidad. En las sociedades modernas, esa fortaleza adquiere una dimensión personal, que consiste en hacer lo que le dicta la conciencia a cada uno.

Por ello, esa reafirmación ante la vida, ese coraje de existir, puede producirse mediante la acción del ser como parte de una colectividad, pero también como «ser uno mismo» si el hombre pasa por alto su participación en el mundo y es capaz de afrontar la nada que le rodea.

Dando un paso más allá, Tillich apunta que la angustia y la afirmación del ser, las dos caras de la misma moneda, tienen un carácter ontológico, es decir, que trascienden a cada ser humano y se inscriben en una categoría universal.

Hay en estas reflexiones una clara influencia de Heidegger y Sartre, de suerte que este pensador alemán se acerca mucho al existencialismo, con la peculiaridad de que no desdeña la fe religiosa y defiende la existencia de Dios en su *Teología sistemática* como una revelación de carácter racional.

Albert Camus compartía esa noción del coraje de existir que reivindica en *El hombre rebelde*, un texto fundamental en su obra en el que busca en el compromiso y la lucha contra la opresión la superación de la nada. En este sentido, Albert Camus escribía en *El mito de Sísifo* que el hombre debe rebelarse contra el absurdo por un imperativo moral. Es en el mismo acto de la rebelión en el que puede encontrar un sentido frente a ese abismo de la nada que se abre ante sus pies.

Hay, sin embargo, situaciones límite en las que el individuo no puede declararse en rebeldía y está obligado a asumir un destino trágico para no provocar un daño mayor. Este es el dilema perverso que se les planteó a los jesuitas que fueron a predicar la fe cristiana a Japón en el siglo XVII, cuya historia está contada en la película *Silencio* (2016) de Martin Scorsese. Sus protagonistas son dos jóvenes sacerdotes que son enviados al lejano país para averiguar si su mentor y maestro en el seminario ha apostatado. Ambos no se lo creen, pero lo cierto es que el padre Ferreira ha renegado de su fe, se ha casado con una mujer nativa y vive, viste y habla como un japonés.

Una decisión que parece monstruosa e incomprensible —el hecho de que un jesuita incurra en apostasía— va cobrando lógica y coherencia a medida que avanza la película porque, como subraya el inquisidor imperial, el precio del orgullo del sacerdote por mantener su coherencia es la muerte de seres inocentes, que son cruelmente torturados.

Para detener la ejecución de los campesinos que se han convertido al cristianismo, el padre Ferreira se ha visto obligado a renunciar públicamente a su fe y lo ha hecho por amor a quienes veía sufrir.

La obra ha suscitado una interesante discusión en el seno de la Iglesia, ya que para muchos creyentes es imposible aceptar la apostasía, aunque sea para salvar vidas humanas. ¿Se puede traicionar a Dios para redimir al hombre? La respuesta no es fácil para los católicos, porque el dilema moral que se le plantea a Ferreira es que tiene que elegir entre dos males: ofender a Cristo y traicionar lo que ha jurado defender o permitir que mueran seres inocentes que son crucificados o arrojados al mar tras sufrir sádicas torturas.

Los jesuitas que fueron a catequizar Japón siguiendo la estela de Francisco Javier fueron humillados y martirizados por los funcionarios imperiales, pero eso no fue nada comparado con la degradación de tener que apostatar para salvar la vida de los otros, renegando de lo único que tenía sentido para ellos.

La película empieza y termina con un fundido en negro en el que solo se oye el canto de los grillos. Es una metáfora del autor en la que quiere significar el silencio de Dios, que calla ante los asesinatos de los creyentes y los sacerdotes que son obligados a apostatar.

El dilema de los jesuitas en Japón remite en última instancia a ese desamparo en el que se encuentra el ser humano frente a las grandes encrucijadas y su condena a tener que ejercitar su libertad, que es a lo único que no podemos renunciar. Sartre decía que en el hombre que es torturado siempre existe el reducto de su conciencia, que no puede ser aniquilado por el opresor.

Y eso es cierto. Pese al silencio de Dios y el infamante pecado de la apostasía, los jesuitas mantuvieron en su fuero interno la fe que habían jurado servir. Nadie puede medirles con una moral de manual. Algo debió de sobrevivir en el corazón de aquellos sacerdotes que, como la cámara muestra al final, expiraron con un crucifijo en la mano. Solo las intenciones —y no sus actos— nos pueden ayudar a comprender sin juzgar.

Tal ver esos jesuitas esperaron en sus sufrimientos un signo del Supremo Hacedor que no les llegó. O tal vez sí. Lo que parece cierto es que es muy difícil encontrar esa voz de Dios en un mundo lleno de desdichas y de incertidumbre. Dios no se expresa y, por eso, este libro es un interrogante sin respuesta, una pregunta formulada en el vacío.

20

La fe y la gracia

La fe y la gracia son dos nociones, o mejor dos estados, indisociablemente conectados. La fe es un don de Dios, un regalo gratuito. Y la gracia es la consecuencia de estar poseído por la fe. Cuando se dan ambos estados el creyente goza una sensación de plenitud.

No es nada fácil experimentar a título individual esa plenitud que produce la certeza de la presencia del Ser Supremo o, mejor, de su cercanía en nuestra vida cotidiana. Los místicos como santa Teresa de Ávila y san Juan de la Cruz gozaron de esa presencia que inundó su espíritu.

«Dios no fuerza nuestra voluntad, toma lo que le damos. Pero Dios no se da del todo hasta que no nos damos del todo a Él», escribe la santa de Ávila sobre la comunión mística con el Hacedor, que exige una entrega absoluta, un abandono a su voluntad por así decirlo.

San Juan de la Cruz se pregunta cómo encontrar a Dios y responde que hay tres pasos en este itinerario espiritual. El primero es caer en la cuenta del inmenso e incondicional amor del Dios Padre, que implica conocer «la gran deuda» con el Altísimo. El segundo paso es la purificación del alma mediante la oración y el sacrificio. Y el tercero el «salir de sí y de todas las cosas» para unirse o fundirse con Dios en «una llama de amor viva».

Cuenta a este respecto Blaise Pascal que una noche se postró para orar en una abadía ante el Santísimo y que durante unos instantes o unos minutos sintió esa comunión con Dios. Puede que ese momento explique en buena medida su filosofía existencial y su apuesta por un Dios cuya huella no era visible en aquel mundo desgarrado por las luchas de religión y el fanatismo.

Aunque yo iba a misa, rezaba y asistía a una iglesia católica, nunca tuve esa experiencia mística de Dios. Le pedía en vano que me diera alguna señal de su existencia. Como Pascal, me arrodillaba en los reclinatorios de la iglesia de San Nicolás de Bari y me fijaba en la imagen del Cordero Pascual con la que está decorada la cúpula del templo. Veía a los ciervos acercarse a beber de una fuente de la que manaba la gracia divina. Y rogaba a Dios que me bendijera con esa agua de la fuente que representaba la fe y la gracia.

Mis plegarias no fueron atendidas porque, a pesar de mi insistencia, Dios no me escuchó. No me sentía decepcionado, sino que pensaba que la causa de su sordera eran mis pecados, mi orgullo, mi desobediencia al maestro y a mis padres. No era digno de su presencia ni de sus favores. Mi naturaleza pecadora me atormentaba.

Han pasado sesenta años desde mi época de monaguillo en San Nicolás. Cuando voy a Miranda y vuelvo de mis paseos por el río Ebro, me dirijo de forma inconsciente a mi antigua escuela y a la iglesia de mi infancia. Subo las escaleras, cruzo el umbral y me siento en un banco frente al altar. El pasado revive al instante y recuerdo las muchas horas pasadas en el lugar. Miro sus vidrieras, las pinturas de la cúpula y percibo el vago olor de las velas. Es como si nada hubiera cambiado, pero a la vez todo es distinto. El tiempo ha hecho su labor destructora: los curas de mi infancia han muerto, ya no se escuchan las campanas, los confesionarios han desaparecido, el pórtico lateral ha sido cubierto, la escuela se cerró hace tres décadas.

Cuando militaba en Acción Católica, mi padre entabló amistad con Alfredo Camarero, un joven coadjutor de la parroquia de San Nicolás que vivía en una residencia anexa. Fue más tarde uno de aquellos «curas comunistas» que el franquismo repudió y persiguió. Alfredo fue castigado por el obispo de Burgos, que lo envió como párroco a un pueblo de un centenar de habitantes cercano a Aranda de Duero en torno a 1973. En alguna ocasión lo acompañé a la misa dominical que impartía a sus feligreses en medio de una fuerte nevada.

Era un sacerdote que creía que el Evangelio se predicaba con el ejemplo, que pensaba que su obligación era combatir la pobreza y la ignorancia. Y naturalmente era muy crítico con la jerarquía eclesial y detestaba la dictadura del general Franco. A finales de la década de 1970 abandonó la Iglesia, se estableció en Madrid (había nacido en Ibeas de Juarros, Burgos) y se casó. No he vuelto a saber nada de él desde mediados de los años ochenta, la última vez que coincidimos en una obra de teatro.

Pensé en Alfredo cuando vi *Journal d'un curé de campagne*, película de Robert Bresson basada en la novela de Georges Bernanos. El filme fue estrenado en 1951, pero fue reeditado en DVD hace algunos años. No descubro nada al decir que el trabajo de Bresson es espléndido.

El director narra con su clásica sobriedad y aparente distanciamiento la historia de un joven cura rural en un pueblo del norte de Francia. El sacerdote es un hombre que intenta llevar su fe a unos feligreses que se burlan de él y le toman por borracho. Probablemente Alfredo Camarero debió de experimentar una sensación parecida.

El cura de la película no solamente fracasa en su intento de hacer el bien, sino que contribuye a la muerte de una aristócrata a la que convence para que se reconcilie con un trágico pasado. Finalmente, el joven párroco fallece de cáncer tras ser reprendido por la autoridad eclesiástica y calumniado por los vecinos del pueblo. «Todo es gracia», dice antes de morir.

Hay que subrayar de nuevo que la gracia es un estado que proviene de la fe y solo quien tiene una firme creencia en Dios puede sacrificar una vida ante el desprecio de los hombres. El cura de Ambricourt pasa por un auténtico calvario y siente que carece del suficiente empeño porque su trabajo cae en terreno baldío. Pero al final entrega su sacrificio a Dios, en un último

— 203 —

acto de confianza en el que se redime al aceptar su fracaso como sacerdote.

Bernanos era, sin duda, un intelectual católico que quiso hacer una apasionada defensa de la fe en su célebre novela, pero la paradoja es que tanto su obra literaria como el filme de Bresson nos dejan en una situación de desazón que acentúa todas nuestras dudas. ¿Tiene sentido una vida como la de este infeliz párroco, cuyo afán para hacer el bien acaba siempre reforzando el mal? ¿Existe una justicia divina que repara el sufrimiento humano? ¿Vale la pena renunciar al bienestar terrenal en nombre de un incierto más allá?

Ya sé que estas preguntas son eternas y que carecen de respuesta para los que no tenemos fe porque, al final, todo se reduce a eso: creer o no creer. Pascal lo decía mucho mejor: hay que apostar. Si Dios existe, la ganancia para este cura rural sería infinita. Y si Dios no existe, nos queda el consuelo de no poder saber nunca que nos hemos equivocado en nuestra apuesta.

El dilema es irresoluble y, por eso, la condición humana no puede escapar de la angustia y el sufrimiento de vivir sin la solución a este interrogante. La incertidumbre es como una dolorosa cruz que llevamos a lo largo de nuestra existencia y cuyo peso no podemos transferir a nadie.

Lo que muestra la película de Bresson es que la fe tampoco es un antídoto contra la desesperación. Por el contrario, la gracia de Dios puede ser fuente de terribles padecimientos, al resultar imposible conciliar ese estado con la realidad tangible del mal.

La fe puede conducirnos al más exacerbado escepticismo porque lo más cercano a Dios es la nada. Lo absoluto se vuelve puro vacío y la gracia deviene en tormento. Por eso sufría tanto el párroco de Ambricourt.

Otra película sobre la fe y la gracia es *Ordet*, del director danés Carl Theodor Dreyer, de la que he hablado anteriormente. Vuelvo a ella porque me ha quedado grabada en la memoria la escena de la esposa muerta que yace sobre el ataúd con las manos entrelazadas. Parece dormir un sueño plácido.

Su marido vela el cadáver mientras la luz, filtrada por las cortinas, ilumina la estancia.

Johannes, el hermano del viudo y predicador medio loco, entra en escena y pronuncia las siguientes palabras: «Malditos seáis por vuestra falta de fe, malditos por no creer en el Cristo resucitado, que ha venido a vosotros por mandato de Aquel que creó el cielo y la tierra». A continuación, la mujer abre los ojos y vuelve a la vida.

El médico de la familia atribuye la curación a causas científicas porque no puede aceptar la existencia de los milagros. Yo tampoco puedo, pero me gustaría tener la fe de Johannes, que le dice a la hija de Inger que su madre no está muerta, que simplemente está durmiendo.

Toda mi vida he deseado creer en los milagros y, de hecho, cuando era niño rezaba fervorosamente para que se produjeran. En una ocasión, estuve a punto de ahogarme en el Ebro. Cuando ya me veía arrastrado por la corriente, el empuje del agua me sacó a la orilla. ¿Fue un milagro o el puro azar?

Hay en la vida muchas cosas que no podemos entender y que algunos llaman milagros. Yo creo que necesitamos los milagros para vivir y que todos creemos en nuestro interior que nuestra existencia puede dar un cambio radical o que, al menos, vamos a poder aprender de nuestros errores y tener una ocasión para reparar el daño que hemos hecho. Pero el tiempo se nos escapa de las manos.

A medida que envejezco, soy más consciente de mis errores. Hay muchas cosas que he hecho mal y que no puedo reparar. Pero el futuro nos arrastra como una hoja que mueve el viento. El tiempo pasa cada vez más rápido. Nada es estable y el mundo es cada vez más volátil.

Esto es aplicable no solo a la vida de cada uno, sino también a los rápidos cambios que se producen en una sociedad donde las nuevas tecnologías y la inteligencia artificial aceleran la obsolescencia de los objetos y generan un vértigo existencial sin precedentes. Nos enfrentamos a un futuro que amenaza nuestra forma de vida y nuestras certezas.

Eso ya lo pudimos constatar en 2008, con la crisis que se

desencadenó a causa del desmoronamiento del sistema bancario y una economía especulativa. Muchos descubrimos aquella entelequia llamada *subprime*, denominación de las hipotecas basura, que no eran más que una estafa sofisticada de los bancos de inversión. Las duras secuelas de aquella debacle imprevista agudizaron nuestro pragmatismo. La globalización y los cambios tecnológicos expulsaron a millones de personas de su puesto de trabajo. Suscitaron temor al futuro y contribuyeron a encerrarnos en nuestro interior. Muchas personas sucumbieron ante circunstancias agobiantes como la pérdida de su trabajo y la penuria en el hogar. Estos eran los más necesitados de un milagro al que probablemente se aferraban como su única esperanza y que no se manifestó. Probablemente la fe de alguno en Dios se derrumbó como un castillo de naipes.

Volviendo a *Ordet,* todos necesitamos un Johannes que nos abra los ojos, que haga el milagro de devolvernos la ilusión por la vida. Hay una imagen recurrente en la película de Dreyer: la de las hierbas que crecen en la arena mecidas por el viento, mientras se escucha el sonido de los pájaros. Las generaciones pasan, pero el vendaval sigue doblando los juncos y el eco del mar cercano ahoga los murmullos de las gaviotas. La pura fugacidad es el único milagro al que todos podemos aferrarnos.

Por cierto, Dreyer se inspiró en un escritor y teólogo llamado Carl Munk para crear el personaje de Johannes. Tras cosechar un cierto éxito con sus obras, Munk se retiró a una pequeña parroquia danesa para ejercer de cura rural. Predicó el Evangelio y fue fusilado el 5 de enero de 1944 por la Gestapo al negarse a delatar a la Resistencia. ¿Acaso es imposible creer en los milagros?

La paradoja es que me parecen más verosímiles y frecuentes los milagros que la fe y la gracia de Dios, que son verdaderamente excepcionales. Milagros hay muchos, al menos para la Iglesia católica, pero las personas que viven en estado de gracia son excepcionales.

Hace algunos años fui invitado a un debate con Julián Carrón, teólogo, filósofo y exresponsable de Comunión y Liberación. Había mucho público y algunos me manifestaron que se habían emocionado por la sinceridad y la profundidad del diálogo. Mikel Azurmendi, intelectual y escritor ya fallecido, persona de una ética intachable, me dijo que le había parecido muy sugerente y que le hubiera gustado replicarme. En ese momento, Carrón había publicado un libro en el que intenta responder a esta cuestión. Su título lo dice todo: *¿Dónde está Dios?* No quiero simplificar su pensamiento, por lo que remito a su lectura, pero creo interpretar que Carrón sostiene que el Ser Supremo es una presencia en el mundo, un rayo de luz que ilumina nuestra vida y nos hace mejores. Escribe en este sentido que «la existencia de Dios es la implicación última a la que remite la existencia del yo».

Veo en esas palabras una reminiscencia de Spinoza, para el que el hombre es una extensión de la sustancia divina, pero lo esencial es que Carrón defiende una ética de la acción que nos lleva a implicarnos con los demás para dar testimonio de la fe.

El libro de Carrón me plantea dos objeciones. La primera apunta a que la fe, como él mismo reconoce, es un don de Dios gratuito. Ello equivale a afirmar que hay una cierta arbitrariedad en la elección divina. Si aceptamos la premisa de la Iglesia, el Supremo Hacedor juega a los dados con la fe.

La segunda es una refutación mucho más de fondo y atañe a la existencia del mal en el mundo. El propio Benedicto XVI expresó su perplejidad durante una visita a Auschwitz en 2006 al interpelar a Dios con estas palabras: «¿Por qué permitiste todo esto?».

Resulta muy difícil mantener esa fe en Dios tras la conciencia de hechos tan terribles como el Holocausto, el genocidio de Pol Pot, la catástrofe humanitaria en los Grandes Lagos o las hambrunas en Sudán. Por ello, suscribo la pregunta del pontífice: «¿Por qué lo permitiste?».

El enigma para el que no hay contestación es el silencio de Dios. Me cuesta entender por qué, si el Ser Supremo es la bondad absoluta, no hace nada para evitar el sufrimiento humano individual, el mal que nos rodea, nuestra dolorosa precariedad.

Mi diferencia esencial con lo que afirma Carrón, que me parece un ejemplo de coherencia personal y honestidad intelectual, es que yo no percibo esa mirada de Cristo que nos atraviesa hasta transformarnos y nos hace ver la realidad con otros ojos.

En otras palabras, no sé si la gracia es un espejismo o un don de Dios. Tiendo a inclinarme hacia la primera hipótesis, pero hay demasiadas cosas que no comprendemos como para burlarnos de ellas. Siempre nos quedará la duda.

Si la fe es un regalo de Dios, como sostienen Carrón y la teología católica, Michel de Montaigne gozó de ese privilegio. Era católico, pero sus convicciones nunca le llevaron a condenar a quienes no compartían su fe. Podemos aprender mucho de su biografía y sus escritos.

Siempre he sentido fascinación por la imagen de Montaigne encerrado en la torre de su castillo y rodeado de libros al final de su no demasiada larga existencia. Murió en 1592, cuando había cumplido los cincuenta y nueve años. En ese escenario familiar y en el mismo lugar donde había nacido, muy cerca de Burdeos, Montaigne dedicó ocho años a escribir sus *Ensayos*, la más prodigiosa autobiografía jamás escrita: «Quiero que se me vea en mi forma simple, natural y ordinaria, sin contención ni artificio, pues yo soy el objeto de mi libro».

Cuatro siglos después de su fallecimiento, los *Ensayos* no solo no han perdido vigencia, sino que muchas de sus reflexiones parecen extraídas del presente porque, como sucede con los clásicos, nos interpelan en lo más profundo. No resulta exagerado subrayar que las inquietudes de Montaigne siguen siendo las nuestras.

La amistad, la lealtad, el amor, la vanidad, la generosidad, el dolor, la política y la religión aparecen en los tres volúmenes de esta obra inmortal en la que, parafraseando las palabras de Baudelaire en *Las flores del mal*, nos sentimos impulsados a exclamar: «*Mon semblable, mon frère!*» («¡Mi semejante, mi hermano!»).

No hay la más mínima afectación ni impostura en los escritos de Montaigne, cuya voz podemos imaginar como si nos estuviera hablando directamente a nosotros en sus *Ensayos*, que recomiendo leer en edición bilingüe a quien domine el francés. Estos textos han estado sobre mi mesilla durante largos periodos, junto a la *Ética* de Spinoza, y muchas veces me he preguntado qué haría Montaigne en los dilemas que me ha tocado afrontar.

Siendo católico, Montaigne abogó por la tolerancia en unos momentos en los que Francia estaba dividida por las guerras de religión, de tal forma que intermedió para conseguir la paz entre los bandos de Enrique III, fiel a Roma, y Enrique IV, partidario de la reforma de Lutero. Reconocido por su talante bondadoso, fue elegido alcalde de Burdeos en 1581, el mismo cargo que había ejercido su padre. Su carácter fue sometido a prueba cuando la peste asoló la ciudad.

Montaigne rechazó prebendas y honores. Enrique IV le tenía en gran aprecio y le ofreció un puesto en su corte como consejero, que no aceptó. «Yo no he recibido jamás ninguna generosidad por parte de los reyes, que no he pedido ni merecido, ni me han dado paga alguna por los pasos que he dado a su servicio», escribe.

Si en un friso del templo de Apolo en Delfos figuraba la inscripción «conócete a ti mismo», atribuida por Platón a Sócrates, Montaigne hizo suyo un interrogante con el que podemos identificar su obra y su espíritu: «¿Qué sé yo?». Los *Ensayos* son una pregunta no exenta de incertidumbres sobre la existencia humana.

Montaigne poseía una cultura enciclopédica que lo llevaba a encadenar citas de los clásicos como Virgilio, Plutarco y Séneca. Pero lo hace siempre sin abrumar al lector, porque se nota que el autor ha destilado esos saberes de la Antigüedad a través de la experiencia.

El autor de los *Ensayos* no es, sin embargo, un hombre tibio ni contemporizador, pues jamás elude su opinión en asuntos espinosos como el suicidio o las persecuciones religiosas. Por el contrario, defiende la tolerancia porque es consciente de que el fanatismo puede devastar Europa en el momento de fractura que le ha tocado vivir.

Por decirlo con una palabra, Montaigne era un humanista, un pensador de la complejidad en un mundo donde se exigía fidelidad a los monarcas y a la religión. Nunca se plegó a aceptar las verdades oficiales, siguiendo el ejemplo de Étienne de La Boétie, su mejor amigo, muerto a los treinta y tres años.

Hay mucho en Montaigne de la filosofía de La Boétie, autor del *Discurso sobre la servidumbre voluntaria*, el más implacable panfleto sobre los vicios del absolutismo, en el que sostiene que el peor de los males del tiempo es la ciega sumisión a la autoridad. Su influencia atraviesa las páginas de los *Ensayos*.

Cuando vivía en París en los años setenta, solía pasar por la plaza cerca de la Sorbona donde se halla la estatua de Montaigne. Está sentado sobre un cubo en actitud meditabunda, con las piernas cruzadas y un libro en la mano. Decía la leyenda que los estudiantes de antaño tocaban la efigie para adquirir sabiduría antes de un examen. Sus libros me han acompañado como un fiel amigo que te proporciona consuelo y serenidad.

Por sacar alguna conclusión de su obra, Montaigne concilió la fe y la gracia con la tolerancia y la comprensión. No es fácil y menos en su tiempo. Estoy convencido de que ambos caminos son transitables, aunque las encrucijadas que nos plantea la vida hacen dudar de la dirección que debemos tomar.

21

Los nombres de Dios

Siete siglos después de su paso por este mundo, la figura de Guillermo de Ockham ha ido creciendo hasta adquirir el carácter de leyenda. Ha contribuido a ello *El nombre de la rosa*, la novela de Umberto Eco llevada al cine, en la que un fraile franciscano investiga una serie de crímenes en la abadía de Melk y se enfrenta al poder papal y al inquisidor dominico.

Ockham nació en un pequeño pueblo cercano a Londres en torno al año 1285, tomó los hábitos y estudió teología en Oxford. Fue acusado de herejía y probablemente salvó su vida gracias a la protección de Luis de Baviera. No solo se atrevió a cuestionar el dogma de la infalibilidad del papa, sino que además atacó a Juan XXII y a los dominicos por su afán de acumular riquezas. Murió de peste en Múnich en 1339.

Dejó una vasta obra en latín, publicada en diecisiete volúmenes en la década de 1970 por una universidad católica de Nueva York. A pesar de la menguada difusión de sus escritos, no es exagerado decir que su influencia en el empirismo inglés fue enorme, al igual que en otros pensadores como Leibniz y Kant.

El pensamiento de Ockham supone una ruptura radical con la escolástica de santo Tomás de Aquino, muerto setenta años antes del nacimiento del fraile franciscano. La idea central de la filosofía de santo Tomás, basada en Aristóteles, reside en que la realidad es cognoscible por el entendimiento. Ockham impugna esta tesis. Pero todavía va mucho más lejos al negar que exista un derecho natural basado en la razón. No es extraño que provocara tal rechazo en la jerarquía eclesiástica, que veía en él un peligroso heterodoxo en unos tiempos en los que quienes se apartaban del dogma eran enviados a la hoguera.

Llamado *Doctor Invincibilis*, era un sabio que abarcaba todos los conocimientos de su época, un hombre austero y frugal que desdeñaba cualquier lujo o comodidad. Pero nunca aceptó ninguna autoridad por encima de su propio criterio, lo que le llevó a reivindicar el derecho subjetivo, es decir, la autonomía del individuo frente a una autoridad superior.

Ockham sostuvo que no existen ideas de validez universal, ya que el conocimiento es una mera abstracción a partir de la experiencia. Lo único que percibimos son las cosas concretas, la pluralidad de los seres a los que ponemos nombres. Por tanto, no es posible afirmar que hay un género humano con unos atributos que englobe a toda la especie. Lo que existe es Sócrates como ser irrepetible y único. O tú, querido lector, que eres único en un tiempo y unas circunstancias que solo tú has vivido.

En este sentido, los conceptos no son más que la denominación que damos a las cosas: *Non plus quam vox est sui significati*, que se puede traducir como «solo existen signos en nuestra mente que nos permiten ordenar la realidad», pero no ninguna idea universal que nos ayude a comprender la naturaleza humana o la esencia de Dios. Dirá, por ello, que «el universo no es producido, sino que resulta de una operación abstractiva, que no es otra cosa que una especie de ficción».

A esto se le ha llamado nominalismo, aunque Ockham no encaja bien en este movimiento porque cree que sí que existe una verdad superior, que reside en Dios. A ella podemos acceder mediante la fe, la única fuente de conocimiento seguro. Afirma que el Supremo es el creador del orden existente, pero podría haber creado otro porque su voluntad no está atada a ningún mandato. De forma provocativa, pero muy expresiva, señalará que el hijo de Dios podría haberse encarnado en un asno. Luego matiza este enunciado al subrayar que Dios no puede contradecirse ni destruir el mundo que él ha creado.

Ya se observa que hay un rechazo a la metafísica dominante en la época y a la herencia de Aristóteles y Platón. Fue este fraile franciscano el que dio nombre a la famosa «navaja de Ockham», que, dicho de forma simplificada, consiste en que la explicación más acertada es siempre la más simple. Esta idea quedó formulada en una máxima a la que recurrió también Bertrand Russell: *Entia non sunt multiplicanda praeter necessitatem*. Ello significa que no hay que invocar hipótesis más complejas cuando existe una causa suficiente de los fenómenos.

La concepción de la ética de Ockham se aproxima al imperativo categórico de Kant al sustentar que no existe un orden natural que justifique una norma positiva, por lo que el hombre tiene que actuar según los designios de Dios. Esa voluntad es interpretable y no depende de la autoridad papal ni eclesiástica. Lutero estuvo muy influido por esta noción que implicaba una relación directa entre el hombre y el Supremo Hacedor.

Ockham no solo fue un alma inquieta que buceó en las profundidades de la metafísica. Se pronunció abiertamente sobre cuestiones políticas, lo que le generó muchos problemas. Leí hace algún tiempo su poco conocido *Breviloquium de principatu tyranicco papae*, un opúsculo escrito en 1340 en plena madurez. Es un canto a la libertad de conciencia y a la autonomía del pensamiento, concebido en unos momentos en los que la guerra de los Cien Años devastaba el continente europeo; una época de crisis de la filosofía escolástica, de hambrunas y de pestes y de querellas teológicas. El orden medieval se derrumbaba mientras emergía una clase urbana que desconfiaba del poder de los príncipes y la Iglesia.

Ockham, hombre austero y ejemplar, denuncia no solo la riqueza del papado, sino también el dogma de la infalibilidad del pontífice. Sostiene que este tiene la obligación de orientar a los cristianos, pero que no es infalible. Son los fieles, los sacerdotes y los obispos quienes deben sentar las bases de la fe.

El papa Juan XXII retiró a Ockham su condición de profesor de Oxford, lo llamó a capítulo y le amenazó con un proceso inquisitorial. No solo resultaban inaceptables sus ideas, sino su alineamiento con la causa de Luis de Baviera, que consideraba que el papa no debía inmiscuirse en la elección del emperador ni en asuntos políticos. El fraile apoyó las tesis del monarca bávaro.

Ockham coincidía con Marsilio de Padua en criticar el absolutismo papal, subrayando que Cristo hizo libres a los hombres. Sostenía que el poder del pontífice fue instituido en provecho de los creyentes y no para privarles de su conciencia. Decía más: que la riqueza del papado era una afrenta para los cristianos. Y que la Iglesia no tiene jurisdicción alguna en los poderes temporales y que sus pastores pueden y deben ser sometidos a la crítica.

Es importante subrayar que, a diferencia de Marsilio de Padua, Ockham no hace un análisis político, sino que sustenta sus afirmaciones en los campos de la filosofía y la teología. No pretendía reflexionar sobre la naturaleza del poder, sino sobre la relación de cada hombre con Dios, no mediatizada por la jerarquía eclesiástica ni los dogmas.

La lectura del *Breviloquium* me pareció apasionante siete siglos después de su formulación. Había que tener mucho valor, además de sólidos argumentos, para defender que el papa es tan falible como cualquiera.

Las páginas de este libro inclasificable son una lección en estos tiempos de lo políticamente correcto y en los que los gobiernos y los partidos intentan imponernos lo que tenemos que pensar. «Hay libertad allí donde se halla el Espíritu Santo», escribió este fraile. La hay y no podemos ni debemos renunciar a ella.

Ockham fue un pensador singular que cuestionó los dogmas dominantes en su tiempo y se adelantó cuatro siglos a filósofos como Locke o Hume, quienes siguieron el camino que este franciscano había trazado con su escepticismo sobre la escolástica medieval. Su legado sigue vivo.

No se puede decir lo mismo del de Plotino, un filósofo muy olvidado pero muy influyente en los albores de la Edad Media, antes de las aportaciones de los escolásticos. La grandeza del alma es el desprecio de las cosas de este mundo, decía

Plotino, un griego nacido en el 205 después de Cristo y educado en Alejandría. Escribió las *Enéadas*, un tratado que recoge sus enseñanzas.

Plotino, que se alistó como soldado en una expedición contra Persia, llevó la filosofía de Platón hasta sus últimas consecuencias. Su pensamiento iba más allá de la concepción de su maestro de que el mundo que perciben los sentidos es un reflejo de las ideas y afirmaba que la realidad es una emanación del Uno, del que proviene todo lo que existe.

El pensador helenístico nunca definió el Uno, pero podemos asociarlo a Dios como ser supremo que encarna la perfección absoluta y que está fuera del entendimiento humano. El Uno es la fuente de la existencia de todos los seres.

Al igual que el sol genera la luz que nos ilumina, el Uno produce el *nous*, que es el espíritu, la inteligencia que nos permite comprender la naturaleza de los entes. Y en la escala descendente de lo más alto a lo más bajo está el alma, que concibe las ideas y participa como extensión del *nous*. En el peldaño inferior se encuentran los seres, que son también una pura extensión del Uno.

No es difícil darse cuenta de las similitudes de la filosofía de Plotino con la de Spinoza, que creía que todo lo que existe forma parte de una sustancia única que es Dios. Las tesis de ambos coinciden en la idea de que no hay una oposición entre espíritu y materia, entre cuerpo y alma, porque todo lo creado es una emanación divina. E incluso todo lo que sucede acontece dentro de las leyes establecidas por el Supremo Hacedor.

Muchos científicos y filósofos consideraron esta concepción panteísta de Plotino y Spinoza como un desvarío contrario a la observación empírica y la lógica. Pero, como señala Brian Greene en su libro *El universo elegante*, la mecánica cuántica está avanzando en construir una «teoría del todo», que unifica las leyes de la física y el comportamiento de las partículas elementales. Según este desarrollo, tanto lo infinitamente grande como los electrones y los neutrones funcionan con unas mismas pautas, inscritas en el corazón de la materia.

No soy científico y me cuesta comprender estos conceptos, pero esta teoría del todo supone una impugnación de la distinción de Descartes entre el alma y el mundo material, de lo que él llamaba la *res cogitans* y la *res extensa*. No hay tal dicotomía, según Plotino, porque todo lo que vemos está hecho de la misma sustancia, incluso el pensamiento, dicho en términos spinozianos.

Por ello, sorprende la lectura de Plotino, al que los últimos avances de la física han revalorizado. Y merece la pena constatar que, hace muchos siglos y solo con la fuerza de su inteligencia, este filósofo llegó a conclusiones que hoy no se desdicen de los últimos avances de la ciencia. Insisto: todo está en los clásicos.

Siempre ha existido la tentación de buscar causas únicas a los fenómenos, tal y como intentaron Platón y su discípulo Plotino. Lo que ha variado a lo largo de la historia son esas explicaciones últimas de la realidad, que remiten a Dios, a la materia, a las ideas puras, a la biología o a la historia. Nada hay más tranquilizador intelectualmente que encontrar una clave que elimine todas nuestras incertidumbres para iluminar los acontecimientos con una luz que disipe cualquier duda.

El sucesor moderno de la filosofía de Plotino bien podría ser el obispo George Berkeley. Su pensamiento puede resumirse en unas pocas palabras: la materia no existe. Una afirmación radical y provocativa que intentó argumentar en su más importante libro: *Los tres diálogos de Hylas y Philonus*, escrito cuando tenía veintiocho años. Hylas es un pensador cartesiano que defiende la existencia de la materia, mientras que Philonus es el propio Berkeley, que inspiró el conocido principio *Esse est percipi*. Ello se podría traducir como que el mundo solo existe si es percibido.

Berkeley fue un obispo anglicano que nació en 1685 en Irlanda. Estudió en el Trinity College de Dublín y se doctoró en Teología y Hebreo. Siguiendo su vocación misionera, se embarcó en 1725 para cruzar el Atlántico. Quería fundar unas escuelas en las islas Bermudas, pero se quedó en Rhode Island, donde compró una plantación. No dudó en utilizar esclavos como mano de obra de su explotación. Siete años después, volvió a Inglaterra y fue nombrado obispo de Cloyne.

La obra de George Berkeley, que llevó el empirismo hacia límites que hoy pueden parecer absurdos, ha sido muy influyente en la historia de la filosofía. Hasta el punto de que Bertrand Russell se tomó la molestia de rebatir su tesis de que las cosas no tienen sustancia, sino simplemente propiedades físicas.

Sin duda, Berkeley había leído a Locke, un contemporáneo suyo, que defendía que las ideas se generaban a partir de la observación de una realidad material percibida por los sentidos. Esto lo negó el filósofo irlandés, que apuntó que los conceptos abstractos son una ficción de la mente humana.

Según sus tesis, solo podemos conocer las cualidades sensibles de las cosas, los accidentes y no la sustancia, por decirlo en términos aristotélicos. Philonus, su alter ego, pone una serie de ejemplos para demostrar que nada tiene una esencia material. Recurre a las sensaciones de frío y calor para convencernos de que esas ideas solo existen en nuestro cerebro. Argumentará que, si un hombre tiene una mano caliente y otra fría, al introducirlas en agua templada, la caliente sentirá frío y la fría sentirá calor. Por lo tanto, el calor y el frío no existen como ideas objetivas, sino que solo son producto de nuestra percepción.

Al igual sucede con la distancia: cuando estamos cerca de un objeto lo vemos como algo grande, cuando nos alejamos se transforma en diminuto. Por lo tanto, el espacio y el tamaño son también algo subjetivo.

En un intento de contradecir la física de Newton, Berkeley sostendrá que sus leyes son una construcción mental, aunque admite que pueden ser útiles para predecir los fenómenos. Pero una cosa es que los sucesos se ajusten a una pauta y otra que esa pauta sea real y universal. Los cuerpos son simplemente haces de percepciones: magnitud, color, olor, tacto, pero carecen de materialidad.

Berkeley admite, sin embargo, la existencia de la ciencia. Pero solo será posible a partir de las percepciones puras, sin la intervención del entendimiento. Todo lo que está mediatizado por la lógica deductiva deforma las sensaciones, base del método científico, que es pura observación.

Para ridiculizar las afirmaciones de Berkeley, Samuel Johnson pegó una patada a una roca y dijo: «Las refuto así». Una forma de argumentar que la roca no solo existe en la mente, sino que puede fracturar un pie. A mi juicio, el ejemplo de Johnson no es convincente porque eso no destruye la aseveración de que las sensaciones solo son percepciones subjetivas.

La pregunta es por qué existen objetos que todos percibimos de forma semejante y con parecidas cualidades si carecen de sustancia. Berkeley era muy consciente de esta dificultad, que resolvió con la afirmación de que Dios ha creado el mundo y ha querido que todos los hombres perciban las mismas sensaciones.

Otra cuestión de difícil respuesta reside en que la existencia de un árbol no puede depender de que los individuos lo perciban. Resulta imposible creer que ese árbol no existirá si no es visto por nadie. Berkeley también responderá a esta objeción: el árbol existe porque Dios sí lo está viendo. Si el mundo opera con una lógica aparente, hay un cierto orden y resulta observable que existe un principio de causalidad por el que el fuego produce humo, todo ello se debe a la voluntad del Ser Supremo, que es la única entidad sustancial que explica todo lo que es y todo lo que acontece.

Muchos filósofos han situado a Berkeley como el fundador de un idealismo subjetivo, lo que resulta dudoso, ya que más bien su concepción es un teísmo extremo por el que Dios interviene en todo lo que sucede en el mundo. Probablemente, este obispo irlandés, más que un pensador radical, fue un místico.

Es difícil leer a Berkeley sin sentirse conmovido. Sus ideas han dado lugar a anécdotas tan divertidas como la siguiente. Cuenta Cabrera Infante que una noche de 1971 se encontraba con Borges paseando por el parque de Berkeley Square en Londres. Al escritor cubano se le ocurrió dejar a su amigo en medio de la calle para comprobar si estaba ciego. Permaneció inmóvil hasta que un taxi pasó a su lado.

Borges no se inmutó y pronto su acompañante lo rescató. «Pensé que los coches no podían hacerle daño, ya que no existían si él no los veía, como sostenía Berkeley», comentó Cabrera. Fue un experimento muy arriesgado, aunque efectivamente Borges fue fiel lector y admirador del obispo anglicano.

Hay en los libros del argentino numerosas referencias no solo al clérigo irlandés, sino también a David Hume, los dos filósofos que más había leído. Borges confesó que se consideraba seguidor del idealismo y, más en concreto del inmaterialismo de Berkeley, que sostiene que la materia es una ilusión y que el ser solo existe si es percibido.

Hay varios relatos de Borges en los que ilustra las tesis de Berkeley, pero el más conocido es el enigmático «Tlön, Uqbar, Orbis Tertius», escrito en 1940. En él relata la existencia de un mundo imaginado por una secta, donde cada individuo es parte de una divinidad indivisible. Tlön existe en la medida que es pensado por los miembros de esa sociedad secreta.

Borges creía que Hume acertaba al señalar que la realidad es un haz de sensaciones percibidas por la mente. «Vivir es soñar», dice uno de sus personajes. El escritor argentino repudiaba la concepción aristotélica de que los sentidos perciben una sustancia que tiene entidad material por sí misma.

Siguiendo a Berkeley, Borges imaginaba un posible universo en el que los hombres no pudieran ver ni tocar ni andar. En ese mundo solo existiría el tiempo, pero no el espacio. Dicho de otra manera, el espacio solo puede ser percibido o los olores solo pueden ser discernidos si existen los órganos para captar esas sensaciones.

Hume llegó a la conclusión de que las ideas universales son una entelequia, al igual que no podemos conocer nada sobre posibles realidades trascendentes como Dios. La única certeza de la mente es la pura observación sensorial.

Las ideas de Berkeley y Hume pueden parecer absurdas, pero encierran una gran pregunta cuya respuesta no es tan obvia como parece. Es la siguiente: ¿existe el mundo como tal o es un espejismo que deriva de nuestras percepciones? Kant afirmaba que el tiempo y el espacio forman parte de la sensibilidad del sujeto y que no es posible conocer la esencia de las cosas.

En última instancia, Borges creía en que solo podemos aferrarnos a la pura apariencia de los fenómenos, a su percepción efímera y cambiante y a la falta de sustancia de una realidad evanescente. Nadie ha demostrado que estuviera equivocado, ni tampoco Samuel Johnson cuando dio una patada a una roca para refutar a Berkeley.

Influido por la visión mística de Berkeley y en un intento de responder a la pregunta de la presencia de Dios en el mundo, T. S. Eliot comenzó a escribir sus *Cuatro cuartetos* a finales de 1935 y acabó su composición en septiembre de 1942. Fueron siete años para concluir cuatro poemas de una extensión cercana a diez páginas cada uno. El dato cronológico es relevante porque ilustra sobre la lenta maduración de esta tetralogía, que supone la culminación de la obra de Eliot y uno de los momentos más gloriosos de la poesía contemporánea. Pocos textos han expresado mejor la fugacidad de la condición humana y el misterio de un Dios que se proyecta en el tiempo y en la naturaleza.

Eliot había publicado en 1922, tras el final de la Gran Guerra, el trabajo que le había catapultado al éxito: *La tierra baldía*, un poema en el que es perceptible la influencia de su amigo Ezra Pound. Es una obra elegiaca, entre lo profético y la sátira, en la que expresa con distintas voces la catástrofe que se ha abatido sobre el mundo. No es casualidad que ese mismo año viera la luz el *Ulises* de Joyce.

Confieso de entrada que la primera vez que leí los *Cuatro cuartetos* hace cuarenta años no entendí nada, pero quedé fascinado por la forma del texto y sus metáforas. T. S. Eliot es como un orfebre que pule cuidadosamente un diamante para resaltar su belleza. Sus versos no obedecen a una métrica ni a una estructura definida, son fragmentos con autonomía propia que van adquiriendo un sentido a medida que avanza la lectura.

Todo el texto gira en torno al gran misterio del tiempo como un agujero negro que nos traga y, a la vez, nos singulariza como seres únicos e irrepetibles. La obra comienza con la cita clásica de Heráclito que ilumina el propósito del poema: «El camino que sube y el que baja son uno y el mismo». Y es que el tiempo es pura ilusión de permanencia que acaba en la nada o, para el autor, en Dios.

Eliot había nacido en Saint Louis (Missouri) en 1888, en el seno de una familia pudiente, ya que su padre era un influyente y respetado empresario. Estudió Filosofía en Harvard, donde entabló amistad con Bertrand Russell, hasta que en 1909 decidió emigrar a París para iniciar su carrera literaria. Luego vivió en Múnich y en otras ciudades europeas, siguiendo los pasos de Joyce.

Después de instalarse en Londres, se convirtió al anglicanismo en la década de 1920 y estaba atravesando una fuerte crisis personal cuando escribió sus *Cuartetos*, ya que se había separado de su mujer y la guerra asolaba Inglaterra. Allí vivió desde 1914 hasta su muerte en 1965 tras haber obtenido la nacionalidad británica. Siempre se consideró un híbrido de las dos culturas: «Mi poesía no hubiera sido la misma si me hubiera quedado en Estados Unidos, pero tampoco si hubiera nacido en Inglaterra».

En cierta forma, los *Cuatro cuartetos* son una obra mística, atravesada por un fervor religioso, en la que la naturaleza confluye en un Dios impersonal en el que se disuelve la incierta peripecia de los hombres: «Todas (las cosas) se arreglarán cuando las lenguas de llama se entrelacen en el coronado nudo de fuego y sean la rosa y el fuego uno». Ese nudo de fuego es el Todopoderoso que nos aniquila al salvarnos.

«Burnt Norton», el primero de los cuartetos, versa sobre el espejismo individual de creer que el pasado podría haber sido distinto si no se hubiera cruzado el azar en el camino. En el segundo, «East Cooker», el poeta aborda el transcurso de las cuatro estaciones y de los ciclos naturales como falsa ilusión de la eternidad. El primer verso apunta que «en mi principio está mi fin» y el último concluye que «en mi fin está mi principio», apelando a esa circularidad del tiempo.

El tercer cuarteto es «The Dry Salvajes», alusión a unos

islotes, en el que plantea la imposibilidad de penetrar en los misterios de una naturaleza que nos arrastra como una poderosa ola. Finalmente, en «Little Gidding», el poema gira en torno a las limitaciones de la conciencia humana, que intenta orientarse en un mundo donde todo se pierde en el vacío del devenir como los ecos de los pasos en un jardín.

No deja de ser una vana pretensión fijar un sentido a una obra tan abierta e impregnada de sentimientos y de alusiones místicas. Construida como un *collage*, llena de referencias culturales, religiosas e históricas, Eliot sigue una técnica similar a la de Ezra Pound en los *Cantos*. Por eso los *Cuartetos* dejan la misma impresión que si uno estuviera leyendo a san Juan de la Cruz o santa Teresa.

Eliot es, tal vez, el poeta más original y seductor del siglo XX, ya que, aunque se le ha catalogado dentro del modernismo junto a creadores como Yeats o Auden, su voz es inclasificable. Sencillamente hay que leerle y dejar que las palabras floten en nuestro interior: «Resuenan pisadas en la memoria por el pasillo que no recorrimos, en la puerta que no abrimos nunca». La vida, como escribe Eliot, es un camino de infinitas bifurcaciones, recodos que algún día doblamos y que nos impiden mirar hacia atrás.

22

El imperativo categórico

La leyenda dice que los vecinos de Königsberg ponían su reloj en hora cundo Immanuel Kant pasaba bajo sus casas. Hombre de legendaria puntualidad, sostuvo que el tiempo y el espacio no existen fuera del sujeto. Una afirmación osada en su época y con implicaciones que han sacudido el conocimiento en los dos últimos siglos.

Si Whitehead afirmaba que toda la filosofía es un conjunto de notas a pie de página de la obra de Platón, podríamos decir que todo lo que se ha escrito y pensado desde la publicación de la *Crítica de la razón pura* en 1781 es una glosa de las ideas de Kant, del que se ha cumplido el tercer centenario de su nacimiento.

Me confieso devoto lector y admirador no solo de su genio intelectual, sino también de su carácter y su honestidad. Educado en el pietismo, vivió de forma frugal, rehuyendo el poder, la fama o el dinero. Buscó la verdad en un mundo convulso, puesto patas arriba por la Revolución francesa.

Reivindicó siempre la autonomía de la razón, colocando la conciencia individual por encima del orden establecido, lo que le valió ser considerado sospechoso por las autoridades prusianas. Su imperativo categórico fundamentaba la ética no en la religión, sino en el corazón y en el cerebro humano.

La gran aportación del pensamiento kantiano fue la noción de que no existe la posibilidad de conocer la esencia de las cosas. La percepción de lo real está mediatizada por el tiempo y el espacio, que no tienen una existencia objetiva, sino que son, en sus propias palabras, formas de la sensibilidad. Kant no niega la validez de la ciencia, pero sí sostiene que todo lo que sabemos está tamizado por nuestro entendimiento.

Esta tesis central en su filosofía tiene muchas consecuencias. La primera es que resulta imposible hacer afirmaciones categóricas sobre la existencia de Dios, el sentido de la vida o la fundamentación de las normas que rigen nuestra convivencia, que deben ser la expresión de un consenso y no de una imposición de la autoridad.

Kant aboga por la tolerancia y las libertades individuales frente al absolutismo. Lleva hasta tal punto esa concepción que propone un Estado europeo que desembocaría en la abolición de las guerras y en una convivencia armónica de las diferentes identidades culturales. Fue un visionario que rechazaba *avant la lettre* los nacionalismos, los populismos y cualquier forma de dogmatismo.

Solía decir que el sabio suele cambiar de opinión; los necios, nunca. Era un hombre abierto a las ideas de los demás y siempre defendió que la razón y no los sentimientos deberían dictar nuestras acciones. Algo tan sencillo sigue siendo hoy revolucionario. En unos tiempos en los que se nos divide en buenos y malos y en los que algunos se arrogan la posesión de la verdad, su lucidez brilla en la noche oscura.

Hay un acuerdo generalizado en considerar a Immanuel Kant como el padre de la filosofía moderna. Y aquí se acaba el consenso porque la complejidad de su pensamiento permite diversas interpretaciones, entre otros motivos, porque el profesor de Königsberg introdujo importantes matizaciones sobre el sentido de su obra al final de su vida.

Intentar explicar a Kant incurre en el riesgo de distorsionar o simplificar su legado, por lo que solo cabe remitir a la lectura de su *Crítica de la razón pura*, tan celebrada como poco leída. En ella se interroga sobre la naturaleza del conocimiento, sus límites y la posibilidad de una ciencia universal.

Kant intentaba superar el callejón sin salida al que llevaba

— 224 —

el empirismo de Locke y Hume, que, al afirmar la experiencia sensible y particular como única fuente de conocimiento, hacía imposible la existencia de leyes de carácter objetivo y universal. También se daba cuenta de las limitaciones del racionalismo cartesiano, que sacaba sus conclusiones de una razón innata al margen de la observación empírica.

Por tanto, el gran reto que se plantea Kant es dar una estructura inteligible a los hechos «singulares y amorfos» que existen fuera del sujeto. Ello solo será posible si nuestro entendimiento es capaz de formular juicios sintéticos *a priori*, que, a partir de la observación, tengan validez universal.

Kant construye todo su edificio conceptual sobre la base de estos juicios sintéticos *a priori*, que son necesarios y objetivos. Son objetivos porque son formulados a partir de la experiencia y son necesarios porque son de validez universal. Pero, a diferencia de Aristóteles o Leibniz, quien confiere esa universalidad al conocimiento es el sujeto y no el mundo externo.

Esto es esencial porque la estructura inteligible de la realidad reside en las formas y las categorías del conocimiento que son inherentes al sujeto, que es quien proporciona el sentido a una naturaleza externa, amorfa y caótica. Por ello, el pensamiento de Kant es una filosofía del sujeto y el conocimiento es «trascendental» en la medida que va más allá de la percepción.

Kant señala que el espacio y el tiempo son «formas *a priori*» de la sensibilidad, lo que significa que todo lo que captan nuestros sentidos está contextualizado en un marco temporal y espacial. Ello equivale a decir que ni el tiempo ni el espacio tienen una existencia objetiva, simplemente son condiciones necesarias para la percepción. Esta idea es resaltada en varios pasajes en la *Crítica de la razón pura*.

Tras dar este paso, Kant afirma que existen categorías en nuestro entendimiento que no son empíricas ni intuitivas, sino que forman parte de la estructura interna del sujeto. Estas categorías son doce y están encuadradas en cuatro grupos: la unidad, la cantidad, la relación y la modalidad. Un ejemplo para entender esta noción: la distinción entre causa y efecto, algo en lo que se aparta de Hume.

Si todos los seres humanos comparten las mismas formas y categorías, podemos concluir que hay un entendimiento general o universal, algo que Kant era reacio a aceptar. Aquí está la base del idealismo y de la filosofía de Hegel, que, aunque siempre rechazó el sistema kantiano, estaba muy influido por él.

Kant afirmará, sin embargo, que no podemos conocer el *noumenon* o esencia de las cosas, ya que nuestro entendimiento solo nos proporciona luz para establecer relaciones lógicas sobre el *phenomenon* o apariencia externa de lo real.

Por tanto, nuestra razón, entendida como la capacidad de formular juicios de validez universal y establecer sus relaciones, no puede concluir la existencia de Dios ni la inmortalidad del alma, que Kant no cuestiona pero que le parecen indemostrables. Dice literalmente que son paralogismos.

El filósofo prusiano, nacido en el seno de la familia de un guarnicionero y educado en los estrictos principios del pietismo, aplicará esta filosofía del sujeto a su concepto de la ética, expresado en su *Crítica de la razón práctica*. Kant sostiene que la moral es individual y está regida por el imperativo categórico, que enuncia de esta manera: «Obra de tal suerte que tu acción pueda servir de norma universal».

Esta concepción implica que la moral supone la libertad de elegir porque cada ser humano es autónomo a la hora de fijar sus pautas de comportamiento y tomar sus propias decisiones. No es posible imponer a nadie lo que debe hacer en el terreno de la conducta, una afirmación que le creó problemas con la autoridad. Como decíamos, Kant fue también el primero que propuso un gobierno supranacional que garantizara la paz entre las diferentes naciones, una idea que hace más de dos siglos resultaba excéntrica.

Su inquietud y sus vastos conocimientos quedan reflejados en un libro titulado *Teoría de los cielos*, escrito en su juventud, en el que explicaba que los cuerpos celestes nacen de nebulosas en expansión y contracción, una teoría similar a la de Laplace.

Kant, fascinado por la Revolución francesa, fue el gran pensador de la Ilustración al reivindicar la absoluta autonomía de la razón y el derecho de los individuos a actuar según el dictado de su conciencia. Ese fue su mayor legado, compartido con David Hume, cuya filosofía fue una referencia permanente en su metafísica.

Existe una vieja tradición entre los estudiantes de Edimburgo que consiste en tocar el dedo del pie de la estatua de Hume. Según la creencia popular, quien hace ese gesto adquiere la sabiduría de este filósofo e historiador, nacido en 1711 en la capital escocesa.

Cuando leyó su *Investigación sobre el entendimiento humano*, Kant aseguró que la obra le había despertado de su «sueño dogmático», mientras que Bertrand Russell sostenía que no estaba seguro de que la filosofía de Hume haya podido ser refutada. Pocos pensadores han sido tan influyentes. Pero la gran paradoja de su legado es que nadie ha hecho más que este escocés, símbolo de la Ilustración, para demoler la razón.

Tan solo quince años antes del nacimiento de Hume, un estudiante de Edimburgo había sido condenado a muerte por afirmar que el cristianismo era una religión sin fundamento. Pues bien, Hume cuestionó no solo la existencia de Dios, sino también los pilares de la moral. Además, puso en duda el concepto de responsabilidad personal y la idea del yo sobre la que Descartes había sustentado su filosofía.

Pero su mayor provocación intelectual, no bien entendida por sus contemporáneos, fue la negación del principio de causalidad, lo que equivalía a demoler la metafísica tradicional y a confrontarse con el legado de Locke, Berkeley y Descartes, que tanto habían influido en su formación.

Hume sostuvo que afirmaciones como que el humo procede del fuego o que el sol ilumina cada mañana proceden de la observación, son puramente empíricas. Pero que esos enunciados no demuestran el principio de causalidad. «No tenemos otra noción de causa y efecto que la de ciertos objetos que siempre han estado unidos. No podemos penetrar en la razón de esa unión», escribe.

— 227 —

Para sustentar esta conclusión, Hume distingue —y esto es esencial— entre impresiones e ideas. Las impresiones provienen de nuestros sentidos y, en cambio, las ideas son asociaciones de las impresiones. Las ideas no podrían existir sin las impresiones, que determinan todo lo que podemos conocer.

Esta distinción implica cuestionar la validez universal de las ideas y la propia autonomía de la razón, que está supeditada a las impresiones temporales y dispersas de nuestra percepción. Hume afirma que «las ideas no son más que copias de nuestras impresiones o, en otras palabras, nos resulta imposible pensar en nada que no hayamos sentido con anterioridad». Por ello, la inducción es un mero engaño.

Esta negativa de la posibilidad de un conocimiento universal, salvo en el terreno puramente formal de las matemáticas, la hace extensiva a las relaciones sociales, de suerte que la ética no es más que la sublimación de las pasiones y las emociones. Hume cae en un absoluto relativismo moral, como insistía mi profesor de Filosofía en el colegio de los jesuitas de Burgos.

El intelectual escocés asegura que las normas sociales se basan en la utilidad, no en un código natural o trascendente. En este sentido, Hume negará que se pueda demostrar la existencia de Dios, que, según su concepción, es una idealización absoluta de las cualidades del ser humano. Esta afirmación fue esgrimida para negarle una catedra de Filosofía en Edimburgo por ateísmo y también es la base de algunas falsas leyendas sobre su vida. Se dice que una señora le exigió que reconociera que el Ser Supremo existe para salvarle de una laguna de cieno en la que se estaba hundiendo.

Pero Hume fue una buena persona, equilibrada y generosa, muy querida por sus amigos como el economista Adam Smith. Quien quiera saber algo sobre su forma de ser, solo tiene que leer su corta autobiografía, escrita unas semanas antes de su muerte. Afirma en ella: «He sido dulce, dueño de mí mismo, de un humor alegre y social, capaz de amistad, pero muy poco inclinado al odio y harto moderado en las pasiones». Y termina asegurando que, a sus sesenta y cinco años, ya ha vivido suficiente y que acepta de buen grado dejar este mundo.

Hume se había educado con un tío, dado que su padre había muerto cuando él tenía solamente tres años. Estudió Leyes, pero nunca ejerció, ya que su vocación era la filosofía. Tan solo con veintiséis años publicó su *Tratado de la naturaleza humana,* que nadie leyó. Lo había escrito en Francia, donde había vivido dos años.

Casi tres décadas después, residió en París como diplomático. Allí conoció a Rousseau, al que invitó luego a refugiarse en su casa tras ser perseguido por la monarquía francesa. La relación acabó mal porque el filósofo francés era inestable e irascible pese a los muchos favores que le hizo su amigo.

El carácter de Hume queda reflejado en la lápida de su tumba en el cementerio de Old Calton en Edimburgo, donde están grabadas las fechas de su muerte y nacimiento con esta inscripción: DEJO A LA POSTERIDAD QUE AÑADA EL RESTO.

Hume y Kant fueron dos almas gemelas a pesar de sus diferencias filosóficas. Su afán de buscar la verdad, su defensa de la razón, su reivindicación de la autonomía individual y su fuerte sentido ético de la vida les unen en la posteridad. Dos gigantes que intentaron responder a preguntas que carecen de respuesta y que ambos dejaron abiertas.

— 229 —

23

El terremoto de Lisboa

El 1 de noviembre de 1755 un terrible terremoto destruyó la ciudad de Lisboa. En seis minutos se derrumbaron casi todos los edificios, la flota se hundió en el Tajo y cerca de treinta mil personas perdieron la vida. Muchos vieron en el desastre un castigo divino por los pecados del pueblo portugués y de su monarca. Kant escribiría posteriormente un opúsculo en el que intentaba explicar el terremoto por causas científicas. Pero fue Voltaire quien se planteó una reflexión filosófica sobre las consecuencias del desastre.

Frente a las hipótesis de Kant, Voltaire escribió que las causas del fenómeno eran incomprensibles, producto de un cruel azar. Y se preguntó cómo era posible que un Dios bueno y omnipotente hubiera permitido tal destrucción. La misma pregunta surge hoy tras los terremotos de 2023 en Turquía y Siria y los miles de muertos que provocaron.

Resulta fácil hallar una explicación científica. También podría ser pertinente recurrir a la fragilidad humana frente a las fuerzas de la naturaleza. Pero este tipo de razonamientos no sirven más que para dejar en evidencia la arbitrariedad de una devastación ciega que aniquila a seres humanos por la circunstancia de haber nacido allí y no en otro lugar.

No es cierto como apuntaba Leibniz que vivamos en el mejor de los mundos posibles. Al igual que es muy difícil compatibilizar la idea de Spinoza de que todos formamos parte de una sustancia única, que es Dios, con estas catástrofes naturales.

El mal en el mundo es incomprensible. Y lo es tanto a gran escala como en el ámbito de lo personal. Mientras escribía este libro, murió una amiga de mi mujer dejando huérfanos a dos niños de doce años. No tenían a nadie que pudiera asumir la responsabilidad de educarles y darles sustento, pero un amigo tuvo el asombroso gesto de acogerlos en su casa y proceder a la adopción.

Por muy religioso que se sea, es imposible entender tragedias como la pandemia, la guerra de Ucrania, la devastación de Gaza o las recientes riadas de Valencia, que provocaron más de doscientos veinte muertos. Y ello porque el mal es obsceno, brutal, imprevisible. Golpea sin motivo y es implacable. Como en *El triunfo de la muerte*, el cuadro de Pieter Brueghel, las hordas de la destrucción ejercen su trabajo sin piedad para los vivos.

Solo es posible escribir de lo sucedido con un grito de rebeldía, de incomprensión, de hastío por el horror que nos rodea. No hay ni un solo metro cuadrado en este mundo que pueda escapar de esas legiones de esqueletos fantasmagóricos que pueblan el cuadro de Brueghel.

¿Tuvo más vicios Lisboa que París o Londres para ser castigada por el terremoto? No hay respuesta a esta pregunta de Voltaire porque el mal es absurdo. Dios permanece en silencio, mientras los desastres, la guerra y el fanatismo siguen asolando nuestro mundo. Los terremotos, tsunamis, inundaciones y cataclismos naturales apelan a un azar que rige nuestras vidas y que es indiferente al destino de los hombres. Estamos solos e indefensos frente a fuerzas irracionales que no podemos controlar.

Dice el Apocalipsis o libro de las Revelaciones que un pergamino cerrado con siete sellos profetizaba las catástrofes que iban a asolar a la humanidad. Llegarían en forma de cuatro jinetes montados en caballos de color blanco, negro, bermejo y amarillo. Esos caballos se han asociado a la guerra, las hambrunas, las pestes y el triunfo de Satanás.

El texto, datado en tiempos de las persecuciones a los cristianos en el Imperio romano, reza textualmente: «Apareció un caballo rojo como el fuego. Su jinete había recibido el poder de quitar la paz en la tierra y provocar que la gente se matara. Para ello, se le dio una gran espada».

El Apocalipsis ha guiado la imaginación durante casi veinte siglos. Fue un libro de referencia durante la Edad Media, asolada por los desastres que describe. Los avances de la ciencia y la tecnología a partir de la Revolución Industrial crearon un nuevo horizonte para los seres humanos que dejaba atrás la maldición de los cuatro jinetes.

Tras la Segunda Guerra Mundial, Europa vivió décadas de crecimiento y prosperidad que, a pesar de la amenaza nuclear, generaron un gran optimismo sobre el futuro. Parecía imposible una vuelta atrás. Nunca el porvenir se había presentado con unas expectativas más halagüeñas.

De repente, hemos despertado de ese sueño. El coronavirus se ha llevado por delante millones de vidas, las hambrunas y las desigualdades provocan enormes flujos migratorios, el cambio climático amenaza los equilibrios naturales y ahora la invasión de Ucrania o la masacre de Gaza desestabilizan el orden nacido tras la desaparición de la Unión Soviética. La realidad parece una pesadilla.

Nunca en nuestra existencia nos habíamos sentido tan frágiles y vulnerables. Como ya predecía Heidegger, la técnica se ha vuelto contra el hombre. Y cunde la sensación de que la generación nacida a partir de 1990 puede vivir peor que sus padres y sus abuelos.

Sufrimos tiempos verdaderamente apocalípticos, tiempos de zozobra e inseguridad en los que las convicciones más sólidas se derrumban ante una sociedad líquida donde todo es volátil y relativo. Incluso el fantasma de una guerra nuclear vuelve a agitarnos.

«Como sucedió en vida de Noé, así sucederá también en la época del hijo del Hombre. Comían, bebían, compraban, vendían, plantaban y edificaban. Pero la jornada en la que Lot salió de Sodoma, llovió del cielo fuego y azufre y los destruyó a todos. Así será el día en el que el hijo del Hombre se manifieste», según está escrito en las Revelaciones.

La humanidad no está condenada a esa lluvia de fuego y azufre, pero el progreso y los avances tecnológicos, a la vez que aumentaban nuestra calidad de vida, han traído consigo una degradación del medioambiente y una capacidad de destrucción sin precedentes. El Apocalipsis cabalga de nuevo.

Conforme se acercaba el año 1000 de la era cristiana, muchos teólogos y religiosos predicaron que el fin del mundo se produciría al llegar esa fecha. Así nació el término «milenarismo». Muchos siglos antes, el libro del Apocalipsis señalaba que el diablo se liberaría de sus cadenas y volvería entre los humanos para sembrar la idolatría y el caos. Entonces Dios castigaría a los pecadores con una tormenta de fuego y Jesucristo restauraría su reino sobre la Tierra.

El reformista y visionario luterano Thomas Müntzer había previsto que el mundo se acabaría en el siglo XVI, pero no pudo comprobar si su predicción era cierta porque fue decapitado tras promover una rebelión campesina. El papa Inocencio III creía que todo terminaría en el año 666 después del nacimiento del islam. Y decenas de teólogos, filósofos e incluso sabios como Miguel Servet fijaron fecha para el Juicio Final.

Fue Isaac Newton quien combatió con argumentos científicos estas percepciones, señalando la existencia de un tiempo infinito en el que se produce un permanente cambio. La idea newtoniana estuvo vigente hasta Einstein, que afirmó que el tiempo es una magnitud relativa.

La noción moderna de que la vida en el universo duraría decenas de miles de millones de años fomentó la idea optimista de que la existencia humana se prolongaría hasta un remoto plazo y que la ciencia podría descifrar todos los enigmas de la materia. Dicho con otras palabras, las generaciones del siglo XX creyeron que el progreso era ilimitado y que la supervivencia de la especie estaba asegurada.

Pero ese optimismo antropológico ha ido disminuyendo con el paso de los años, mientras el hombre adquiría la certeza de que los recursos del planeta pueden agotarse y que estamos abocados a un cambio climático de efectos imprevisibles.

Hoy guerras como la de Ucrania y Gaza incrementan esa incertidumbre tanto por las consecuencias económicas del enfrentamiento como por la posibilidad, aunque sea remota, de una guerra nuclear. Lo que era ciencia ficción hace poco hoy es una pesadilla con visos de realidad.

Por otro lado, si la naturaleza puede provocar grandes catástrofes como los terremotos, los volcanes y los tsunamis, al mirar hacia el pasado podemos observar que la humanidad ha sufrido desde el Paleolítico enfermedades contagiosas que han determinado los asentamientos de la población y alterado los equilibrios demográficos

El miedo a la peste está enterrado en el inconsciente humano desde el Paleolítico. Las infecciones y las epidemias ya eran la principal causa de mortalidad cuando el *Homo sapiens* vivía en las cavernas hace decenas de miles de años. Pero ahora resurge de nuevo ese temor ancestral al contagio en una sociedad que creía haber alejado esas amenazas gracias al avance del conocimiento.

Las referencias a la peste atraviesan la historia de la cultura occidental desde Boccaccio a Thomas Mann, pasando por la pintura flamenca en la que se representa la apoteosis de la muerte. Boccaccio, por ejemplo, se inspiró en la peste bubónica que asoló Florencia y otras ciudades italianas en el siglo XIV para escribir el *Decamerón*.

La narración comienza cuando diez jóvenes se alejan de la villa y se refugian en una casa de campo para huir del contagio. Para entretenerse, empiezan a contar historias, muchas de ellas de contenido erótico. La obra empieza con un prólogo en el que el escritor florentino describe crudamente los efectos de la peste:

> ¡Cuántos valerosos varones, bellas mujeres y jóvenes gallardos que Galeno e Hipócrates hubieran juzgado sanísimos desayunaron con sus familiares y por la noche ya estaban en el otro mundo cenando con sus antepasados!

La peste bubónica fue probablemente la pandemia más devastadora en la historia de la humanidad. Se calcula que pudo matar en Europa a unos veinticinco millones de personas en el periodo comprendido entre 1347 y 1353, más de la tercera parte de la población. El origen de la enfermedad era una bacteria llamada *Yersinia pestis,* que producía manchas y ronchas en la piel. Los enfermos desprendían un olor pestilente al supurar un líquido que salía de las ampollas que cubrían el cuerpo.

Es interesante saber que la epidemia se solapó con la devastadora guerra de los Cien Años, un conflicto tremendamente cruel entre los reinos de Francia e Inglaterra, que provocó éxodos de población, destrucción de las cosechas y terribles hambrunas. Muchos de los que la sufrieron creían que se avecinaba el fin del mundo.

Jared Diamond en *Armas, gérmenes y acero* estudia el impacto de las pandemias en la historia y concluye que los virus y las bacterias han sido poderosos instrumentos de destrucción masiva. Las migraciones y el asentamiento de los pueblos tienen mucho que ver con el desarrollo de las pestes que han asolado a la humanidad.

Diamond sostiene que las epidemias surgieron cuando el hombre domesticó a animales como los perros, las vacas, los cerdos y las ovejas, cuya convivencia generó la aparición de enfermedades contagiosas. En el Paleolítico, cuando el hombre vivía en pequeños núcleos, dedicado a la caza y sin un territorio fijo, los microbios tenían una menor incidencia que en el Neolítico, cuando nacieron las primeras poblaciones estables en torno al desarrollo de la agricultura.

El autor de *Colapso*, su libro más conocido, resalta algo que ya sabemos: la increíble capacidad de los virus para sobrevivir a través de las mutaciones, de suerte que están continuamente evolucionando para poder seguir infectando la vida animal, de la que depende su existencia y propagación. Por ello, aparecen nuevas enfermedades como la provocada por el coronavirus, que carece todavía de antídoto.

Diamond cuenta cómo la expedición del capitán Cook al llegar a Hawái en 1779 llevó consigo la sífilis, la gonorrea y el tifus, lo que diezmó a la población nativa. Hawái tenía medio millón de habitantes a finales del siglo XVIII y pasó a ochenta mil personas en 1850.

No hay duda de que las rutas comerciales que se intensifican a partir de Marco Polo y las expediciones militares para conquistar nuevos territorios contribuyeron a expandir las enfermedades contagiosas. Pero también ha habido casos documentados de que tan solo una persona ha llevado una epidemia a lugares aislados. Por ejemplo, un carpintero procedente de Dinamarca portó el sarampión a las islas Feroe en 1781. En el plazo de varios meses, el 90 por ciento de la población quedó infectada.

Uno de los ejemplos más clásicos a los que recurren los epidemiólogos para ilustrar los efectos de la expansión de los virus es la colonización española de América tras el descubrimiento de 1492. Hay algunas estimaciones no contrastadas que señalan que más de la mitad de la población indígena murió a causa de las enfermedades transmitidas por los españoles.

Los colonizadores llevaron más allá del Atlántico el sarampión, la viruela y la fiebre amarilla, con consecuencias devastadoras. La población local de Cuba desapareció a causa de una serie de epidemias, mientras que Hernán Cortés se vio favorecido en la conquista de México por la viruela. Diamond dice que solo sobrevivieron 1,6 millones de aztecas de los veinte millones que había en 1520.

No son estimaciones fiables porque entonces no existían las estadísticas ni los censos, pero lo cierto es que, si ahora el cáncer y las enfermedades cardiacas son la principal causa de mortalidad, en la Edad Media y parte de la Edad Moderna eran las epidemias.

Ya el historiador Tucídides documentó unas fiebres tifoideas que asolaron Atenas durante la guerra del Peloponeso. Murieron más de trescientas mil personas, una cifra muy superior que la provocada por el conflicto con Esparta. Por ello, tal vez habría que reescribir la historia en el sentido de que esas fiebres contribuyeron más a la derrota ateniense que la legendaria fuerza militar espartana.

Los epidemiólogos han señalado que el virus de la viruela ha sido el más letal de todos los tiempos, provocando unos trescientos millones de muertos en épocas y lugares distintos. Se sabe que surgió hace diez mil años, en el comienzo del Neolítico, y que provocó una increíble devastación. La viruela fue erradicada hace cuarenta años, pero, conocida entonces como la peste antonina, mató a una cuarta parte de la población romana en el siglo II. El historiador Amiano Marcelino señala que se extendió a las Galias y el Rin, provocando una terrible mortalidad.

Durante la época del emperador Justiniano, según cuenta Procopio, una epidemia que pudo originarse en Egipto asoló lo que quedaba del Imperio romano. Morían diez mil personas al día por un virus, imposible hoy de identificar, que producía una elevada fiebre y una hinchazón de las extremidades.

Ya hemos hablado del enorme impacto de la peste bubónica o peste negra durante la Edad Media, que despobló los núcleos rurales en Europa. Se piensa que la enfermedad vino de la India. Curiosamente produjo una inmigración del campo a las ciudades, que se creían más seguras.

El cólera, palabra de siniestras resonancias, es una enfermedad contagiosa relativamente moderna, ya que causó sus principales estragos en el siglo XIX. Está producida por una bacteria que suele contaminar el agua. Hay constancia de que el cólera mató a veinte mil personas en Londres en 1830 y que luego se extendió a otros países europeos como España.

También la sífilis es una enfermedad relativamente moderna. Según algunos estudios, se propagó por Europa tras el sitio de Nápoles en 1495. Fue contagiada por las prostitutas y, por su origen, fue considerada como un estigma y un castigo de Dios. Se dice que afectó a genios como Beethoven, Wilde, Baudelaire, Van Gogh y Nietzsche.

Y es que las epidemias y las pandemias son extraordinariamente democráticas: contagian tanto a los ricos como a los pobres, a los negros y los blancos, a los jóvenes y los viejos. Nadie está a salvo de ellas por muchas medidas de precaución que se adopten.

Pero es cierto que hay enfermedades contagiosas localizadas en lugares determinados, como sucede con la malaria, propagada por los mosquitos, que castiga desde hace siglos al continente africano. En España, provocó más de mil muertes en 1943, pero desapareció por completo. En África sigue provocando estragos: se calcula que mata a unas quinientas mil personas cada año.

No podemos olvidar en esta larga sucesión de epidemias la mal llamada gripe española, que se originó en 1918 tras acabar la Primera Guerra Mundial. Al parecer, los primeros casos se produjeron en la base militar de Fort Riley, en Estados Unidos, en marzo de ese año.

Pronto se extendió por México y el sur del continente y saltó a Europa con consecuencias devastadoras. Parecía una especie de neumonía que acababa destruyendo los pulmones. El virus afectaba con mayor profusión a personas entre veinte y cuarenta años. Duró dos años y causó al menos veinte millones de víctimas, aunque hay estimaciones que doblan esa cifra. En España fallecieron unas doscientas cincuenta mil personas, algo más del 1 por ciento de la población.

La gripe española propició la creación de un comité científico de expertos a nivel europeo para analizar el virus y hallar una vacuna. Pero fue un laboratorio de Atlanta el que consiguió describir la naturaleza y los mecanismos del germen.

También la ciencia fue capaz de desarrollar medicamentos para neutralizar el sida, considerado como la epidemia de nuestro tiempo, un virus contagiado con frecuencia mediante relaciones sexuales. El sida surgió en la década de 1980 y causó estragos en la población africana, provocando cerca de cuarenta millones de muertes a lo largo de varias décadas.

Todos estos antecedentes históricos nos pueden ayudar a comprender que lo que nos está sucediendo no es nada nuevo en la historia de la humanidad. La mala noticia es que hoy las comunicaciones y la globalización permiten expandir las enfermedades contagiosas a una enorme velocidad. Pero la buena es que ahora el mundo dispone de recursos y conocimientos que no existían en la sociedad medieval asolada por la peste bubónica.

Decía el filósofo de origen español Santayana que quienes ignoran la historia están condenados a repetirla. La frase no es aplicable a la pandemia surgida en China, porque tuvimos que enfrentarnos a un mal para el que no existía una hoja de ruta ni un manual de instrucciones. Los virus son desgraciadamente tan imprevisibles como persistentes.

En última instancia, la dramática experiencia de la pandemia evidencia la fragilidad humana y las debilidades de un progreso que creíamos que nos hacía invulnerables. No lo somos. Ni la ciencia ni la tecnología nos inmunizan de catástrofes que son imposibles de prever.

24

El ser es inefable

El ser, la muerte y el tiempo comparten una misma característica: su carácter inefable. No pueden ser dichas, no pueden ser definidas. Tiene razón Heidegger cuando afirma que la pregunta por el ser se responde por sí misma: el ser está ahí, es puro *Dasein* arrojado al mundo. Carece de sentido acotarlo en un concepto porque la naturaleza del ser es axiomática. El ser es el sustrato abstracto de todos los entes, no podría haber entes sin el ser. Pero esa respuesta es el comienzo de todas las preguntas y la primera de ellas versa siempre sobre el sentido de la existencia.

El ser está desnudo, por así decirlo, en el mundo. Es una mera posibilidad sin concretar. Mañana puedo levantarme o quedarme en la cama, leer un libro o ir al cine, hacer el amor o pasear por el campo. Todas esas posibilidades están abiertas, pero solo puedo elegir una. Ahí reside mi libertad: en la posibilidad o mejor en la necesidad de elegir. Estoy condenado a ser libre.

Pero a la vez en todas esas posibilidades hay siempre una que se va aplazando y que constituye nuestro destino inevitable: la muerte o la nada, como diría un filósofo existencialista. La muerte es la posibilidad que está dentro de todas las posibilidades, pero el hombre lo ignora y prefiere desviar su atención al mundo de las cosas.

Heidegger decía, al hablar de los modos de la existencia,

que el hombre es un ser en el mundo y, al mismo tiempo, es un ser para la muerte. Y ello porque la esencia de lo humano es la pura finitud, la contingencia de las cosas.

La única certeza de cada hombre es que va a morir. Por ello, podríamos concluir que el ser humano está hecho de tiempo, de instantes conexos por nuestra propia consciencia que se pierden en la eternidad. El ser, la muerte y el tiempo son el sustrato sobre el que se teje una existencia marcada por la angustia de vivir, sello indeleble grabado en nuestra conciencia. Como esa angustia es insoportable, el hombre se refugia en el mundo de la técnica y en el consumo de los objetos. Y se olvida de su propia esencia, que es puro ser para la muerte. Vivir de forma auténtica es asumir esta verdad y aceptar esa dolorosa contingencia de todo lo que existe.

Esta temporalidad de la existencia ha sido objeto del análisis de muchos filósofos y está muy presente en la obra de Heráclito, que sostenía que el movimiento es la ley que rige todas las cosas. Fue el autor de la célebre frase de que nadie se puede bañar dos veces en el mismo río. El filósofo de Éfeso sostenía que el cambio es inherente a la existencia. Todo fluye en el perpetuo devenir de las cosas, afirmó este pensador griego.

Heráclito, apodado el Oscuro por la formulación enigmática de sus aforismos, creía que todo lo que sucede en el mundo está sometido al *logos*, una palabra que podríamos identificar con la idea de una armonía universal.

Este hombre fue el padre de la dialéctica que desempeñó un papel muy importante en las filosofías de Hegel y Marx muchos siglos después. Heráclito apuntaba que el cambio es la consecuencia de la oposición entre una cosa y su contraria. También pensaba que el fuego es el elemento primordial de la materia.

Se le atribuye entre los fragmentos que conservamos una frase que me parece muy lúcida: «El camino hacia arriba y el camino hacia abajo son uno y lo mismo». Esto es una verdad que corrobora la experiencia. Muchas veces el éxito conduce a un gran fracaso o lo que creemos que es un avance se convierte en un retroceso. Estamos inermes ante la adversidad por el hecho de nacer. No sabemos lo que nos deparará el futuro.

Todo indica que vivimos en un mundo heraclitiano, sometido a un cambio permanente y a una transformación que nos supera. La tecnología nos ha aportado información, pero no ha resuelto nuestras carencias existenciales. El progreso ha mejorado las condiciones de vida, pero ha agudizado también nuestra vulnerabilidad.

Frente a la idea de Parménides de que el ser es inmutable, la experiencia nos lleva a concluir que todo fluye, como señalaba Heráclito, y lo que parecía imposible ayer es hoy una pesadilla que derriba todas nuestras certidumbres. Y ello nos lleva a la gran paradoja sobre el ser y a las preguntas que se formuló la filosofía griega hace más de veinte siglos.

El ser es lo más cercano y lo más lejano a nosotros. Por eso, carecemos de perspectiva para definirlo. Es el gran misterio. Platón y Aristóteles son los filósofos que pensaron con mayor lucidez sobre el problema del ser. Todo lo que se ha dicho después es una variante sobre el pensamiento de estos dos grandes genios.

En una cita ya clásica, apuntaba Alfred Whitehead que «la filosofía es una serie de notas al pie de página de la obra de Platón». No le faltaba razón porque las ideas del sabio griego han marcado no solo la historia del pensamiento, sino que además siguen generando debates en el presente. Ahí está el mito de la caverna, que es una permanente referencia sobre la condición humana. No es exagerado decir que Platón ha sido el filósofo más influyente de la historia. Todo empieza y todo vuelve siempre a su extensa y poliédrica obra, que se ha conservado íntegramente gracias a la Academia que él fundó y que mantuvo su actividad durante ocho siglos, hasta que fue clausurada por el emperador Justiniano.

Antes de profundizar en su legado, hay que explicar quién fue Platón porque es imposible entender su doctrina sin conocer al hombre. Se llamaba Aristocles y había nacido en el seno de una familia aristocrática de Atenas, emparentada con Solón. Vino al mundo en el 427 antes de Jesucristo y su infancia y su adolescencia se desarrollaron durante la guerra del Peloponeso, con una ciudad sitiada por la peste y los espartanos.

La derrota traumatizó a Platón, el mote por el que era conocido por sus anchas espaldas. Su tío y su primo formaron parte del comité de emergencia, llamado el de los Treinta Tiranos, al que se recurrió para gobernar una potencia en claro declive militar y comercial. Los tiempos de gloria en que los griegos habían derrotado a los persas en Salamina ya solo eran un recuerdo lejano, trasmitido por sus abuelos.

Platón fue uno de los discípulos predilectos de Sócrates, cuyas enseñanzas y su ejemplo influyeron decisivamente en su obra. También estudió los trabajos de Heráclito, Parménides y Pitágoras, sin los cuales es imposible entender los cerca de cuarenta *Diálogos* en los que formuló su doctrina con fines didácticos. En realidad, el filósofo ateniense siempre creyó en la superioridad de la palabra hablada sobre la escritura, pero optó por resumir su pensamiento en unos textos accesibles para los alumnos de la Academia, entre los cuales se encontraba Aristóteles. Los *Diálogos* están maravillosamente escritos y en ellos aborda una enorme variedad de temas: el amor, la piedad, la ética, el alma, el lenguaje, la naturaleza, el cosmos, la organización política y otros muchos.

Platón veía con enorme desagrado la influencia de los sofistas en el panorama intelectual griego. Igualmente, aunque reconocía el valor simbólico de los mitos, creía que eran un producto de la superstición. Por ello desdeñaba a Homero, al que consideraba un fabulador de historias sin fundamento. Su obsesión era desarrollar un pensamiento metafísico que explicara la realidad de forma racional y, muy especialmente, las relaciones entre el mundo de lo sensible que perciben nuestros sentidos y el dominio espiritual de las ideas y la ciencia.

Ya Pitágoras había enunciado que existen relaciones numéricas en los fenómenos naturales. Platón fue mucho más allá y sostuvo que las percepciones que observamos a través de nuestros sentidos (las cualidades con las que se muestran las cosas) constituyen la expresión de ideas o formas puras que existen más allá de este mundo. Esas ideas están jerarquizadas y en lo más alto de esa pirámide se halla el Bien. Todo lo bueno que nos sucede en la vida es el reflejo de ese Bien superior, que no es una entelequia metafísica, sino que tiene una existencia real.

No es el pensamiento el que sirve para abstraer la realidad, sino que es la realidad inmutable y eterna de las formas puras lo que determina el pensamiento. Por ello, conocer es recordar lo que ya está grabado en nuestra alma inmortal desde que nacemos. Hay una realidad en sí y por sí de las ideas y todo los que nos rodea participa en mayor o menor medida de esas esencias. Llegados a este punto, Platón introduce la figura del Demiurgo, que es una especie de dios que ordena una materia indeterminada y conforma nuestro universo con la argamasa de las ideas. El Demiurgo, llegará a decir, es la causa eficiente de la realidad sensible, es el agente que evita el caos e introduce el orden en la naturaleza.

Resulta un empeño inútil pretender hallar en Platón una idea de Dios como un ser único, transcendente, infinito y personal. Lo que encontramos en su filosofía es un concepto abstracto de lo divino que se expresa en la naturaleza y todos los seres. Es como el reflejo de la luz en un espejo.

Por así decirlo, todo lo que existe tiene vida y todo cuanto tiene vida es divino. De esta forma es posible relacionar su concepto de lo divino con su noción de la vida. Ser viviente y ser divino son para Platón ideas equivalentes. No es difícil vincular este concepto de lo divino con la visión de los filósofos presocráticos que afirmaban que todo el universo está animado y repleto de dioses.

El idealismo filosófico que ha conformado la historia del pensamiento occidental parte de esta concepción platónica, refutada posteriormente por Aristóteles. Pero resultaría imposible entender a pensadores como Kant y Hegel sin haber leído a Platón, que distinguía entre la opinión (*doxa*) y el verdadero conocimiento (*episteme*), una observación de extraordinaria actualidad.

Platón creía que eran los filósofos quienes deberían gobernar la polis, una sugerencia que no le gustó al tirano Dionisio de Siracusa, que lo relegó a la condición de esclavo. Pero el ateniense logró evadirse de Sicilia para fundar en la segunda mitad de su larga vida la Academia ateniense, que era no solo un lugar donde se estudiaban las ciencias, sino en el que además se practicaba un estilo de vida basado en la austeridad y en la virtud. Hay que leer a este gigante de anchas espaldas cuya luz sigue iluminando el presente.

La grandeza del alma es el desprecio de las cosas de este mundo, afirmó Platón. Aristóteles, su discípulo, no compartía esta afirmación porque toda su filosofía está construida sobre la observación de la realidad. Fue un antecesor del empirismo que, muchos siglos después, desarrollarían Bacon, Locke y Hume.

Acercarse a la obra de Aristóteles genera admiración por su vasta capacidad de comprensión de todas las disciplinas científicas y saberes. El sabio griego abordó la física, la astronomía, la medicina, las matemáticas y las ciencias de la naturaleza, además de sus trabajos en metafísica, ética y teodicea. Incluso se atrevió a teorizar sobre los sueños, anticipándose más de veinte siglos a Freud. Nada quedó fuera de la curiosidad de este intelectual, que fue maestro de Alejandro Magno y enseñó filosofía en Atenas tras ser discípulo de la Academia platónica.

Es imposible resumir un pensamiento tan complejo en estas líneas. Pero merece la pena descifrar algunas de sus claves como guía para aventurarse en el llamado *Corpus Aristotelicum*, compuesto básicamente por los textos que concibió para enseñar a sus alumnos. Han llegado a nuestro conocimiento gracias a los árabes y los escolásticos, cuyo pensamiento estuvo impregnado de su legado.

Había mantenido una estrecha relación con Platón a lo largo de sus dos décadas de aprendizaje en la Academia. Por ello, es imposible desvincular su obra de la de su mentor, al que siempre profesó admiración y respeto. Cuando alguien le reprochó que se apartara de sus enseñanzas, respondió: «Primero la verdad y luego Platón».

Platón creía que el conocimiento era una pura reminiscencia de unas ideas que tenían existencia en una realidad superior, de suerte que el mundo de lo sensible solo era un deformado reflejo de unas esencias eternas e inmutables. Aristóteles niega esa concepción y parte de que el conocimiento se obtiene a partir de la percepción sensible, que es la realidad primaria. Sostendrá que nada hay en la mente que no haya entrado por los sentidos.

El objetivo del pensamiento de Aristóteles, y en esto no se aparta de Platón, era elaborar una ciencia que explicara tanto los fenómenos naturales como el alma humana. Y eso solo se puede lograr a partir de la *empiria*, la experiencia acumulada por la memoria.

El fundador del Liceo construye su filosofía a partir de la lógica, que es el conjunto de reglas para pensar correctamente y llegar a conclusiones de validez universal. En ese sentido, señalará que la percepción sensible se convierte en conocimiento suprasensible a partir de un «entendimiento agente», definido como una capacidad de abstracción innata en el ser humano. La interpretación de este concepto dio lugar a una polémica en la escolástica medieval sobre si esta facultad era individual o común a todos.

En sus libros sobre lógica, Aristóteles señala que el entendimiento agente elabora conceptos a partir de la percepción. Los predicados de los conceptos son los juicios. Y a su vez, la relación entre los juicios da lugar al raciocinio, basado en silogismos. La ciencia se basa en la deducción, pero también en la inducción. A partir de aquí, el pensador griego afirma algo esencial en su filosofía: que las formulaciones de la razón reflejan la estructura de lo real y no al revés, como sostenía Platón. Por ello, la verdad es la adecuación entre las cosas y el intelecto.

Sentada esta base, Aristóteles aborda lo que él llama «la filosofía primera» o metafísica, cuyo objeto es el estudio de la ciencia del ser. El ser es el sustrato común a la pluralidad de los entes, una noción que inspirará a Heidegger mucho después. El sabio de Estagira dirá que el ser se puede manifestar de muchas maneras en los entes.

Esto lo desarrolla introduciendo una distinción esencial en su metafísica: la de sustancia y accidente. La sustancia es el principio que informa la identidad de las cosas por su género y especie. El hombre tiene una sustancia diferente que un león, algo que le hace ser un animal racional y no una fiera salvaje. El accidente son las cualidades sensibles como la forma, la cantidad, el color y el tamaño.

Según Aristóteles, todo ser es una combinación de forma y materia. La materia es el sustrato sobre el que se encarna la forma y lo que determina la pluralidad a los seres. La forma representa la esencia del objeto, lo que hay en él de universal. La materia es el principio de individuación.

El filósofo de Estagira hablará también de una sustancia primera, el ser en su pura singularidad material, y de una sustancia segunda, que sería la abstracción de esa individualidad en términos de universalidad. Aquí Aristóteles conecta con el concepto platónico de las ideas.

Al reflexionar sobre las formas, el maestro de Alejandro Magno se plantea la cuestión del cambio, que basa en el paso de la potencia al acto. Creía que el cambio es eterno y forma parte de una naturaleza sin principio y sin final, al igual que el tiempo.

En el plano de la ética, sostenía que el hombre debe tender a la felicidad a través de la búsqueda del bien, dada su naturaleza racional. Y también desarrolló una teoría política en la que diferenciaba entre dictadura, oligarquía y democracia.

Pese a afirmar la existencia de una sustancia primera, Aristóteles nunca creyó en un dios personal como el del cristianismo. Sostuvo la existencia de un motor inmóvil que mueve el universo, incluyendo las estrellas, los hombres y las plantas. Edith Hall, profesora del King's College de Londres, señala que este motor es de naturaleza espiritual: una especie de poder que anima todo lo existente.

A diferencia del cristianismo, el islam o el budismo, Hall afirma que ese dios no tiene ningún interés en la vida de los humanos: «Pone todo el universo en movimiento, pero no quiere interferir de ninguna manera en nuestra vida ni tampoco nosotros podemos influirle con nuestras acciones».

Ese ser trascendente no nos castigará si hacemos el mal o

nos premiará si somos buenos. Tampoco insuflará la vida después de la muerte, que es un hecho inexorable. Lo que nos lleva a la conclusión de que somos nosotros los que tenemos que diferenciar entre el bien y el mal y establecer las reglas de comportamiento.

Aristóteles llega a una conclusión parecida a Kant en el sentido de que Dios guarda silencio y que la moral es un ámbito de los hombres. También creía que la razón puede establecer la verdad con las reglas adecuadas. No hay prácticamente ni una sola página en su obra que no suscite asombro por su profundidad, aunque el maestro de Alejandro Magno reduce a Dios a una entelequia distante e incomprensible.

25

Hombres de poca fe

A diferencia de Kant y Hegel, Friedrich Nietzsche no fue un pensador sistemático. No estaba preocupado por su coherencia ni por su prestigio académico. Por el contrario, fue un creador de lenguaje con un gran dominio de la lengua alemana. No en vano era profesor de filología clásica en Basilea a los veinticuatro años. Aunque muchos han interpretado su filosofía como una provocación, sería más justo afirmar que fue un seductor que nos atrapa con sus aforismos y la cadencia de sus frases. Por encima de todo, *Así habló Zaratustra* es un libro magníficamente escrito. Nietzsche combatió con su pensamiento la idea de Dios y cualquier noción vinculada a la trascendencia, que consideraba como una expresión de debilidad.

«Yo no soy un hombre, soy dinamita», declara en su *Ecce homo*, su último texto, en el que reitera que todos los valores de la cultura están basados en la mentira. Nietzsche arremete contra Marx, al que considera vulgar y plebeyo, y repudia a Kierkegaard por demasiado cristiano. Unas semanas después de acabar este libro, en enero de 1889, sufrió un colapso mental que le duró hasta el final de sus días. Por ello, *Ecce homo* es su retrato más personal y también su testamento.

El primer libro que contiene las claves de su pensamiento es *El nacimiento de la tragedia*, escrito bajo la influencia de Richard Wagner, al que había visitado en su casa de Tribschen, situada en un promontorio junto al lago de Lucerna. Y aquí cabe una confesión personal: yo pasé muchas tardes leyendo en ese lugar en los veranos de la década de 1970 en los que trabajé en la ciudad suiza. Me sentaba en un banco en el jardín y leía hasta que el sol se ponía por el horizonte de las montañas que rodean al lago de los Cuatro Cantones.

El pensador alemán, que tenía veintiséis años cuando conoció a Wagner, afirma que hay dos elementos en la tragedia que expresan la naturaleza humana: lo dionisiaco y lo apolíneo. Lo dionisiaco es el sentido de ebriedad de la vida, el placer que produce saciar nuestros instintos. En contraposición a este concepto, está lo apolíneo, que es la perfección estética, el gusto por lo bello y lo racional.

A partir de esta dicotomía. Nietzsche concluye que la moral cristiana es una mistificación, una mentira que mata la vida y reprime lo dionisiaco. Dirá que la existencia humana no es afán de virtud, ni compasión, ni tiene como objetivo la felicidad. Todos ellos son valores falsos porque la vida es voluntad de dominio.

«Lo bueno es lo que eleva el sentimiento de poder. Los débiles y los fracasados deben perecer», señala. Nietzsche propugna una moral de los señores, que se expresa en la voluntad de poder, frente a la moral cristiana, que es una sublimación de la debilidad y del resentimiento. El cristianismo y la ética de la burguesía obedecen a los intereses de los esclavos e impiden el nacimiento de un nuevo hombre que se guía por sus instintos y sus principios aristocráticos.

El filósofo alemán proclama su aseveración más conocida: la muerte de Dios: «Nada es verdad, todo está permitido, Dios ha muerto». En su lugar, hay que amar el destino, aceptar lo ineludible, la libertad es pura necesidad. El superhombre que ha de nacer acepta ese destino y guía sus acciones por la voluntad de poder.

A juzgar por estas palabras, podría pensarse que Nietzsche cae en el biologismo, en una especie de exaltación de la fuerza bruta. Pero no es así porque hay muchos escritos en los que se desmarca de esta concepción e incluso condena la brutalidad que observa en los pueblos germánicos.

Tampoco, como han defendido algunos estudiosos, se puede encontrar en Nietzsche una justificación intelectual del nacionalsocialismo, porque era un individualista que abominaba de los ideales colectivos y del sentimiento nacional. Arremete en más de una ocasión contra los símbolos de la cultura alemana, entre los que cita a Bach, Goethe, Kant y Hegel, cuyas obras considera vulgares y mistificadoras.

Tras reivindicar un nihilismo que consiste en la negación de todos los valores y denostar todo lo que la burguesía considera bello y sublime, Nietzsche llega a la conclusión de que el hombre forma parte de un mundo en un permanente devenir. La historia se crea y se recrea, vuelve al mismo punto y se repite en un eterno retorno en el que somos arrastrados por las fuerzas del destino.

«Mi fórmula de la grandeza del hombre se cifra en el *amor fati* (amor al destino), no codiciar otra cosa. No contentarse con sobrellevar lo inevitable, sino en amarlo. Todo idealismo es un tapujo embustero de lo ineludible», subraya.

Reinterpretando la filosofía de Nietzsche, Heidegger sostuvo que su obra era una impugnación de la metafísica occidental, desmontando la tradición del pensamiento que nace en Platón. Karl Jaspers subrayó, en cambio, que su obra es pura negatividad, una afirmación hasta la caricatura de la individualidad. Gustav Jung vio en sus trabajos la expresión de una personalidad neurótica. Y, por último, Karl Löwith señaló que sus textos obedecen a la mentalidad de un aficionado a la filosofía que enlaza no con la tradición del pensamiento griego, sino con la poesía de Hölderlin y el romanticismo. Nietzsche fue un ser contradictorio y poliédrico, por lo que todos esos puntos de vista reflejan la complejidad de un personaje que creía, en su rechazo de las evidencias biempensantes, que nada es como parece.

La filosofía de Nietzsche tiene un carácter provocador y rebelde que es posible asociar a la figura de André Malraux, *enfant terrible* de las letras francesas e intelectual lleno de miserias y contradicciones que combatió en la guerra civil española y que acabó como ministro y confidente del general De

— 251 —

Gaulle. Pese a sus diferencias de carácter, ambos compartían un espíritu provocador e iconoclasta, despreciaban una existencia vivida con las reglas sociales y acuñaron su propia moral. Al leer sus *Antimemorias*, un libro formidable, da la impresión de que Malraux quería ser una encarnación de ese hombre superior que ensalza Nietzsche.

Hay un libro de André Malraux que no figura en su obra por la sencilla razón de que el polifacético escritor quiso que nunca viera la luz. Se titula *La maldición de lo absoluto* y es una biografía sobre Thomas Edward Lawrence, más conocido como Lawrence de Arabia.

Malraux y Lawrence se parecían mucho: eran aventureros, viajeros, aficionados a la literatura y la arqueología, seres solitarios e inconformistas que huyeron de su casa y su patria para buscar nuevos horizontes.

Malraux reclutó pilotos para luchar en la guerra civil española, pero no aceptó jamás plegarse a la disciplina militar y menos subordinarse a las Brigadas Internacionales, que dirigía su compatriota André Marty.

Lawrence sirvió de oficial de inteligencia en El Cairo durante la Primera Guerra Mundial. Fue el enlace entre el ejército británico y los árabes en su revuelta contra los turcos. Luchó siempre por una gran nación árabe bajo los auspicios británicos y se sintió traicionado por el Tratado Sykes-Picot, que dividía Oriente Próximo entre su país y Francia.

«Lo vi por primera vez en una populosa calle de Jerusalén. Vestía el flotante albornoz de los jeques beduinos y llevaba al cinto el alfanje de los príncipes de La Meca. No obstante, su tez era clara, limpia su barba y azules sus ojos», escribió de él un amigo.

Malraux fue ministro del Interior y luego de Cultura en los gobiernos del general De Gaulle, que le apreciaba extraordinariamente. Por el contrario, Lawrence abandonó el ejército como coronel y luego se alistó como soldado raso. Sumido en una profunda depresión, se mató en un accidente de moto en 1935 al tratar de esquivar a unos niños. Si el final de Lawrence, casi ciego y medio loco tras escribir *Los siete pila-*

res de la sabiduría, fue trágico, peor fue el de Malraux, que perdió a su última esposa y sus dos hijos.

Lawrence en su juventud recorrió a pie Palestina, Siria y Arabia, vagando durante meses por desiertos y tierras inhóspitas y alimentándose de higos y leche fermentada. Malraux emigró a Indochina, donde trabajó como periodista y se alzó contra la autoridad colonial francesa. Más tarde, fue uno de los líderes de la Resistencia.

Uno y otro se preocuparon mucho de labrar su propio mito, pero el nexo más fuerte que une sus biografías es esa maldición de lo absoluto de la que habla Malraux, que yo interpreto como una búsqueda desesperada del sentido de la existencia.

Lawrence y Malraux solo son felices cuando arriesgan su vida en el frente, vislumbran paisajes inexplorados o ponen a prueba su excepcional resistencia física. Huyen de la rutina cotidiana, que les resulta autodestructiva. Su fe es la acción.

Peregrinaron en la búsqueda del absoluto que acariciaban pero que se les escapaba siempre de las manos. Su destino era no arribar nunca a esa Tierra Prometida que no está en este mundo. Y sintieron el insoportable vértigo de la acción, que ellos confundieron con la felicidad. Su vida fue un bello espejismo, una utopía que nos redime en estos tiempos de mediocridad.

Si Dios ha muerto y si la búsqueda de lo absoluto es un ejercicio condenado al fracaso, la existencia individual es también un breve fulgor en la noche eterna del tiempo, un espasmo de rebelión ante la fugacidad de la vida. En cierta forma, la muerte de Dios es la muerte de cada ser humano. La tuya y la mía, querido lector. Y ello porque cada conciencia individual es un fragmento de Dios, sea real o imaginario.

Uno puede renegar de la condena de estar vivo, pero caben también otras actitudes que valoran el hecho de haber vivido. En este sentido, el neurólogo inglés Oliver Sacks se despedía del mundo en 2015 mediante una carta publicada en el *New York Times* en la que anunciaba que le quedaban unos pocos meses de vida tras sufrir un cáncer de hígado muy avanzado.

«He sido un ser que ha sentido, un animal que ha pensado en un bello planeta y además he disfrutado de privilegios y aventuras», dice en sus palabras finales. Su serenidad ante la muerte, que reconocía afrontar «con un espíritu no exento de temor» a los ochenta y un años, recuerda a la del filósofo escocés David Hume, al que cita en su artículo.

Hume publicó en sus días finales una breve biografía en la que, tras apuntar que no ha sufrido y que da por acabada su existencia, subraya que ha tenido la suerte de mantener la lucidez y el vigor de espíritu hasta el final. Falleció a los sesenta y cinco años, cuando su legado intelectual empezaba a ser reconocido gracias a Kant.

Kant no tuvo tanta suerte en sus últimos días, narrados en un libro magistral de Thomas de Quincey. Tras haber gozado de fama y reconocimiento por su genio, perdió la razón y en sus últimos meses de vida padeció una demencia senil, acompañada de una decadencia física que le llevó a tener un aspecto cadavérico. «Basta ya», fueron sus palabras finales.

Por el contrario, Oliver Sacks afirmaba en su carta que se sentía «intensamente vivo» y quería pasar el tiempo que le restaba con sus seres queridos, escribiendo y, en la medida de lo posible, viajando para disfrutar de los paisajes cercanos.

Si hay algo personal e intransferible es la experiencia de la muerte. Nadie ha podido volver del más allá para contar lo que se siente en ese momento de «disolución», una palabra en la que coinciden Sacks y Hume. Pero tengo la intuición de que se muere como se vive, al menos si uno tiene la suerte de mantener la lucidez en las horas finales.

Ernst Jünger tenía siempre una calavera sobre la mesa para recordar su condición de mortal. Tuvo la suerte de vivir más de cien años con una salud envidiable tras haber sobrevivido a dos guerras mundiales. Y Graham Greene vivió sin problemas físicos hasta los ochenta y un años a pesar de que se jactaba de beber una botella diaria de whisky.

Lo cierto es que nadie sabe cómo, cuándo y dónde va a morir. Es una de las muchas cosas en la vida que no podemos elegir, pero tal vez la única que nos llega irremediablemente.

Deberíamos estar preparados para la muerte, lo que supone valorar nuestra existencia tal y como la estamos viviendo y ser conscientes de su precariedad.

De nada nos van a valer las riquezas, el poder y las posesiones materiales cuando acontezca el final. Nada más obvio, pero a la vez más ignorado en una sociedad que rinde culto al éxito y la fama y que alienta la ilusión de que somos inmortales.

A cualquiera de nosotros le gustaría suscribir las últimas palabras de Sacks: «Mi sentimiento predominante es de gratitud hacia la vida. He amado y he sido amado. Me han dado mucho y yo he devuelto una parte. He leído, he viajado, he escrito. Y he tenido una relación pasional con el mundo».

Unas palabras muy distintas de las que pronunció al final de su vida el escritor italiano Leonardo Sciascia, un hombre que vivió atormentado por la contradicción entre la idea de Dios y el sufrimiento de los hombres. «Si Dios existe, le voy a pedir cuentas de lo absurdo de la vida, del dolor, de la muerte, de haber dado a unos la razón y a otros la estupidez... y de tantas otras cosas».

Sciascia vino al mundo en Racalmuto (Sicilia) el 8 de enero de 1921. Tenía sesenta y ocho años cuando falleció de cáncer en Palermo tras un duro tratamiento de quimioterapia. Había dejado unas cartas en las que pedía a su mujer y sus dos hijas que se asegurasen de que estaba muerto antes de ser enterrado, porque tenía pavor a ser sepultado vivo. «Ha amanecido» fueron sus últimas palabras, que evocan a Goethe cuando exclamó en su agonía: «Luz, más luz».

Maria, su mujer, estaba junto a él cuando exhaló su último suspiro. Pronto llegaron sus dos hijas y le pusieron un rosario y un crucifijo en las manos. Una imagen chocante en un hombre que había marcado distancias respecto a la Iglesia católica y que se consideraba agnóstico más que ateo.

Esos símbolos religiosos fueron interpretados por algunos medios como una conversión de Sciascia en el último momento, al igual que había sucedido con el pintor comunista Renato Guttuso. Pero no fue así. Poco antes de morir, había dejado claro al obispo de Agrigento que no daría ese paso.

Sciascia había escrito: «No hay ninguna certeza. Ni siquiera la certeza de que no haya certezas. Si amo la verdad y asumo todos los riesgos que comporta decirla, estoy viviendo religiosamente». Unas palabras que se materializaron cuando criticó la negativa de la Democracia Cristiana y el Partido Comunista a negociar para salvar a Aldo Moro, que sería ejecutado por las Brigadas Rojas.

El intelectual siciliano era un detractor de Aldo Moro y estaba en contra del llamado «compromiso histórico». Pero fue el único que intentó comprender las cartas del líder democristiano en las que se autocompadecía y pedía que le salvaran la vida. Sciascia vio al hombre y no al político, encontró una verdad sobre el alma humana en su cautiverio. Y fue atacado y descalificado por su compasión hacia Moro.

Se quedó solo, pero siempre lo había estado: «En vano intento medir con la mente esos incomprensibles espacios del universo que me rodean. No sé por qué estoy instalado aquí o por qué este breve tiempo de mi existencia me ha sido asignado. Por todas partes solo veo infinitos que me absorben como un átomo».

Pero no lamenta el silencio de Dios, sino que lo asume como un postulado lógico: «Dios existe, pero nunca sabremos nada de él. No tiene necesidad de mostrarse», afirma en una frase con resonancias pascalianas. Y todavía va más allá. Sostiene que «su total ausencia y negatividad» es la «única señal» de su existencia.

Sciascia no encontró a Dios, pero sí al hombre o, mejor dicho, a los hombres. No fue una incoherencia que yaciera en el lecho de muerte con un crucifijo. Fue un cristiano escéptico al que le faltó la fe, pero no la humanidad. Sin duda, fue un hombre de poca fe en Dios y de un gran compromiso con sus semejantes. Y que murió sin respuestas en su último amanecer a las preguntas que siempre se hizo.

26

El sueño de la sinrazón

Leí en su día con sumo interés *El gran diseño*, el libro de Stephen Hawking. Decía literalmente que la materia ha surgido de la nada, lo que desde el punto de vista del racionalismo cartesiano resulta un absurdo. ¿Cómo algo puede surgir de la nada?

Hawking sostiene que había unas leyes preexistentes que determinaban el Big Bang original. La pregunta es entonces: ¿cómo pueden existir leyes en el absoluto vacío de la nada? Su afirmación contradice la lógica y toda la tradición del pensamiento racional desde Parménides, que contraponía como algo incompatible el ser y la nada.

Esperaba con ansiedad la publicación de un nuevo libro para ver si disipaba mi impresión de que estamos ante una afirmación puramente mística al defender que la materia ha surgido de la nada, imposible de creer. Pero su triste muerte en 2018 tras haber luchado más de tres décadas contra la ELA defraudó mis expectativas.

Hawking concluye en su libro que no hay por qué recurrir a la hipótesis de Dios para explicar el origen del universo. Su tesis es tan sostenible como la contraria de Spinoza, que estaba convencido de que el mundo era una emanación de la sustancia divina.

Pensar que las cosas han surgido de la nada es tan lógico o tan absurdo como creer que el universo es la creación de un ser superior llamado Dios. Y puestos a elegir entre la nada y la existencia de un Relojero Universal, me parece más convincente la segunda opción.

Hawking fracasa en su intento de eliminar la hipótesis de Dios, al igual que san Anselmo o santo Tomás no nos logran convencer racionalmente de que existe una causa primigenia de todas las cosas.

Dios, ser eterno e inmutable, es tan impensable como la nada porque ambos conceptos exceden los límites de lo humano. Tal vez sería mejor preguntarse si el mundo es producto del azar o de la necesidad o de la combinación de ambos factores.

Nadie ha logrado hasta ahora demostrar la existencia de Dios, pero tampoco su inexistencia. Ello implica que no hay incompatibilidad entre la ciencia y la religión y deja un amplio margen a las creencias personales.

Entre quienes creen en Dios porque tienen fe y quienes se proclaman ateos porque no necesitan una explicación trascendental de lo real, yo defiendo un agnosticismo que se fundamenta en la pura incertidumbre.

Creo que el hombre está condenado a no saber y a vivir su existencia con esa angustia del desconocimiento de su origen. Ese es nuestro verdadero pecado original. Yo tuve una infancia y adolescencia de fuertes vivencias religiosas y ahora siento un enorme vacío interior que me corroe.

Sin la posibilidad de agarrarme a unas convicciones firmes, me resta la conciencia del devastador paso del tiempo que todo lo consume. Dios guarda silencio en un mundo donde el dolor y el mal han apagado el tibio resplandor de la esperanza.

Hawking se preguntó también sobre la flecha del tiempo, que avanza sin la posibilidad de retroceder, una evidencia empírica que resulta controvertida tras la física cuántica y algunos avances científicos. Teóricamente el tiempo podría volver hacia atrás como sucede con una moviola que nos permite ver una jugada controvertida de un partido de fútbol. Es una hipótesis teórica que contradice el sentido común, pero es cierto que siempre ha habido escritores que soñaron con una máquina del tiempo que permitía volver a la Edad Media o al Neolítico.

Herbert George Wells publicó una novela en 1895 titulada *La máquina del tiempo*, en la que imagina un aparato de metal y cristal de roca que permite viajar al futuro a través de una cuarta dimensión. El protagonista salta al año 802701, pero no solo no encuentra una civilización más avanzada, sino que se topa con un mundo devastado, habitado por unos seres que rinden culto al placer.

Estas distopías han seducido la imaginación de muchos creadores a lo largo del siglo XX, pero no solo la ficción ha producido sueños inquietantes, sino también la razón. Es el caso del físico Erwin Schrödinger, cuyos trabajos desmienten algunas evidencias que la ciencia ha dado por sentadas.

Ignoro si seguirá allí. Pero antaño hubo un gato en el jardín de la Huttenstrasse número 9 de la ciudad de Zúrich, justo en el domicilio donde vivió Schrödinger desde 1921 a 1926. Era un gato metálico, de color dorado, cuyas patas estaban asentadas en un soporte. La posición del animal variaba cada día, de suerte que el visitante nunca sabía dónde podía encontrarle.

Fue tal vez en ese lugar donde a Schrödinger se le ocurrió su famosa metáfora del gato encerrado en una caja, que está a la vez muerto y vivo, al igual que las partículas cuánticas que pueden permanecer en varios estados hasta que la mirada del observador acaba con la indeterminación.

Resulta difícil de entender la alegoría de Schrödinger, que recurrió a este ejemplo para ilustrar las paradojas de la física cuántica. Carezco de formación científica, pero esa posibilidad de que el gato pueda estar a la vez vivo y muerto me resulta sugerente, aunque sea en un plano puramente literario.

Creo que es cierto que las cosas son indeterminadas, se hallan en una especie de confusión hasta que no existe un relato. Dicho de otro modo, es la palabra la que nos sirve para ordenar y comprender el mundo. Cuando formulamos una experiencia presente o pasada, es cuando comienza a existir en nuestra conciencia.

Esto estaba en la filosofía de Ludwig Wittgenstein, otro vienés contemporáneo de Schrödinger, que afirmó que el pensamiento es el lenguaje. Solo podemos pensar a través de las palabras, que son las que dan sentido a nuestro mundo.

Escribir y pensar es ordenar la realidad, intentar encontrar un sentido sobre el caos, establecer una lógica de los acontecimientos. En el momento en que enunciamos una experiencia, la estamos creando. La traslación de lo vivido al lenguaje es un acto de creación, al igual que describe el Genésis cuando Dios modeló el mundo en siete días.

El gato se halla vivo o muerto, según la voluntad del narrador. Lo que no significa ignorar las realidades físicas que nos rodean, la existencia de la muerte o las catástrofes naturales. Eso está ahí, al igual que la redondez del planeta, pero todas las experiencias humanas son interpretables en función de la mirada de cada individuo.

En el jardín de Zúrich, cada día va cambiando la posición del gato. Incluso, escondido en la maleza, es posible no verle. En la vida, sucede lo mismo. La realidad es cambiante, huidiza, incierta, engañosa. Y diría más: el azar juega un papel esencial en nuestra existencia, como parece sugerir la metáfora de Schrödinger.

Todo esto son especulaciones, sin la menor aspiración de convencer a nadie. Ya decía el físico austriaco que el lenguaje es un traje a medida en el que nadie se siente cómodo. Así es. Nos tenemos que acomodar a sus medidas y eso marca el límite de nuestra comprensión.

Si las investigaciones de Schrödinger nos llevan a un ámbito metafísico en el que se cuestiona el ser y el parecer y se pone en evidencia que las cosas no son como se muestran, igual sucede con los trabajos del físico inglés Peter Higgs, fallecido en abril de 2024 y nobel de Física en 2013. Era un hombre que había padecido asma infantil, que fue un autodidacta en su adolescencia y que luego estudió matemáticas en Londres.

No ha faltado quien ha bautizado al bosón de Higgs como partícula de Dios, viendo la mano del Ser Supremo en la creación de este elemento, que funciona como una argamasa de la materia y que ordena los movimientos de otras partículas elementales que interactúan en el interior del átomo. Todos conocemos sus investigaciones sobre el átomo y sus trabajos sobre el bosón que lleva su nombre.

Que cada uno piense lo que quiera porque la física cuántica es lo más parecido al reino de lo inefable, pero no deja de ser llamativo que hace más de tres siglos Leibniz pudiera describir con tanta aproximación las fuerzas elementales de la materia y la naturaleza inextensa de los cuerpos mediante su concepto de las mónadas como sustancias simples. Yo creo que los científicos del CERN están en deuda con Leibniz y que deberían bautizar alguna nueva partícula con su nombre.

Leibniz defiende en su *Discurso de metafísica* la predestinación con estas palabras: «Todo lo que le ha de ocurrir a una persona está ya virtualmente comprendido en su naturaleza o noción».

Leibniz visitó a Spinoza en su casa de La Haya en 1676, donde ejercía el trabajo de pulidor de lentes. Había calificado su obra de «espantosa» e «insolente», porque creía que ejercía una influencia perniciosa sobre las buenas conciencias.

Me gustaría haber podido ver la escena por un agujero. Imagino al filósofo cortesano y diplomático recriminando al judío hereje por negar la existencia de un Dios personal y la inmortalidad del alma. Spinoza murió unos meses después de aquel encuentro y tuvo serios problemas para publicar su *Ética*.

A lo largo de su vida, Leibniz intentó refutar el pensamiento de Spinoza, cuya personalidad le impresionó por su austeridad y su indiferencia a las opiniones del prójimo. Había sido expulsado de la comunidad judía en su juventud y el único compromiso que mantuvo a lo largo de su vida fue la búsqueda de la verdad. Por el contrario, el filósofo alemán era un hombre solicitado por los reyes y la aristocracia por su inteligencia práctica y su habilidad política.

Leibniz publicó su *Discurso de metafísica* nueve años después de la muerte de Spinoza, y seguramente estaba pensando en él cuando aseguró que la conducta de los hombres responde a su naturaleza. En el fondo, estaba diciendo que el autor de la *Ética* estaba predestinado por su carácter a esas ideas heréticas que tanto le perturbaban.

Es muy posible que en su fuero interno Leibniz admirara la osadía intelectual de Spinoza, que cuestionó todas las verdades de su tiempo mientras que él recorría las cortes europeas y trataba con poderosos personajes. Salvando las distancias históricas, Leibniz se inscribía en una tradición de lo políticamente correcto mientras que Spinoza no aceptaba ningún principio por el hecho de haber sido dictado por la autoridad política o eclesiástica.

Tres siglos después de su desaparición, sus trayectorias cobran actualidad en la medida en que cualquier persona que intente comprender el mundo en el que vive tiene que elegir hoy entre iniciar una búsqueda individual de la verdad o apuntarse a los dogmas establecidos. Esto es especialmente relevante en nuestro país, donde cuestionar los tópicos dominantes supone ser expulsado de la comunidad biempensante.

Se ha creado un estado de opinión en el que cualquiera que no asuma los postulados oficiales del feminismo, la memoria histórica, el cambio climático, los derechos LGTBI o la superioridad moral de la izquierda es un reaccionario. No es que yo esté en contra de esos colectivos, que en muchas cosas pueden tener razón, pero la forma de imponer sus ideas resulta aborrecible. Me identifico con Spinoza cuando decidió encerrarse en una habitación para ver el mundo desde sus libros y sus lentes sin importarle una verdad que otros proclamaban a gritos como indiscutible y trataban de imponer por la fuerza y la autoridad eclesiástica.

En algunos sueños veo a Spinoza en una noche de invierno en su modesta vivienda alquilada, llena de libros, con los muebles cubiertos del polvo que producían las lentes que afinaba. Y al elegante y famoso Leibniz, vestido de cortesano, con un gesto de gravedad al saludar al solitario y meditabundo artesano.

Spinoza se me aparece en mi conciencia dormida en aquella habitación escribiendo febrilmente a la luz de las velas con una pluma, tachando y rehaciendo los textos. Allí está él, totalmente solo, excomulgado del judaísmo y tachado de hereje por sus vecinos. Las calles están desiertas, el viento azota los caminos, pero la mente de Spinoza trabaja en descifrar los grandes enigmas sobre la naturaleza de Dios y el ser humano.

Enfermo y sintiendo cerca el final, ebrio de orgullo por haber volado a una altura intelectual a la que nadie ha conseguido remontarse, Spinoza se afana en terminar su *Ética*. Sabe que le falta poco, que su obra será inmortal y que muchos siglos después los hombres seguirán interrogándose sobre su sentido.

El filósofo lucha contra la muerte y contra el tiempo, atributos de la sustancia de la que están hechas las cosas. Todos somos sustancia y la sustancia es Dios. Todo lo que ocurre está previsto por las leyes de la Divina Providencia. El mundo y los hombres no tienen un propósito concreto, son la expresión de la naturaleza de Dios, la sustancia que impregna todas las cosas y que da un sentido a lo real.

Saltemos tres siglos y medio en el tiempo desde la muerte de Spinoza. La teoría de las cuerdas, el último umbral de la física contemporánea, revela que los electrones y los quarks están compuestos de delgadas fibras que vibran de una forma característica. La composición de la materia depende de la vibración de esas cuerdas.

Las cuerdas sirven para explicar el comportamiento del átomo y las grandes leyes que rigen el cosmos. Por primera vez, los físicos disponen de una teoría global que vale para entender tanto lo muy pequeño como lo infinitamente grande. Los extremos se tocan porque las partículas subatómicas reproducen la estructura de la materia de la que están hechas las estrellas. Los científicos hablan de un universo elegante, semejante a una gran orquesta afinada por una mano invisible. Einstein se quedaría boquiabierto.

Si Spinoza pudiera levantarse de la tumba, podría decir que él había llegado a una conclusión semejante en su modesta casa de La Haya porque nada más parecido a los quarks y las cuerdas que su teoría sobre la sustancia, formulada en 1675.

27

Evolución

Si Charles Darwin pudiera levantarse de su tumba, quedaría estupefacto de algunas interpretaciones del evolucionismo. Me refiero a las teorías que intentan dar un sentido religioso al darwinismo con el argumento de que el azar no puede explicar la evolución o, al menos, la génesis de la vida. Estas teorías sostienen que la vida es el resultado de un designio, llamémosle Dios, que creó la materia y las leyes del universo.

Hay religiones como el cristianismo o el islam que afirman que Dios interviene en los acontecimientos de nuestro mundo y que incluso tiene un vínculo con cada individuo. Pero hay también en Occidente una tradición conectada con un deísmo por el que el Ser Supremo se limitó a crear el universo material sin intervenir en lo que sucede en la vida de los hombres. Ni las desgracias ni la fortuna provienen de Dios, son acontecimientos que se producen sin su intervención.

En apoyo de estas concepciones, el astrofísico británico Fred Hoyle intentó demostrar matemáticamente la imposibilidad de una evolución sometida al azar. Siguiendo esta línea argumental, el profesor Herrero Brasas escribía lo siguiente:

> Cada una de los millones de coincidencias fortuitas, mutaciones y combinación de mutaciones al azar que han tenido que ocurrir para dar lugar a la extrema sofisticación del orga-

nismo humano [...] implican una posibilidad menor que la aparición de *To be or not to be* en un teclado al azar.

Dios no juega a los dados, según esta tesis.

De ahí a sostener, como hacía Teilhard de Chardin, que la evolución confluye hacia un punto cósmico con Dios o que el universo ha sido creado por un relojero como un mecanismo perfecto va un paso porque, si el azar no explica el proceso, solo nos queda recurrir a una lógica inteligente, llamada Supremo Hacedor.

Creer que Dios ha creado la materia con un fin es un acto de fe. Lo que no obsta para reconocer que la evolución suscita algunas preguntas de difícil respuesta, ligadas a la aparición de la vida en la Tierra. Este asunto sigue suscitando hoy la polémica entre los científicos.

La evolución no solamente está determinada por el azar, por muy importante que sea su papel, sino también por la necesidad. Ahí está el magnífico trabajo de Jacques Monod sobre la herencia genética. Monod sostenía que los genes de cada individuo están determinados por la herencia biológica que recibe de sus padres, pero también por una serie de combinaciones aleatorias que configuran los rasgos personales. Richard Dawkins en *El gen egoísta* explicaba muy bien con ejemplos concretos cómo las especies van perfeccionando sus capacidades genéticas en el afán por adaptarse al medio. La araña inventa la tela para poder desplazarse por el aire.

No comparto la idea de los trabajos de Fred Hoyle y otros matemáticos que han cuestionado la evolución al desestimar la hipótesis de que la vida hubiera surgido en la Tierra mediante un complejo proceso bioquímico que propició la eclosión de la materia orgánica. Los científicos que concluyen que las posibilidades de aparición de vida en nuestro planeta eran muy remotas no pueden descartar la improbable probabilidad de que ese milagro tuviera lugar. Sus afirmaciones son muy discutibles por el sesgo ideológico que introducen a sus planteamientos teóricos. Nada más relativo que el cálculo cuando se aplica a fenómenos naturales altamente complejos.

Hoyle fue un astrónomo británico que realizó importantes descubrimientos en la física de las estrellas. Cuestionó la existencia del Big Bang en una entrevista en la BBC en 1949. Sostuvo que el punto débil de la teoría es que no explicaba qué sucedió antes del Gran Estallido. Sus posiciones fueron muy controvertidas, pero nunca rectificó pese a evidencias posteriores como el ruido cósmico que producen las radiaciones de la Gran Explosión.

Hoyle defendió también la teoría de la panspermia. Afirmaba que la vida en la Tierra fue sembrada por las bacterias o algunos microorganismos que llegaron desde el espacio exterior en un meteorito. Según su teoría, las condiciones del planeta hace miles de millones de años no eran las adecuadas para la formación de las moléculas complejas que son necesarias en los seres vivos. Aun aceptando esta hipótesis, la pregunta seguiría siendo la misma y no es otra que cómo surgió la materia. Aunque la evolución partiera de microorganismos surgidos en otro remoto rincón de la galaxia, eso no invalidaría las teorías de Darwin.

También estoy en desacuerdo con la idea de que la evolución tiene un fin teleológico porque ello parte de una idea del hombre como centro y culminación del universo, lo cual es mirarse demasiado al ombligo. Las amebas, las arañas, los lagartos, los pájaros y los tigres bien podrían ser hitos de un proceso que culmina en la aparición de nuestra especie. ¿Somos los últimos eslabones de esa cadena? Lo dudo. No hay una finalidad teológica o finalista en la evolución, lo que hay es la adaptación de los seres vivos al medio para sobrevivir.

En suma y para recapitular, la teoría de la evolución se sostiene por sí misma y no necesita de un agente externo. Bien podría haber sido el fruto de una causalidad en un universo lleno de infinitas posibilidades. Eso nos desazona, pero es la hipótesis más probable.

Tras cumplirse el 150 aniversario de *El origen de las especies* hay que reivindicar el pensamiento de Darwin, como el de Marx, como puramente materialista en el sentido que la palabra tenía en la filosofía presocrática. Darwin y Marx querían interpretar la realidad a la luz de la razón y rechazaban todo tipo de explicaciones místicas.

Me siento muy cerca de ellos en un mundo donde surge de nuevo la tentación de visiones pseudorreligiosas y metafísicas de los fenómenos sociales y científicos. No estoy en contra de la religión, pero sí de quienes la utilizan como falsa moneda para entender lo que ya tiene una explicación sin necesidad de recurrir a la irracionalidad. Eso no significa que la estricta racionalidad sirva para explicar ese afán de lo absoluto que anida en los corazones humanos, tal vez porque nos negamos a asumir la falta de sentido de la existencia.

La Revolución Industrial que se expandió en el siglo XIX transformó el mundo. No solo produjo cambios en las condiciones materiales de vida y en los modelos de organización social, sino también trajo consigo una nueva conciencia sobre la naturaleza humana. Esos dos grandes pensadores, Darwin y Marx, revolucionaron también la idea del hombre. Todo lo que vino después tiene su origen en sus concepciones.

Charles Darwin inició en diciembre de 1831 su famoso viaje en el Beagle, un bergantín de solo veintiocho metros de eslora. Tenía entonces veintidós años y se enroló bajo las órdenes del capitán Robert FitzRoy por pura casualidad. El oficial al mando de la misión de exploración de América del Sur buscaba un naturalista y cartógrafo. Tras la negativa de varios candidatos, el puesto le fue ofrecido al joven Darwin. Su padre le negó la autorización para embarcarse, ya que el trabajo no ofrecía remuneración alguna, pero acabó cediendo bajo las presiones de su tío. La duración prevista del periplo era de dos años, pero finalmente pasaron cinco hasta que el Beagle volvió a Inglaterra.

El barco de FitzRoy superó tormentas, adversidades y ataques, pero siguió hasta dar la vuelta al mundo. La primera escala fue en las islas Azores. Luego descendió hacia Cabo Verde y cruzó el Atlántico hasta Brasil. La siguiente etapa fueron las Malvinas y el sur de Argentina. Dobló el peligroso cabo de Hornos y navegó en paralelo a la costa hacia Valparaíso y luego Callao. Su última parada en el continente fueron las islas Galápagos. Desde allí atravesó el Pacífico antes de detenerse en Tahití, Nueva Zelanda y Australia. Tras explorar las formaciones coralinas en las islas Cocos, regresó a Inglaterra por Sudáfrica, atracando en Ciudad del Cabo. Pero no volvió directamente porque cruzó de nuevo el Atlántico hasta Brasil antes de tocar puerto en Falmouth, en el sur de Inglaterra, en octubre de 1836. El itinerario da la medida de la ambición de la expedición del Beagle y de su tripulación.

De los cinco años de duración de la misión, dos fueron de navegación y casi tres de exploración de territorios poco conocidos. Darwin fue anotando minuciosamente todas sus observaciones en un diario, mientras hacía observaciones geológicas, recogía plantas, esqueletos y fósiles y almacenaba insectos, anfibios y reptiles. En el Corcovado, se dedicó a coleccionar arañas y, explorando el sur de Argentina, encontró los restos de un megaterio. Enviaba periódicamente a su casa en Inglaterra sus hallazgos.

Tendrían que pasar veintitrés años hasta la publicación de *El origen de las especies* en 1859, donde sistematizó la teoría de la evolución. El viaje en el Beagle fue la experiencia más importante de la biografía de Darwin, que se convirtió en una celebridad al volver a su país. Durante dos décadas, luchó contra su mala salud para formular su revolucionaria teoría que rompía todos los estereotipos religiosos.

Siempre inspirado por Alexander von Humboldt, al aventurarse en la glacial Tierra de Fuego, explorar las selvas brasileñas y observar la fauna de las Galápagos, Darwin se dio cuenta de que los seres vivos se adaptaban al medioambiente y que ello era un factor esencial para su supervivencia. Escribió entonces en sus cuadernos que la naturaleza tenía «un poder generativo» que provocaba la aparición de nuevas formas de vida sobre el planeta. Poco a poco, fue creciendo en su mente la teoría de la evolución y de la selección de las especies.

Hijo de un médico acomodado, Darwin había estudiado Medicina en Edimburgo. Carecía de vocación y se aburría. Su amor a las ciencias naturales le llevó a estudiar los escarabajos y a leer a Humboldt. Su alistamiento en el Beagle colmó sus ilusiones de explorar nuevas tierras.

El gran impulso de la obra de Darwin residía en su insaciable curiosidad. El hallazgo de árboles fosilizados en los Andes le hizo llegar a la conclusión de que la Tierra estaba sometida a movimientos tectónicos. También dedujo que los atolones, formados por arrecifes coralinos, demostraban el descenso del nivel del mar. Acertó al relacionar los maremotos con erupciones volcánicas. Fue una mente clarividente que supo desmontar los tópicos y explicar la naturaleza con las leyes de la razón.

Más allá de sus aportaciones científicas, la obra de Darwin tiene unas implicaciones que entran de lleno en la temática de este libro. La hipótesis de la existencia de Dios es conciliable con los últimos avances de la física, pero entra en contradicción con el evolucionismo. Y ello porque, según Darwin, los seres vivos se adaptan al medio para sobrevivir. Esa es la gran ley de la biología: las especies han ido evolucionando mediante un proceso de selección biológico que favorece la complejidad. El hombre es el último eslabón de la cadena que empieza en la vida celular más simple. ¿Qué papel juega Dios en este proceso? Para Darwin, ninguno.

El pensador y arqueólogo Teilhard de Chardin intentó en una apasionante aventura intelectual conciliar el evolucionismo de Darwin con su fe cristiana. Este jesuita católico francés desde niño sintió la pasión por lo absoluto. «La historia de mi vida interior es la historia de esta búsqueda que me llevaba a realidades cada vez más universales y perfectas», afirmó. Ese afán siempre permaneció intacto a lo largo de su vida. Murió en 1955 a los setenta y tres años en Nueva York, en una penosa soledad tras sufrir la condena del Vaticano de sus obras más importantes.

He estado releyendo una antología de sus escritos en los últimos tiempos y, conforme avanzaba, volvía a revivir la fascinación que sentí hace cincuenta años, cuando descubrí *El fenómeno humano* en la biblioteca de mi padre. Devoré en secreto sus páginas porque era un libro que entonces era considerado herético por la Iglesia católica.

No voy a glosar la teología de Teilhard, pero diré solamente que este padre jesuita sostenía que el universo está impregnado de espiritualidad y que el mundo confluye hacia su encuentro con Dios en lo que él llamaba el «punto omega».

Teilhard, científico y paleontólogo, nunca quiso renunciar a sus ideas pese a las presiones que recibió porque, como él expresó, estaba convencido de estar en lo cierto. Rectificar era traicionar su conciencia. Habrá quien piense que pecó de orgullo, pero yo creo que fue coherente.

Al leerlo de nuevo me he dado cuenta de que sus tesis guardan una importante similitud con la filosofía de Spinoza, que defendía que la realidad material es una extensión de la sustancia divina. El autor de la *Ética* desembocaba en un panteísmo considerado también herético en su tiempo.

No es este libro el lugar adecuado para profundizar en las ideas de Teilhard y Spinoza, pero en estos tiempos de dudas e incertidumbre, donde todo es volátil, leer a estos dos pensadores es un consuelo, una especie de bálsamo que cura las heridas.

Yo mismo estoy enfermo de relatividad y de desencanto. Soy agnóstico, pero cada vez estoy más tentado a creer que no existe nada después de la muerte. Y desgraciadamente he perdido a muchos amigos y familiares en estos dos últimos años. A un paso de la vejez y con mala salud, mi pesimismo es cada vez más exacerbado.

La fe de este jesuita que era pecado leer me conmueve. Es una fe que se reafirma en el ostracismo y la persecución intelectual que sufrió. En medio de esas dificultades, escribió que se abandonaba a Cristo con ciega confianza. Y que asumía su silencio como una prueba a la que Dios le sometía. «El universo es arcilla con múltiples posibilidades que Dios modela a su antojo», dijo.

En último término, Teilhard realizó la apuesta pascaliana por ese absoluto en el que hay poco que perder y mucho que ganar. Si Dios ha muerto, también nosotros. Si es así, estamos condenados a la nada, a ser un breve instante en el eterno devenir del tiempo.

No es este el tipo de fe del monje budista Mathieu Ricard,

hijo de Jean François Revel, influyente intelectual francés y referencia de la derecha humanista. La Universidad de Wisconsin sometió a un curioso experimento a Ricard en 2004. Le colocó decenas de electrodos en el cráneo para medir sus sensaciones. Y concluyó que su cerebro presentaba un alto nivel de actividad, nunca registrado en un ser humano. Además, los investigadores detectaron que Ricard generaba en su corteza cerebral emociones positivas, asociadas a un estado de felicidad completamente inusual.

Ricard, que ahora tiene casi ochenta años y vive en un monasterio en Nepal, fue discípulo de François Jacob, Nobel de Medicina, y es doctor en Biología molecular y en Filosofía. Optó por hacerse budista tras viajar a la India y concluir una ensalzada tesis doctoral.

He estado releyendo *El monje y el filósofo,* un libro editado en 1997 en el que dialoga con su padre, un agnóstico confeso y defensor de un racionalismo ilustrado. En sus páginas surge la contraposición de dos visiones opuestas: la de un budista que cree en la reencarnación y que aspira al nirvana y la de Revel, un intelectual francés que analiza la realidad con las herramientas del pensamiento clásico.

No voy a glosar el contenido del libro, que es apasionante, pero sí me detendré en la idea que reitera Ricard sobre la aspiración a elevarse por encima del dolor y del placer para llegar a un estado en el que el cuerpo logra a través de la meditación liberarse de toda perturbación humana. Algo que guarda relación con los estoicos, que aspiraban a controlar sus pasiones.

Todos los argumentos de Ricard están sólidamente argumentados con referencias a la filosofía occidental. Frente a él, su padre sostiene que el intelectual debe implicarse en la transformación de la sociedad y ser coherente con sus principios, aun a riesgo de equivocarse.

Cuando leí el libro, reflexioné sobre las palabras de Ricard e intenté meterme en su lógica. Y ahora he procedido con el mismo ánimo, pero he vuelto a fracasar en el intento. Sencillamente no entiendo cómo se puede llegar al bienestar o la felicidad mediante la aniquilación de todo sentimiento.

Si matas los deseos que existen en tu corazón, puedes conseguir evitar el sufrimiento, pero jamás podrás gozar de la plenitud de la existencia, que está siempre asociada a las apuestas personales y a los riesgos. Las pasiones provocan angustia y frustración, pero también son el impulso que te lleva a experimentar el éxtasis de vivir. Es imposible enamorarse si antes no se desea intensamente al objeto del amor.

A mi modo de ver, el budismo aniquila lo bueno y lo malo. Y por eso prefiero dejarme llevar por mis impulsos, aunque sean irracionales. Como sostenía Spinoza, el hombre quiere perseverar en su propio ser y eso implica que la vida es algo incierto e imprevisible.

Una revista francesa llamada *Sciences Mag* colgó una impresionante fotografía en la que se puede ver una molécula que libera endorfina sobre unas neuronas del cerebro. «Usted está viendo literalmente la felicidad», decía el texto de la ilustración. La foto estéticamente es impresionante porque la molécula es una bola cuyos filamentos verdes se agitan como si estuvieran movidos por el viento.

Me pareció interesante colgar esa imagen en las redes y algunos lectores interpretaron que yo defendía que la felicidad se reduce a una mera reacción bioquímica que se produce en el córtex de nuestro cerebro.

Creo que esa hipótesis sería demasiado reduccionista porque, aunque podamos acceder al conocimiento de esos mecanismos biológicos, seguimos sin saber por qué somos felices al tomar una buena botella de vino, admirar un paisaje o hacer el amor.

La felicidad continúa siendo un gran misterio y ni siquiera existe una definición en la que nos podamos poner de acuerdo. Aristóteles apuntaba que consiste en alcanzar las metas que nos proponemos, pero todos sabemos por experiencia que eso no es así. Sócrates sostenía, en cambio, que la felicidad es la capacidad de disfrutar de lo poco o mucho que tenemos, pero ¿qué pasa cuando no tenemos nada?

Cada filósofo ha definido de una forma distinta este concepto, pero me llama la atención las conclusiones de un científico británico, llamado Michael Eysenck, que comparaba la felicidad con una cinta de andar donde las personas se mantienen mientras ejercitan las piernas. Si bajan el ritmo, surgen los problemas.

La aproximación más convincente me parece la de Buda, que enuncia que «no existe un camino a la felicidad, ya que la felicidad es el camino». Pascal dijo algo similar cuando acuñó su famosa frase sobre las razones del corazón que la razón no entiende. Todas las definiciones fracasan porque la felicidad no es verbalizable ni racional ni se sustenta en un estado concreto. Cuando un sabio chino fue preguntado por qué sabía que los peces del río eran felices, exclamó: «Porque los veo desde el puente».

Vemos, sentimos la felicidad, pero no la podemos atrapar porque es algo pasajero, que se produce siempre de forma imprevista y se nos escapa de las manos al igual que si quisiéramos retener el agua. Por eso, las moléculas no nos ayudan a entender el enigma.

He pensado algunas veces sobre este asunto y he llegado a la conclusión de que la felicidad es algo así como la sintonía de nuestra cabeza y nuestra mente con el universo que nos rodea. Una idea bastante spinoziana. Algunos llamarán Dios a ese equilibrio y otros se quedarán con una explicación más terrenal.

Contra lo que sostiene la publicación francesa, no podemos ver la felicidad como tampoco podemos conocer nuestro destino ni saber con certeza si hay vida en el más allá. Estamos condenados a la incertidumbre y a la angustia, lo que hace más inexplicable ese misterioso espejismo.

Esto ya lo sabían los griegos y, especialmente, Homero y los autores de la tragedia clásica como Esquilo, Sófocles y Eurípides, que escribió que a aquel a quien los dioses quieren destruir, primero lo vuelven loco. La frase encierra la profunda sabiduría de la iluminadora tragedia griega. Los héroes caen a menudo en la desgracia tras cometer el pecado de la *hybris,* que no es más que la desmesura, la superación de los propios límites.

Los griegos creían que cada hombre debe asumir la parte del destino que le han concedido los dioses con sus dosis de felicidad y de dolor. A eso lo llamaban *moira*. Al comienzo de los tiempos, los Crónidas determinaron la suerte de cada individuo. Heródoto escribe: «La divinidad fulmina con sus rayos a los seres que sobresalen demasiado, sin permitir que se jacten de su condición». En la *Ilíada*, observamos como la arbitrariedad de Agamenón contra Aquiles es la causa de una serie de desgracias para los aqueos en la guerra de Troya.

La *hybris* está provocada por la falta de autocontrol, por sucumbir a las pasiones violentas, lo cual conduce inevitablemente a la *nemesis*, el castigo de los dioses. Hay una especie de fatalidad en la tragedia griega por la que los reyes y los héroes son continuamente sometidos a prueba y duramente sancionados por Zeus y los moradores del Olimpo.

Los límites entre los hombres y los dioses son volátiles en la cultura griega. En los cantos de Homero, especialmente en la *Ilíada*, podemos observar cómo los dioses toman partido en la expedición de Agamenón para conquistar Troya. Hera, la mujer de Zeus, favorece la causa de los aqueos, mientras que Tetis, la madre de Aquiles, sale del mar para pedir al patriarca del Olimpo que castigue a Agamenón y ayude a los troyanos.

La idea de que los dioses intervienen en los avatares humanos de forma directa y arbitraria fue repudiada por el cristianismo, pero no fue totalmente abandonada. Digamos que sobrevivió en la memoria colectiva. En ese sentido, y dando un salto en el tiempo, la leyenda de un pacto con el Diablo para sobrepasar los límites humanos tiene su origen en Alemania en un hecho real, acaecido a comienzos del siglo XVI. Se inicia cuando el doctor Johann Georg Faustus murió en una pequeña ciudad de la Selva Negra al realizar un experimento de alquimia. Su cadáver fue encontrado terriblemente mutilado en el suelo de su laboratorio.

Según la tradición, Faustus vendió su alma a Mefistófeles a cambio de todo tipo de placeres durante veinticuatro años. Pasado ese tiempo, se pondría al servicio de la voluntad del

Maligno. Al final de ese periodo, pidió clemencia a Satán, que no se inmutó y exigió el pago de la deuda.

Lessing y Goethe retomaron la leyenda con variantes. La versión de Goethe inmortalizó a un Faustus que se redime gracias al arrepentimiento y la gracia divina. Pero fue Thomas Mann quien elevó su figura a categoría universal con su novela *Doktor Faustus*. En ella, un músico llamado Adrian Leverkhün vende su alma al Diablo a cambio de una creatividad excelsa. A la vez, renuncia al amor. La obra fue publicada en 1947 y fue interpretada como una alusión al pueblo alemán que había entregado su destino a Hitler, el nuevo Mefistófeles.

En todas las versiones de Faustus, el pacto con el Diablo a cambio de poder, belleza, vida eterna o un conocimiento sobrenatural es castigado con la caída, un desenlace característico de la tragedia griega.

Los mitos y las leyendas suelen expresar grandes verdades y nos ayudan a comprender el presente pese a su origen remoto. Todo lo humano se repite. Nada nuevo bajo el sol, apuntaban los latinos. Sabemos por experiencia que la ambición desmedida y la falta de límites casi siempre acaban mal. La historia nos ofrece abundantes ejemplos.

A Mefistófeles, expulsado del reino celestial e inquilino del Infierno, no le importa nada el destino de Faustus. Por el contrario, está ansioso por cobrar su deuda tras haberle exprimido. Incluso le vale la humillación de su víctima, con la que tiene viejas cuentas que saldar. Lo sorprendente es que muchos hombres poderosos hayan cometido el error de creer que el Diablo no cobraría el precio tras venderles su alma. Una idea muy familiar a los griegos, que estaban convencidos de que lo ultraterreno, o mejor lo supraterreno, estaba siempre presente en la vida de los hombres. Fue Darwin quien prescindió de la hipótesis de lo sobrenatural para explicar por qué somos lo que hemos llegado a ser. Pese a su gigantesca aportación intelectual y científica, sigue sin ser posible responder a la pregunta de por qué estamos aquí, una cuestión bien distinta de la cadena de la evolución.

28

Pasión por lo absoluto

Nadie se había atrevido a ir tan lejos como Georg W. Friedrich Hegel cuando revolucionó la historia de la filosofía al proclamar una afirmación que resume su pensamiento: todo lo real es racional. Dicho con otras palabras, todo lo que existe conlleva el más alto grado de racionalidad posible.

Si para Fichte todas las cosas están contenidas de forma indiferenciada en el yo, donde es abolida cualquier oposición entre el sujeto y el objeto, Hegel invierte totalmente la perspectiva: la representación sensible es engañosa y la verdad última de la realidad hay que encontrarla en la idea absoluta.

Dando un paso más, pensar es ser. Es el pensamiento lo que crea las cosas en las que se proyecta y, por lo tanto, existe una coincidencia entre ser, pensar y verdad. Hegel explicita su tesis en numerosos pasajes de su obra, aunque en un lenguaje que hoy podríamos considerar críptico: «La idea eterna, que es en sí y para sí, eternamente se actúa a sí misma como espíritu absoluto, se produce y se goza».

Si la idea absoluta es la única realidad, cada uno de nuestros juicios solo abarcará un aspecto limitado y parcial de esa totalidad de la Razón. Por ello, los juicios se deben ir complementando unos a otros para poder acercarnos a la verdad, que no es estática, sino que está en continuo avance hacia lo absoluto. En ese sentido, el ser es puro devenir.

Hegel recurre para explicar esto a la analogía de una planta, que es primero semilla, luego árbol, más tarde, flor y, por último, fruto. Cada juicio abarca un aspecto parcial de la planta, cuya comprensión solo podría ser alcanzada mediante la visión de todo el proceso. Por tanto, la idea absoluta es un proceso, un desarrollo en permanente fluidez.

Ese movimiento de la realidad opera a partir de las leyes de la dialéctica, que son esenciales en la obra de Hegel. El método de análisis dialéctico presupone que en toda situación existe una oposición entre una tesis y una antítesis. De esta tensión surge una síntesis, que es una forma superior de ambos momentos opuestos.

Del método dialéctico surge una noción esencial para comprender su filosofía: la negatividad. Todo lo que existe contiene un elemento de aniquilación que conduce a su desaparición en una síntesis superior. Por lo tanto, nada es estable ni definitivo, todo es mortal y pasajero.

Karl Marx asumió los postulados de Hegel en su materialismo dialéctico, en el que el comunismo sería la síntesis entre los intereses contrapuestos del capital y el trabajo. El autor de la *Fenomenología del espíritu* recurre a la dinámica entre el amo y el esclavo para explicar su método.

Si la realidad se va desarrollando conforme al proceso de los opuestos, nuestro conocimiento tendrá que seguir la misma pauta para alcanzar la idea absoluta, que solo en el hombre puede adquirir conciencia. Este movimiento se desarrolla a partir de la filosofía del espíritu, que confluye con la lógica, que él identifica con una ontología de las leyes del ser.

En un primer momento, el espíritu se manifiesta en las cosas como necesidad. Pero frente a ello, surge la libertad humana, que es una especie de despertar a la autoconciencia. Esta contradicción da lugar a la síntesis que sustenta las instituciones sociales: la familia, la sociedad y el Estado. Todas ellas son encarnaciones del espíritu absoluto.

Hegel subraya que estas entidades están regidas por lo que él llama «eticidad», en la que se expresan en diferentes grados los valores de esa conciencia colectiva que va progresando hacia lo absoluto. En el último peldaño de la pirámide, se halla el Estado, que es la encarnación suprema de la racionalidad.

El Estado no es la suma de los individuos que lo conforman, sino una totalidad en la que se reconcilian todas las demás formas de asociación humana. Como cada Estado es la encarnación suprema del Espíritu Absoluto, no hay posibilidad de límite en el ejercicio del poder.

Lo que está diciendo Hegel es que el individuo solo se puede realizar plenamente en el Estado, una afirmación en la que muchos pensadores han visto una legitimación del Estado totalitario. Otros estudiosos de su legado difieren de esta interpretación y apuntan a que la obra de Hegel debe ser leída en una clave teísta o religiosa, ya que la idea absoluta no es más que el despliegue de Dios en el mundo.

De lo que no cabe duda es que Hegel tuvo una marcada educación religiosa. Estudió junto a Schelling y Hölderlin en el seminario de Tubinga, donde adquirió una sólida formación teológica. Luego encaminó sus pasos hacia la docencia. Pero Hegel también sintió fascinación por la Revolución francesa, cuyos ideales de igualdad y fraternidad creía que podían agitar la conservadora sociedad prusiana.

En última instancia, la obra de Hegel, por su carácter sumamente abstracto e incluso esotérico, está abierta a la interpretación, ya que ese proceso de la Razón que evoluciona hacia la idea absoluta bien podría ser un monstruo tras el que se esconde la nada, que para él es la otra cara del todo.

Hegel es sumamente ambiguo al hablar de lo absoluto. Se podría interpretar que este concepto está vinculado a Dios y que hay una racionalidad en la historia, que es inmanente a la presencia de una inteligencia suprema y trascendente que guía nuestros pasos. Pero no deja de ser una interpretación porque su filosofía es muy ambigua en este punto. Me queda la duda de si la filosofía de Hegel concluye en un ateísmo radical o en la mística. Su exaltación de la razón se convierte en una fe, quizá en una forma de paganismo.

Karl Popper estudió y leyó a Hegel, cuya obra valoró como una legitimación del poder absoluto, siguiendo la tradición filosófica de Platón. Lo que veía Popper en el autor de la *Fenomenología del espíritu* es que su exaltación de la razón como motor de la historia lleva a la justificación del totalitarismo. Cuando uno está en posesión de la verdad, está legitimado para imponérsela a los demás. Popper hacía extensiva la filosofía de Hegel a Marx, que desplazó la razón para colocar la lucha de clases en el centro de su sistema.

Popper, muy influyente en el pensamiento europeo en la década de 1980, murió en Londres en 1994. Tres décadas después de su desaparición, merece la pena recordar hoy su defensa de la democracia liberal. El profesor de origen austriaco acuñó el concepto de «sociedad abierta», que definía un modelo político con división de poderes, derechos civiles y elecciones libres. Popper creía que la libertad solo podía ejercitarse en sistemas parlamentarios que propiciaran la alternancia y el debate de ideas sin cortapisas.

Popper subrayaba que quienes quieren imponer una idea porque la consideran evidente, acaban por implantar un régimen totalitario en el que la libertad queda anulada en nombre de unas verdades abstractas, sea la nación, el progreso, la raza o la religión.

Hegel llevó hasta sus últimas consecuencias esa concepción al concluir que todo lo real es racional, lo que significa una legitimación del poder y una negación de la posibilidad de rebelarse contra el orden establecido. El individuo debe plegarse a un interés superior y someterse al Estado, por encima de la libertad y de la conciencia.

Afortunadamente, el fascismo y el comunismo son ya un vestigio histórico, una pesadilla de la que nos hemos liberado. La democracia liberal es hoy aceptada, al menos en Europa, como el menos malo de los regímenes posibles. Y nadie discute el derecho del individuo a pensar como quiera.

Hay, sin embargo, algunos signos inquietantes de que la concepción popperiana está siendo amenazada por ideologías populistas, por los nacionalismos y por la tiranía de lo políticamente correcto, que tienen en común la negación de la autonomía individual y el sometimiento a lo identitario. Crece el miedo a la libertad del que ya hablaba Erich Fromm.

Esto es visible en la vida política nacional, trufada de cainismo y de eslóganes y dominada por una dialéctica del amigo-enemigo. Cada vez es más difícil pensar con matices y analizar la realidad sin banderías ni dogmatismos. En este sentido, Hegel va ganando terreno y Popper lo va perdiendo en un mundo donde los matices son desdeñados, los debates han sido sustituidos por las consignas y en el que las sociedades abiertas son repudiadas por los fanáticos.

Fue Harry Frankfurt, el filósofo estadounidense fallecido en 2023, quien subrayó que la mentira solo es posible si se conoce la verdad. Nadie mejor que un mentiroso sabe el valor de la verdad. Por eso, la distorsiona y la oculta. La mentira rinde siempre tributo a la verdad.

En un libro titulado *On Bullshit*, publicado en 1986, Frankfurt señaló que el charlatán no se preocupa de si lo que dice es verdadero o falso, sino del efecto que causan sus palabras sobre el oyente. La charlatanería domina hoy el lenguaje de la política. Los líderes intentan manipular las emociones para generar adhesión. Quieren llegar al corazón, no a la razón.

Sabemos que, desde hace muchos años, la política ha dejado de ser una confrontación ideológica para convertirse en una guerra de relatos. La demonización del adversario, el maniqueísmo, el sectarismo y la falta de autocrítica caracterizan el discurso de los dirigentes. El infierno siempre es el otro.

La charlatanería, tal y como la entiende Frankfurt, es transversal a todos los partidos en las democracias parlamentarias. Su objetivo es crear un mundo imaginario y distorsionado, una realidad paralela en la que la capacidad de análisis de los ciudadanos queda mermada por sus sesgos cognitivos.

Donald Trump es el ejemplo más palmario de un charlatán reñido con la verdad. La duda es si miente deliberadamente o es un parlanchín que se deja llevar por su incontinencia verbal. Es el prototipo del político que construye un relato que sirve a sus fines sin el menor interés por discernir lo verdadero de lo falso. La adhesión de sus seguidores es su única fuente de legitimación.

Donde más claramente se muestra el deterioro de la política es en el terreno del lenguaje, en el que las palabras pierden su significado. No es posible distinguir entre lo verdadero y lo falso porque el debate ha derivado en charlatanería, puro *bullshit*, como diría Frankfurt.

El lenguaje ya no sirve para denominar la realidad, sino para desfigurarla y hacerla ininteligible. Las palabras se utilizan para marcar una distancia y una segregación. Como decía Humpty Dumpty, solo significan lo que yo quiero que signifiquen. Hemos alcanzado el grado cero de la política.

Ese grado cero consagra la irrelevancia de los hechos y la falsificación del pasado al servicio del presente. Lo que se llama pomposamente «la memoria histórica» es una trampa porque lo único que existe es la memoria individual. Cualquier intento de homogeneizar la memoria y elevarla a verdad oficial es una manipulación, lo que no es óbice para seguir creyendo que los hechos son sagrados y las opiniones son libres.

La argamasa que une nuestra conciencia es la memoria, siempre en permanente reelaboración. En el fondo, no somos más que los recuerdos que enlazan el fugaz presente con un pasado que se aleja a una vertiginosa velocidad. Como nuestro ineludible destino es la muerte, esos recuerdos desaparecerán algún día y se disolverán en el gran magma de la nada. Estamos condenados a ser un breve instante en el eterno devenir del tiempo. *Domine, adjuva incredulitatem meam.* «Ayúdame, señor, a superar mi incredulidad», escribió un Teilhard angustiado por la incertidumbre.

Jamás he creído ideas consoladoras como el eterno retorno. Por el contrario, cada vida es única, efímera e incierta. Somos seres precarios y frágiles. Y esta sensación se agudiza al envejecer y siempre por estas fechas en las que surgen los buenos deseos al comenzar este año.

Preguntado sobre la naturaleza del tiempo, Albert Einstein respondió que no es lo mismo media hora con un dolor de muelas que media hora con la mujer de la que uno está enamorado. Resulta una gran verdad que el tiempo es esencialmente duración, como señalaba Bergson.

Cuando se superan los sesenta años, se constata que la metáfora calderoniana de que la vida es sueño es una gran verdad. La infancia y la adolescencia parecen tan lejanas como una página de historia y crece un sentimiento de irrealidad, como si lo que fuimos se hubiera desvanecido al abrir los ojos.

Este desvalimiento me ha llevado a refugiarme en las páginas de la *Ética* de Baruch Spinoza, donde encuentro el consuelo de una filosofía con vocación de perennidad. Todo lo que somos y hacemos es la expresión de una naturaleza a la que el filósofo identificaba con Dios y que nos convierte en inmortales. Un bello sueño.

Spinoza recurrió al término *sub specie aeternitatis* para condensar su idea de que lo efímero y pasajero de la vida humana forma parte de una eternidad que es inherente al orden de un universo que no es más que la cara del Ser Supremo.

Por eso, señalaba que la mayor de todas las imperfecciones es no existir. Estoy muy de acuerdo con ello, por muy doloroso e insatisfactorio que sea nuestro paso por este mundo. La conciencia de estar vivo, nuestro afán de perseverar en lo que somos y por atrapar esos instantes felices que se nos escurren justifica la existencia.

29

La piedra negra

Tengo una piedra negra sobre mi escritorio. Parece pulida por una mano invisible. Tiene una forma ovalada y hay motas blancas sobre su superficie. Es pesada y muy agradable al tacto. Un amigo me dijo que era basalto, una roca de origen volcánico muy común en el planeta. Parece que está muy presente en los fondos oceánicos. Esta piedra la encontré hace unos veinte años en una playa cercana a Marbella. Siempre he sentido una extraña conexión con este mineral, que probablemente data de hace más de un millón de años, antes de que el *Homo sapiens* hollara este mundo.

A comienzos del siglo XIX se produjo una polémica científica sobre el basalto. El geólogo alemán Abraham Gottlob Werner sostenía que era una roca de origen sedimentario que tenía su origen en un océano ancestral. El escocés James Hutton, padre del plutonismo, afirmó que el basalto era el resultado del enfriamiento de grandes masas de magma volcánico. En esa época, todavía Darwin no había formulado la teoría de la evolución, pero los científicos ya se preguntaban sobre la formación de la materia inerte.

Las piedras ya existían cuando surgieron las primeras células sobre la Tierra que dieron origen a la vida. Nuestro planeta se formó hace cuatro mil seiscientos millones de años en torno al Sol. Los estudios geológicos revelan que era una gran bola de magma sin atmósfera. Pasaron mil quinientos millones de años hasta que surgió la biosfera y todavía más hasta el nacimiento de la corteza terrestre, las rocas y una atmósfera con oxígeno. Empezaron en esa fase a darse las condiciones para la aparición de formas de vida primitivas. En la era del Paleozoico, hace más de quinientos millones de años, ya había peces que poblaban el mar. De ellos venimos.

Ese intervalo de quinientos millones de años es muy poco si se considera que el universo nació de una gran explosión hace más de trece mil millones de años. Y ya no digamos la presencia del hombre sobre la Tierra, datada hace cientos de miles de años. Si tuviéramos que representar la aparición de la raza humana desde el Big Bang sería menos de lo que supone un segundo en una jornada de veinticuatro horas.

Los datos son aburridos y, a veces, inducen a la confusión. No voy a abusar más de la paciencia del lector. Acabaré con unas pocas magnitudes que me parecen relevantes: los astrónomos calculan que hay casi un billón de galaxias en el universo. Cada una de ellas tiene cientos de miles de estrellas. La Vía Láctea, que es la que acoge el sistema solar, tiene en torno a trescientos mil millones. La más lejana a la Tierra está a casi cien mil años luz. El universo es tan grande que ni siquiera podemos comunicarnos con las estrellas de nuestra galaxia. La observación del universo es siempre un ejercicio de nuestra pequeñez.

Deneb, que en árabe significa «cola», es una de nuestras estrellas vecinas. Es doscientas diez veces más grande que el Sol y se encuentra a mil cuatrocientos años luz. Su brillo es de una intensidad superior cincuenta y cuatro mil veces al que emite nuestro astro rey. Dada la enorme distancia, cuando contemplamos su fulgor en las noches despejadas, lo que estamos viendo es una imagen de la época del reino de los visigodos en la Península antes de la invasión de los árabes.

Todos estos datos producen perplejidad y asombro porque en verdad somos insignificantes. Nuestra existencia representa un cortísimo lapso de tiempo en el perpetuo devenir de los astros que observamos como un punto inmóvil a pesar de la enorme velocidad con la que se desplazan y alejan.

La fugacidad de la existencia no hace más que relativizar los valores absolutos en los que hemos sido educados. Me refiero a conceptos como la verdad, la ciencia, la razón, que pueden parecer entelequias vanas si las situamos en el contexto de ese espacio inmenso en el que estamos perdidos.

Como soy aficionado a la astronomía, me pregunto quién ha creado lo que ven nuestros ojos, lo que cae dentro del alcance de un telescopio y esas galaxias que están a miles de millones de años luz en las cuales podría haber vida orgánica, aunque fuera muy diferente a la nuestra. ¿Somos los únicos que habitamos el universo? Parece imposible responder a esta pregunta, pero es muy poco probable que así sea.

Recuerdo un programa de Carl Sagan que emitía TVE en los años ochenta. El científico y divulgador estadounidense decía que era casi imposible, según las leyes de la estadística, que no hubiera vida inteligente en otras galaxias e incluso en la nuestra. No deja de ser una especulación, pero tiene sentido. Somos una pequeña mota de arena en la inmensidad del tiempo y el espacio.

Y todo este preámbulo nos lleva a la cuestión del millón: ¿quién creó el planeta, el sistema solar, la galaxia y el universo en el que habitamos? Dicho con otras palabras, ¿cómo surgió la materia y las leyes que rigen la física de las estrellas, los cuásares y los agujeros negros? Los astrónomos responden que todo nació de esa gran explosión. Pero eso no agota la cuestión, sino que aumenta la incertidumbre porque entonces volvemos al principio: ¿de dónde surgió ese Big Bang cuya onda expansiva produjo el universo?

En una entrevista que le hicimos en *El Mundo*, le pregunté en un cuestionario por escrito a Stephen Hawking de dónde venía la materia. He aquí su respuesta literal: de una leve oscilación de la nada. Me dejó perplejo: «¿Cómo pudo oscilar la nada, algo que no existe?». Aunque he intentado buscar la explicación a ese enigma en sus libros, confieso que no la he encontrado. Nada de esto tiene una respuesta convincente. En realidad, no sabemos casi nada. Los científicos dicen que la mayor parte del universo está formada por materia oscura, cuya naturaleza se ignora. Ya apuntaba Albert Einstein que vivimos en un mundo de apariencias cuya realidad es engañosa.

Sin conocimientos de astronomía ni los instrumentos de los que hoy dispone la ciencia, los sabios de la Antigüedad, los filósofos y los científicos de los últimos tres o cuatro siglos han dado muy diferentes respuestas a la pregunta del origen del mundo.

Por tomar una referencia, los sumerios, que habitaban Mesopotamia hace cinco mil años, levantaron templos para adorar a sus dioses. Eran politeístas, incluso creían que cada persona tenía dioses propios y en la existencia de los demonios que perturbaban la vida de las personas. En la cúspide de sus creencias, había una triada de deidades: Enlil, Erki y Anu. Ellos fueron quienes construyeron los zigurats, en forma de pirámide escalonada. Su propósito era acercar a los creyentes al cielo, una idea retomada por las catedrales medievales.

Los griegos, que tanta influencia han tenido en nuestro desarrollo cultural, eran también politeístas. Zeus era el padre de los dioses, una especie de *primus inter pares* en el Olimpo, donde también residían Apolo, Atenea, Poseidón, Afrodita, Hefesto, Deméter y Ares. Como aprendimos en las obras de Homero, los dioses estaban en conflicto e intervenían para premiar o castigar las acciones de los hombres. En la guerra de Troya, Atenea se decantó por apoyar a los aqueos mandados por Agamenón y les ayudó a construir el caballo para engañar a sus enemigos. Apolo, por el contrario, militaba en el bando troyano y actuaba en favor de Príamo y Héctor. En la *Odisea*, Ulises es víctima de la maldición de Poseidón, que le ocasiona múltiples desgracias al sentirse ofendido por una de sus acciones. En su tormentosa vuelta a su hogar en Ítaca, sufre penalidades, pero al final logra su empeño, incluso a costa de renunciar a la inmortalidad que le ofrece Circe a cambio de su amor.

A diferencia de sumerios, griegos y romanos, el cristianismo, que nació en el seno del judaísmo, se basa en la creencia de un Dios único y eterno, creador del mundo. Pero Jesucristo humaniza esa visión de Dios y lo conecta directamente a la vida de cada ser humano. En el Nuevo Testamento, los evangelistas narran las acciones del hijo de Dios, su personificación en la Tierra, que cura a los enfermos, absuelve los pecados y atiende a los más pobres. Finalmente, muere en la cruz para redimir a todos los hombres.

Mi representación de Cristo está asociada al mural pintado sobre el altar de la iglesia de San Nicolás. El fresco se eleva hasta una linterna de la cúpula por la que entra la luz natural. Hay un arco en el presbiterio en el que están escritas estas palabras: *Jesus Christus Heri et Hodie Ipse et In Secula.* Es una alusión a la perpetua vigencia del legado del Hijo del Señor: *Ayer, hoy y por los siglos de los siglos.*

En la pared del templo, en la parte inferior del mural, hay una estatua policroma de madera de san Nicolás, obispo del siglo IV, patrón de los marineros y hacedor de milagros. Al lado derecho está representado el santo, vestido con toga dorada y mitra, ante el rey Constantino, sentado en un trono, que lo liberó de su prisión, y su corte. A la izquierda, san Nicolás aparece rodeado de sus discípulos y unos padres que le dan gracias por haber liberado a tres niñas condenadas a la prostitución.

Lo más interesante es la parte superior de ese mural. Vemos a un grupo de ciervos que acuden a beber a una fuente de la que manan abundantes chorros de agua. En la pila de la que fluyen, está recostado el Cordero de Dios, que tiene como trasfondo una gran cruz roja. Más atrás, están representadas las murallas de Jerusalén. Al pie de la fuente, hay dos palomas, mientras que otras sobrevuelan en torno a la figura central.

El Cordero de Dios, el *Agnus Dei* en la tradición cristiana, es la representación de Jesucristo que entrega su vida para la redención de los hombres. Su calvario nos salvó. En el Renacimiento, se solía pintar al hijo de Dios como un cordero atado y listo para el sacrificio.

No soy teólogo ni tengo conocimientos de la historia de las religiones, pero me parece que el éxito del cristianismo reside en haber establecido una relación directa del individuo con Dios. Rezar, comulgar, confesarse, compartir los ritos eclesiales hace a los creyentes sentirse partícipes de algo superior.

Cuando yo era niño, tenía el convencimiento de tener un vínculo directo con Dios, que me veía, observaba mis pecados y mis malas acciones. Pero era también un Ser Supremo que me protegía de la adversidad, que me perdonaba y que me daba esperanzas de una vida eterna. Cuando rezaba, y lo hacía varias veces al día, tenía la sensación de que Dios escuchaba mis palabras e incluso veía signos de que me respondía.

La relación católica no solo formaba parte de mi entorno, sino que, sobre todo, daba sentido a mi existencia. Sentir la gracia de Dios me hacía mejor. Los sacramentos me reconfortaban. En la iglesia, me sentaba en un banco en un rincón a oscuras y pedía perdón por mi debilidad y las tentaciones que me acechaban.

Creí que la única forma de redención sería irme a dar testimonio de misionero en un lejano país. No me veía como sacerdote ni como miembro del monacato, pero sí como mártir de la fe en un remoto país africano. Por aquel entonces, la Iglesia daba mucha importancia a las misiones y me parecía que la única forma de ser coherente con el cristianismo era renunciar a todo para predicar el Evangelio.

Visto con la perspectiva del paso de los años, me doy cuenta ahora de que de niño tenía una concepción mística del cristianismo. San Pablo, san Agustín y san Ignacio de Loyola eran mis referencias porque habían salido al mundo a dar ejemplo de su fe. Todo partía de la fe en Dios, pero esa convicción necesitaba reforzarse con hechos, con un sacrificio personal.

Hoy siento como si hubieran transcurrido cientos de años luz y me parece que todo aquello era un sueño. Pero a la vez añoro la seguridad del cristianismo y sus valores de entrega al prójimo y de respeto a la vida humana. En el fondo, sigo siendo un católico escéptico, ligado a los valores del humanismo cristiano.

La libertad, la igualdad y la solidaridad están en la base del cristianismo, lo que explica que haya sobrevivido durante dos milenios. Y también su enorme capacidad de adaptación a los cambios. Aunque se diga que la jerarquía católica es reaccionaria e indiferente a las transformaciones sociales, lo cierto es que la Iglesia ha evolucionado de una manera radical en el siglo XX. El Concilio Vaticano II fue clave porque acercó la fe a la vida cotidiana de las personas.

Ello no fue suficiente para evitar que las generaciones nacidas a partir de los años sesenta se fueran alejando de la Iglesia católica y que hoy sea solamente una minoría la que acude a los oficios religiosos con asiduidad. Según el barómetro del CIS en noviembre de 2023, el 18 por ciento de los españoles se declara católico practicante. El 37 por ciento afirma que se considera católico no practicante. El 12 por ciento dice ser agnóstico, mientras que el 14 por ciento se confiesa ateo.

El porcentaje de quienes responden que nunca van a misa o a oficios religiosos es del 29 por ciento y los que dicen que casi nunca, el 22 por ciento. Los que van todos los domingos a los templos se elevan al 12 por ciento. Estos datos revelan el profundo cambio sociológico que ha experimentado España desde la fecha en la que nací.

Era imposible suponer en aquel nacionalcatolicismo de los años cincuenta que, tras la muerte de Franco, el Gobierno de Suárez aprobaría una ley del divorcio. Hasta la desaparición del dictador, estuvo vigente la llamada ley de vagos y maleantes por la que la policía podía detener a un homosexual. Más tarde, el Congreso dio luz verde a una ley para legalizar el aborto, una iniciativa muy contestada por la Iglesia. Por último, Zapatero impulsó la normalización legal del matrimonio homosexual, una iniciativa que la sociedad española asumió con naturalidad.

En un mundo secularizado, donde los modelos dominantes tienen mucho que ver con la fama, el dinero y el poder y en una sociedad que lo convierte todo en espectáculo, la fe religiosa se ha convertido en un anacronismo. Las iglesias empiezan a estar vacías y no surgen vocaciones para llenar los huecos que van surgiendo en las parroquias y los monasterios. Dios ha pasado a ser una presencia lejana en nuestras vidas.

Pero la paradoja es que, mientras la religión pierde peso e influencia en el entorno, crece una sensación de desamparo, de frustración y yo diría que de infelicidad. La mejora de las condiciones materiales de existencia no nos ha hecho más felices. Y constato entre mis amigos y mis conocidos que hay una búsqueda de algo que proporcione sentido a la vida, vagamente parecido a la trascendencia cristiana.

Da la impresión de que hemos expulsado a Dios, pero que no podemos evitar que se nos vuelva a colar por una rendija invisible. Por mucho que nos neguemos a plantearnos su existencia, la eterna duda sigue ahí. Necesitamos una explicación que dé sentido a nuestra condición de seres arrojados al mundo.

Vuelvo tras estas digresiones al comienzo de este capítulo: el misterio de la piedra negra. ¿De dónde viene? ¿Quién la creó? ¿Es fruto del azar o el producto de una evolución teledirigida? También una piedra puede ser un silencioso y pequeño testimonio de Dios. Nos queda la duda.

30

En nombre del padre

Mi padre tuvo una relación complicada con mi abuelo porque no compartían las mismas ideas políticas. Cuando cumplí los dieciocho años, mi abuelo Pedro me regaló su reloj de bolsillo. Lo había heredado de su padre y lo había llevado durante más de cincuenta años. Estaba bañado en plata y tenía una larga cadena y dos hermosas agujas que destacaban sobre su blanca esfera. Solía colocarlo junto al oído y escuchar su armonioso sonido.

No he dejado de pensar sobre el hecho de que mi abuelo me entregó el reloj que debería haber legado a su hijo. La explicación es que yo era su nieto favorito, el mayor, y también que había depositado grandes expectativas en mi persona. Le gustaba sacarme de paseo por la orilla del Ebro cuando era niño y me contaba viejas historias de juventud.

Fue maquinista de la Compañía del Norte y, según me relató, llevó en más de una ocasión a Alfonso XIII de Madrid a San Sebastián. Había ingresado en la compañía en 1917 y fue despedido unas semanas después por la huelga que paralizó toda España aquel año. Luego fue readmitido y trabajó hasta su jubilación en Renfe en 1965. En una exposición de Comisiones Obreras en 2017 sobre la historia del ferrocarril, había una foto en la que se le veía en la estación de Miranda en una máquina de vapor con un niño de siete años al lado. Era yo.

Mi abuelo estuvo a punto de ser fusilado por unos falangistas que decían que le habían visto hacer el saludo comunista en un paso a nivel. Siempre lo negó. Fue investigado en 1939 y evaluado por un tribunal especial que lo declaró inocente de las acusaciones, pero fue clasificado como persona sospechosa por su filiación. Por una rara casualidad, vi el expediente que le habían abierto y en el que constaba que era afecto a la causa republicana y, por tanto, individuo a vigilar.

Yo nací en Miranda de Ebro junto a la estación en la casa de mi abuelo en la calle Concepción Arenal. Era lo habitual en la época. Mis primeros recuerdos de mi vida son los expresos de mediodía echando humo en los andenes. Mi padre, sus dos hermanos, mi abuelo, tres hermanos de mi abuelo y muchos de sus hijos trabajaban entonces en Renfe. Tres maquinistas de mi familia murieron en acto de servicio.

Llevo en mis venas sangre ferroviaria. A los cinco años, ya tenía un martillo para pegar a las llantas de los trenes. Y a los siete, mi abuelo Pedro me subía a las máquinas, contraviniendo el reglamento. La desaparición del vapor supuso para mí una frustración de la que no me he recuperado. Todavía sueño con las máquinas de vapor con el ténder cargado de carbón.

Durante mi infancia, mi familia viajaba siempre en tren con el usual kilométrico al que tenían derecho los empleados de Renfe. Eso me permitió conocer buena parte de la Península y, sobre todo, las estaciones de tren, que siempre me han fascinado. Algún día me gustaría escribir un libro sobre las estaciones porque la historia y la cultura de las ciudades está reflejada, mejor que en cualquier otro lugar, en su arquitectura y en su morfología.

No se puede entender nada sobre Miranda de Ebro si no se conoce lo que fue su estación. Ya he dicho que el olor a carbonilla de sus andenes es para mí el equivalente a la magdalena proustiana. Cierro los ojos y vuelvo a mi infancia. Veo la estación llena de paquetes, de gente que sube y baja de los trenes, de familias sentadas en sus bancos comiendo filetes empanados y bebiendo gaseosa. Resuenan en mis oídos los gritos de los vendedores ambulantes con las cestas de mimbre en las que llevaban su mercancía.

He sido intensamente feliz en esa estación cuando cogía el tranvía de las tres de la tarde a Vitoria para ir al cine con una chica mientras la nieve cubría las vías o cuando iba a Briviesca en verano a casa de Ventura y Carmen, mis tíos. Hay cientos de historias que podría contar sobre esta estación. Pero también me gustaría desentrañar los secretos que guardan otras grandes y pequeñas estaciones que han quedado grabadas en mi memoria.

Siempre me han impresionado mucho las estaciones abandonadas del ferrocarril Santander-Mediterráneo, que nunca fueron pisadas por el público. También me gustan los apeaderos del ferrocarril de vía estrecha en Asturias, la antigua estación de Francia de Barcelona, la vieja Atocha, la tristemente abandonada de Burgos, la de Puebla de Sanabria, la de Abando en Bilbao y la de Portbou, incierto final de trayecto y lugar de despedidas. Allí murió Walter Benjamin, solo y desesperado, mientras huía de los nazis.

Las estaciones marcan siempre un final y un comienzo. Son una metáfora de nuestra existencia, del paso del tiempo, de la fugacidad del presente. Decimos adiós y, unos instantes después, el tren se empequeñece en el horizonte y vemos unas vías que se entrecruzan y pierden en la lejanía. Así es también nuestra vida.

Cada vez que vuelvo a la estación de Miranda, hoy con muy poco tráfico y sin apenas pasajeros, evoco la figura de mi abuelo. Siempre llevaba ese reloj, que funcionaba con pasmosa precisión. Me acuerdo de ver cómo lo ponía en hora al escuchar las noticias en la radio de su cocina, cómo lo limpiaba escrupulosamente con un trapo.

Cuando me lo regaló, había sufrido una fuerte neumonía y creía que la muerte se le acercaba. Yo era consciente, insisto en ello, del tremendo significado de ese legado, que no había ido a parar a ninguno de sus tres hijos, sino a su nieto mayor. Era obvio que me estaba haciendo depositario de su vida y que esperaba que yo tuviera siempre presente de dónde venía.

Cuando me fui a vivir a Barcelona en 1979, dejé este reloj en un cajón en casa de mis padres, pero cuando años después intenté recuperarlo, había desaparecido. Nunca he vuelto a encontrarlo. Supongo que mi madre lo metió en algún armario o en el cuarto trastero y un día aparecerá. Estoy seguro de que sigue en algún lugar cercano.

Me gustaría encontrarlo para poder transmitirlo a alguna de mis hijas, que serían la quinta generación en tenerlo en sus manos. Calculo que ese reloj fue fabricado a finales del siglo XIX y que mi bisabuelo también lo llevaba en su chaleco y lo consultaba al pasar el puente del Ebro y dirigirse a la antigua estación de Miranda, situada al final de la calle de Vitoria.

Siempre he creído que los objetos tienen vida propia y que encierran unas cualidades invisibles que se transmiten. Mi abuelo me lo cedió a mí porque estaba convencido de que yo tenía su mismo carácter y compartía sus ideas republicanas. Había votado al partido de Azaña y, antes de morir, sentía una gran simpatía hacia Felipe González.

Falleció hace casi cuatro décadas y, en la medida en que me hago viejo, le recuerdo con más intensidad. Mi madre me regaló hace ya tiempo una fotografía datada en 1956 en la que yo acababa de cumplir un año y el abuelo me tenía en sus brazos. Parecía ya un anciano sin haber llegado a los sesenta y todavía estaba en activo. Hoy le supero en edad. Mi hija mayor ha sido madre de Isabel, mi primera nieta. Aquella foto es una imagen devastadora sobre el paso del tiempo y la brevedad de la vida que pasa como un abrir y cerrar de ojos.

Mi padre, su hijo mayor, nació en 1926 y murió en 1991 tras esos cuatro años de agonía por la ELA. Era católico y se sentía muy cerca de la democracia cristiana y de líderes como Adenauer y De Gaulle. En los últimos años del franquismo, se volvió muy crítico con el régimen. Leía *Cuadernos para el diálogo*, una revista fundada por Joaquín Ruiz Jiménez, un hombre que fue ministro de Franco y que luego evolucionó a posiciones democráticas.

Siempre he admirado la coherencia personal de mi padre. Predicaba con el ejemplo. Durante la época en la que trabajó como abogado de los sindicatos verticales, o sea, franquistas, los únicos permitidos, se puso siempre del lado de los oprimidos y los débiles. No temía enfrentarse a los patronos y los empresarios que abusaban de sus empleados. Utilizaba todos sus recursos para ayudar a los más débiles. Y los falangistas, a los que despreciaba, hablaban mal de él. Como era público y notorio que era una persona católica y conservadora, no se atrevían a tocarle.

En la época del pluriempleo en los años sesenta, mi padre era el gerente del viejo economato de Renfe que había junto a la estación de Miranda. Tenía un pequeño despacho desde el que llevaba escrupulosamente la contabilidad de los ingresos y los gastos en unos grandes cuadernos de tapas verdes de cartón. En una ocasión, uno de los dirigentes de la Falange de Miranda le pidió que le vendiera aceite y él se negó rotundamente, ya que no era empleado de la compañía. Su honradez y su generosidad eran proverbiales. Vivimos austeramente en un piso de protección oficial, sin ningún lujo, pero sin ninguna carencia básica. Éramos una familia feliz en una España subdesarrollada, en la que la televisión, el coche y el teléfono eran una rareza.

Sin embargo, al igual que mi padre se llevaba mal con mi abuelo, yo también tuve serios desencuentros con mi padre a partir de los quince o dieciséis años. Me rebelé contra su autoridad y también empezamos a chocar por razones políticas. Cuando llegué a la universidad en Madrid en el otoño de 1972, la fractura se hizo evidente. Como muchas de las personas de mi generación, me convertí en un antifranquista de izquierdas, me alejé de la Iglesia católica y, sobre todo, de la moral cristiana y de su visión del matrimonio y el sexo. Mi padre veía con recelo y rechazo mis amistades femeninas y, en alguna ocasión, me reprochó actitudes que él creía que no encajaban con los códigos del buen cristiano.

Han pasado más de tres décadas de su muerte tras la penosa enfermedad que le produjo un sufrimiento que no puedo describir con palabras. Hoy me pregunto si yo he sido mejor persona que mi padre, si estuve lo suficientemente cerca durante su enfermedad y si no crucé los límites de la falta de respeto y comprensión hacia él. La respuesta es desfavorable para mí en todos los sentidos.

Voy en ocasiones a visitar su tumba en Miranda de Ebro y permanezco unos minutos en un intento de recordarle tal y como era. Pero me invade siempre una sensación de profunda amargura. Soy consciente de que le hice sufrir, de que le hubiera gustado un gesto de comprensión, pero no fui capaz. Tal vez por un endemoniado orgullo o por la absurda sensación de que era tarde para reparar los errores.

Al cumplir los setenta años, me doy cuenta del profundo parecido con mi padre y de que siempre ha sido un modelo al que emular. Era muy trabajador y responsable, daba la cara y jamás rehuía las consecuencias de sus acciones. Por sus convicciones católicas, tenía un apego casi fanático a la verdad. Todas las personas que tenían trato con él le apreciaban y le respetaban. Desprendía una autoridad innata. Resulta difícil encontrar alguien que suscitara tanto consenso como mi padre.

Como soy agnóstico, cuando me hallo ante su tumba, me viene a la cabeza la evidencia de que sus cenizas y mis recuerdos son lo único que queda de su paso por este mundo. Cuando nos muramos sus hijos, ni siquiera quedará ya alguien que le recuerde. Su memoria se habrá desvanecido para siempre, como la de casi todos los seres humanos. Ninguno de sus doce nietos le conoció.

A mí también me va a suceder lo mismo. Dentro de algunas décadas, no demasiadas, habré pasado a engrosar las filas de las muchas generaciones desaparecidas a lo largo de la historia. Mi vida será tan anónima e impersonal como la de mi padre porque mi nombre ya no significará nada. Y el mundo y las personas que conocí se habrán esfumado para siempre.

La pregunta es qué queda de mi padre y qué va a quedar de mí. Nada. Esa es la respuesta que me sale espontáneamente. Aunque he intentado buscar a Dios en mi vida, su presencia no ha emergido de la oscuridad desde que abandoné mi fe. La figura de Dios es una gran ausencia como la de mi padre.

Al escribir estas líneas, me doy cuenta de que las dos figuras se superponen. Mi padre era Dios y aspiro a encontrar a mi padre en Dios. Puede que todos los seres humanos, aunque a algunos les parezca una herejía, busquen en Dios la ausencia de su padre. No en vano la teología católica define al Ser Supremo como un Dios padre.

¿Es Dios una sublimación de los sentimientos filiales? ¿Es Dios una creación imaginaria de la orfandad de los hombres? ¿Una proyección mental de nuestras carencias y de la necesidad de lo absoluto? No tengo ninguna respuesta para estas preguntas y soy muy consciente de que quien lea este libro se sentirá decepcionado porque saldrá con más dudas de las que albergaba al abrirlo.

A este respecto, es interesante el punto de vista del filósofo estadounidense Thomas Nagel, que se interroga sobre los sentimientos de un murciélago. ¿Cómo siente, como percibe el mundo este mamífero que duerme en cuevas, vuela, apenas ve y que tiene un sonar en su cerebro? Hago extensiva mi pregunta a otros seres humanos y, sobre todo, a Dios.

Si Dios existe, me gustaría saber cómo nos percibe en nuestros actos cotidianos, nuestras frustraciones, temores y deseos. Suponiendo que su esencia sea puramente espiritual y atemporal, la cuestión es cómo nos contempla a nosotros, seres arrojados al mundo, vulnerables y contingentes. Si sus atributos son absolutos y perfectos, como creía Spinoza, le debemos de parecer seres ridículos. O tal vez no nos conceda ninguna importancia, como nos sucede a nosotros con un mosquito o una lombriz.

Tal vez el error resida en creernos a imagen y semejanza de Dios, en humanizar su figura e imaginarlo con la representación tradicional de una especie de anciano con una barba blanca. Si el Supremo Hacedor creó la materia desde la nada, puede que sea imposible concebir su naturaleza. Podría ser una onda, una fuente de energía o algo que no podemos imaginar.

Si Dios existe, como me gustaría, confío en su sentido de la justicia y, sobre todo, que haya tenido a bien preservar el espíritu de mi padre, de mi abuelo, de mi familia y de mis amigos. Es un deseo muy difícil de satisfacer, pero no imposible si creemos, superando nuestra falta de fe, que Dios fue el creador del universo y que, de una manera u otra, somos el resultado de sus designios.

31

La redención de las almas

Siempre he creído que soy un lector que se guía por el mero placer de leer. Pero nadie puede sustraerse a la influencia de los libros y autores cuya mirada ha sido capaz de cambiar su percepción de la realidad. Leer es vivir. Eso me sucedió al caer en mis manos por azar *Amor y exilio*, las memorias de juventud de Isaac Bashevis Singer. Hay un intento de redención en este libro atípico en el que la escritura opera como una catarsis del autor. Un mecanismo familiar para los católicos, que obtienen el perdón de los pecados mediante la confesión. Contar es liberarse.

Las cuatrocientas páginas de la autobiografía de Singer me conmocionaron, me golpearon como una revelación. El sufrimiento, la pérdida de la fe y la soledad que había vivido en su Polonia natal hace un siglo me colocaban frente a un espejo. Y ello no porque mi existencia se hubiera desarrollado en una situación de penuria e inseguridad como la suya, sino por lo contrario: porque yo había vivido y sentido lo mismo en una cultura y una época totalmente distintas.

Hay un hilo invisible que me une a este autor cuando me acerco a su obra. He reflexionado mucho sobre las causas de este sentimiento de identificación y no encuentro ninguna que no sea la afinidad con un alma gemela con la que comparto la dolorosa precariedad de la condición humana, el remordimiento por los pecados cometidos.

Singer fue una persona esencialmente atormentada por su rechazo de la fe y el modo de vida judío y su incapacidad para adaptarse a un mundo al que se sentía ajeno. Pero si hay un *leitmotiv* que atraviesa toda su obra es la reflexión sobre la banalidad del mal, que le llevó a una especie de blasfemia contra Dios, al que considera un monstruo indiferente al dolor de los seres humanos.

Nacido de padre y abuelos rabinos, se educó en la estricta ortodoxia judía en una casa en la que había muy pocos muebles y muchos libros. Era un niño pelirrojo, de piel muy blanca, y de una timidez enfermiza. Pero su temprana afición a la lectura y la influencia de su hermano Yehoshua le impulsaron a cuestionar la forma de vida que le habían inculcado sus progenitores.

Isaac Bashevis Singer no renunció jamás a expresarse en el yidis de su Polonia natal pese haber tenido que emigrar a Estados Unidos cuando apenas tenía treinta años para huir del nazismo. Allí encontró su segunda patria y la estabilidad que le permitió escribir casi toda su obra, pero nunca fue tan feliz como cuando pasaba las tardes en el club de escritores de Varsovia y se metía en continuos líos amorosos.

Cohabitaba con Gina, una mujer que le doblaba la edad, pero mantenía también relaciones con Stefa, hija de un acaudalado hombre de negocios, con su prima Esther y con Lena, una comunista revolucionaria con la que tuvo un hijo que tardaría décadas en conocer. «Vivo como un libertino mientras suplico misericordia a un Dios al que detesto», apuntó.

Singer escribía para mantener vivo el pasado con la conciencia de ser el último testigo de un mundo arrasado por la barbarie. Parte de su familia, su madre y su hermano menor, sus vecinos y sus amigos de la calle Krojmalna de Varsovia perecieron tras la invasión nazi. Pero aquel barrio judío en el que transcurrió su infancia estaba ya desmoronándose cuando el escritor miraba fascinado a los transeúntes desde su balcón.

Hay en su obra una infinita nostalgia por las imágenes, las texturas, los olores, los sabores de aquella Varsovia de principios de siglo en la que conoció al amor de su vida: Sosha, una niña de ocho años a la que nunca volvió a ver y con la que soñó hasta el final de sus días.

Cuando era joven, Singer se encerró en miserables habitaciones alquiladas para leer a Leibniz, Kant, Hegel y Schopenhauer. Pero fue el descubrimiento de Spinoza lo que le hizo conciliar su judaísmo con la aparente irracionalidad de la existencia.

Si el mundo es una única sustancia y todo lo que acontece, el mal y el bien, la vida y la muerte, el dolor y el éxtasis están trazados por una fatalidad inescrutable; si todos nuestros actos —hasta los más pequeños— están escritos por una mano invisible, quizá haya un sentido que no somos capaces de descubrir. Nada se pierde jamás en la memoria de Dios, concluye en el prólogo de *Amor y exilio.*

Lo que ciertamente sobrevivirá gracias al milagro de la literatura es la obra de un hombre que había sido educado en la noción de que contar los sentimientos es un pecado que ofende a Dios. ¿Acaso esto no era su forma de redención?

Experimenté una sensación similar al leer a Thomas Mann, otro ser con necesidad de exorcizar sus demonios interiores. Fue siempre un hombre atormentado por sus deseos y por la turbulencia de un mundo interior que solo afloraba en sus escritos. *La montaña mágica* es una novela que he leído obsesivamente y que siempre me provoca el impulso de abrir la ventana para respirar. Hay pasajes tan morbosos que he sentido una mezcla de mareo y asco sin poder evitar la fascinación que me lleva a no poder prescindir jamás de su lectura.

No hay tal vez ningún libro tan abierto a las interpretaciones como *La montaña mágica,* uno de los hitos literarios de todos los tiempos. Mi relación con esta novela es de odio y amor, de rechazo y de dependencia, de repulsión y de atracción. Pero jamás he podido evadirme del influjo perverso que impregna cada una de sus páginas.

He sentido la necesidad de abrir la ventana tras el olor de las flores marchitas del sanatorio de Davos, de ponerme una manta cuando Hans Castorp pasea por las cumbres alpinas, de mediar en las apasionadas discusiones entre Settembrini y

— 301 —

Naphta, de maldecir la ciencia del doctor Behrens y de empujar a Ziemssen a abandonar ese lugar maligno donde la muerte acecha a cada paciente.

La montaña mágica es una novela de mil páginas, desarrollada en siete largos capítulos, en las que proliferan las divagaciones sobre medicina, psicología, política, religión, filosofía, arte y amor. Y todo ello enlazado por la peripecia del joven Hans Castorp, que llega al hospital antituberculoso para visitar a su primo y se queda siete años hasta que decide alistarse para luchar en la Gran Guerra.

Mann inició esta obra en 1912 tras visitar a su mujer Kathia en el sanatorio Wald de Davos, donde había acudido a una cura de reposo. Abandonó el proyecto en varias ocasiones, pero siguió reuniendo material hasta que decidió reescribir lo que iba a ser una narración corta cuando la concibió. Fue publicada en 1924 en dos volúmenes con gran éxito de la crítica.

Hay muy pocos textos literarios sobre los que se haya escrito tanto porque ciertamente *La montaña mágica* es una novela total en la que Mann, que acababa de cumplir cuarenta y nueve años, vuelca sus recuerdos a través de sus personajes. La experiencia de lo vivido es sublimada en el arte de la literatura, que libera y redime las obsesiones del autor.

El genio de Lübeck está en todos y cada uno de sus personajes: en Hans Castorp, que emprende un viaje iniciático que lo llevará a la muerte; en su primo Joachim Ziemssem, que no puede escapar de la fatal atracción del sanatorio; en Settembrini, el idealista liberal que reivindica la razón y cree en la emancipación de los hombres; en Naphta, el jesuita judío que defiende con pasión la vuelta a un orden social guiado por la religión; en madame Chauchat, la caprichosa dama rusa de rasgos asiáticos de la que se enamora; y en Peeperkorn, cuya visión jovial de la vida insufla un poco de optimismo en el ambiente asfixiante de la clínica. Mann es todos y ninguno de ellos.

En este juego de máscaras, solo hay un personaje que mueve la trama como un *Deus ex machina*: el tiempo. Pero no un tiempo lineal e histórico, sino un tiempo bergsoniano, en el que impera la duración subjetiva de los momentos y las situaciones. El tiempo se alarga y se encoge durante la narración, cortada por largos exordios del autor, que se expresa por boca de Castorp, Settembrini, Naphta y Peeperkorn, una polifonía de voces que reflejan el alma atormentada de Mann.

El tiempo es una banda deslizante por la que se desplazan los personajes de *La montaña mágica*, pero la acción se desenvuelve entre dos polos que se atraen y se repelen: el amor y la muerte, siempre presentes en el hospital de Davos, en el que a Castorp se le asigna la habitación de una persona que acaba de morir cuando llega al establecimiento.

Nunca he leído una declaración de amor tan vibrante como la del protagonista de la novela a madame Chauchat, en la que Mann utiliza el idioma francés para poner en boca del joven ingeniero sentimientos que jamás se hubiera atrevido a expresar; en concreto, algunas alusiones explícitas a la anatomía femenina. Las relaciones amorosas —Castorp no logra conciliar el sueño nocturno por el ruido que hacen sus vecinos— proliferan en ese ambiente tóxico pese a estar prohibidas por la dirección del centro. Pero el amor siempre tiene un componente mórbido en el relato porque es una forma de escapar de la muerte. Castorp intuye que un enemigo letal se aloja ya en su cuerpo cuando el doctor Behrens le muestra sus huesos en una radiografía. Y hay en las páginas de Mann continuas reflexiones a la podredumbre y la corrupción de la carne, un tema que sin duda le obsesionaba.

Obra desmesurada, autodestructiva y enigmática, *La montaña mágica* es en última instancia una metáfora de los males de una Europa decadente que optó por desencadenar una guerra en la que el instinto de muerte demostró ser más fuerte que el amor y la compasión.

La novela de Thomas Mann fue publicada doce años antes que *El bosque de la noche*, una extraña obra de Djuna Barnes, que, pese a la diferente temática, conecta con *La montaña mágica* por ese carácter autodestructivo que Freud bautizó como el instinto de muerte.

El poeta T. S. Eliot calificó a Djuna Barnes como «el genio

más grande» de su época. Puede que la escritora de Nueva York no fuera el genio más grande de un tiempo en el que coexistió con Mann, Joyce y Pound, pero sí que se puede asegurar que escribió una de las mejores novelas del siglo XX, una obra maestra de radical modernidad que sigue manteniendo su carácter de provocación al lector.

Tras superar las dificultades para encontrar editor y suprimir algunos fragmentos del texto original, *El bosque de la noche* fue publicada en 1936 en Londres con una acogida entusiasta por parte de la crítica. *The Spectator* comparó a Barnes con Virginia Woolf y Graham Greene resaltó su «asombrosa capacidad expresiva». Dylan Thomas llegó a afirmar que la novela era «uno de los tres grandes títulos que jamás haya escrito una mujer».

El bosque de la noche no solo no es un libro de fácil lectura por la estructura alambicada de su prosa, sino que además resultan ininteligibles muchas de sus páginas, escritas con una técnica de libre asociación de ideas que evoca en algunos momentos al *Ulises* de Joyce, de quien era amiga. Por ello, la novela de Djuna Barnes es sencillamente inclasificable.

En el ambiente bohemio y decadente del París de los años veinte, tres personas se disputan el amor de la ambigua joven Robin Vote, atraída por los abismos de la noche y empujada por su carácter autodestructivo a la degradación. Está dominada por una pulsión masoquista que la lleva a buscar el sufrimiento en todas sus relaciones.

Robin es el objeto de deseo del falso barón judío vienés Félix Volkbein, que se casa con ella y con la que tiene un hijo que presenta rasgos de discapacidad intelectual. Pronto lo abandona para irse a vivir con Nora Flood, una mujer que se enamora de ella y con la que comparte un corto periodo de felicidad. Pero Robin deja a Nora tras ser seducida por Jenny Petherbridge, una excéntrica y repulsiva viuda millonaria que la lleva a Nueva York, donde vuelve a sus sórdidas costumbres.

Los cuatro personajes son descritos a través de los ojos del doctor irlandés Matthew O'Connor, otro extravagante personaje que sobrevive en una solitaria y mísera habitación donde se convierte en un travesti por las noches, ya que, según confiesa, tiene una mentalidad de mujer en un cuerpo de hombre. O'Connor es un ser locuaz y de extraordinaria empatía, que acierta a verbalizar los sentimientos que sus amigos son incapaces de expresar.

El bosque de la noche no es una novela de acción porque no sucede nada a lo largo de sus doscientas páginas. Como T. S. Eliot señala en el prólogo del libro, el texto es una descripción de una serie de personajes que interactúan entre sí, condenados a una danza a ciegas en la oscuridad de los deseos.

«El amor sentido con pasión es la muerte. Lo sé. Pero también es sabiduría. Lo vivo como una condena», dice Nora cuando comprende que jamás va a recuperar a Robin, que sufre como un pájaro enjaulado tras enamorarse de su amiga, a la que había conocido una tarde en el circo. No fue difícil identificarse con el dolor de Nora que evoca la sensación de desesperación cuando uno es abandonado. En cierta forma, ese dolor es también una forma de redención, de expiación del pecado original que impregna nuestro ser.

Algunos críticos han señalado el carácter autobiográfico de la relación entre Nora y Robin, que sería una traslación de la pasión de Djuna Barnes por la escultora Thelma Wood, con la que mantuvo una relación estable de 1921 a 1929. Wood era una lesbiana muy promiscua, lo que hacía sufrir mucho a la escritora. No es casualidad que el título original de la novela sea *Nightwood*, lo que encierra probablemente una alusión al apellido de su amante.

«Ella buscaba continuamente la oscuridad, no podía dejar su vida nocturna y depravada y yo se lo impedía», exclama Nora al final de *El bosque de la noche*, una reflexión que evoca la impotencia que sentía la autora en su relación con Thelma.

Hay quien ha visto en la novela de Barnes la descripción de los aspectos más sórdidos de la personalidad humana, una especie de visión hobbesiana del individuo, pero eso sería quedarse en lo superficial porque, como subraya Nora, el amor engendra la destrucción, pero también la salvación. Es en el pozo del abismo y la degradación desde donde puede aflorar lo sublime.

Leer *El bosque de la noche* supone el elevado riesgo de sufrir una gran decepción, aunque también existe la posibilidad de quedar atrapado por esta obra única y original, este *roman à clef* que hipnotiza por la magia de su extraña y delirante prosa.

Otro escritor que refleja la angustia existencial que conduce a una necesidad de redención es el olvidado injustamente Nathanael West. Nacido en el seno de una acomodada familia judía en Nueva York, murió junto a su esposa en un accidente de tráfico en 1940. Había cumplido treinta y nueve años, trabajaba de guionista en Hollywood y la vida empezaba a sonreírle tras la publicación de cuatro novelas cortas que le habían granjeado una sólida reputación literaria.

West era un juerguista que había sido expulsado de la universidad por falsificar las notas. Pésimo estudiante, optó por abandonar su país y se fue a París en busca de inspiración para sus libros. Pero se vio obligado a volver a Nueva York para subsistir, ya que su padre había sufrido las consecuencias de la Gran Depresión. Le ofrecieron el puesto de jefe nocturno de un hotel en Manhattan, experiencia que luego le serviría para algunos personajes de *El día de la langosta*, llevada al cine con éxito en la década de 1970.

Miss Lonelyhearts, publicada en 1933, es la segunda novela de West y, a mi juicio, la mejor. Pocas veces se ha descrito con mayor profundidad la América de entreguerras, que, tras una década de prosperidad y exuberante optimismo, despierta con una brutal crisis económica que sume a millones de ciudadanos en la miseria.

West, al que le suelen encuadrar en la llamada generación perdida, es el gran retratista del lado oscuro y amargo del sueño americano, de una sociedad de desheredados que sobreviven en un ambiente sórdido. En cierta forma, *Miss Lonelyhearts* podría ser el contrapunto de *El gran Gatsby*, donde Scott Fitzgerald muestra su fascinación por un millonario solitario que organiza fabulosas fiestas mientras suspira por el amor de una mujer casada. Curiosamente, el coche de West se estrelló al día siguiente del ataque al corazón que acabó con la vida de Fitzgerald, cuyos libros admiraba y del que era amigo. También mantenía una estrecha relación con Dashiell Hammett, con el que le unía su inconformismo político.

La novela de West toma su nombre —que podríamos traducir como «La señorita de los corazones solitarios»— del pseudónimo que utiliza un periodista que redacta el consultorio sentimental de un diario. Su trabajo es responder a las cartas que recibe de hombres y mujeres frustrados que le cuentan no solo sus problemas amorosos, sino además sus insufribles condiciones de vida.

Miss Lonelyhearts vive en el cuarto de una pensión con una silla y una cama, es un hombre solitario y alcohólico, sin la menor empatía e incapaz de relacionarse con el prójimo. Su único amigo es Shrike, el jefe de la redacción, que se burla de su conducta pero lo tolera porque el consultorio contribuye a vender periódicos.

El protagonista es un personaje que se identifica con Cristo porque cree que su misión es la redención de las almas que le escriben. No soporta su trabajo, pero tampoco lo puede abandonar porque siente que hay un vínculo indisoluble que le ata a los desgraciados que le cuentan sus miserias. No en vano en su juventud West, a pesar de ser judío, se había sentido muy atraído por el misticismo cristiano que en esa época representaban los predicadores que iban recorriendo los pueblos de América.

El protagonista de *Miss Lonelyhearts* siente una atracción compulsiva hacia las mujeres abandonadas y poco atractivas, de suerte que mantiene relaciones con la compañera de su jefe y se deja seducir por la esposa de un tullido que le ha escrito una carta en la que cuenta la impotencia de su marido. Este amorío acabará de manera trágica.

Al igual que en el resto de su obra, la novela está llena de personajes solitarios y fracasados, corazones rotos por la vida, gente infeliz y marginal que ofrece un contrapunto a la América glamurosa del jazz, el cine y las fiestas de Hollywood de los años veinte. Es difícil encontrar un autor que rezume más pesimismo que Nathanael West, en cuyos trabajos no podemos hallar ni el menor atisbo de amor o esperanza porque el hombre es devorado por una sociedad hipócrita y degenerada, en la que la gran masa es explotada por una minoría sin escrúpulos. Llega un momento en la lectura de *Miss Lonelyhearst* en que se convierte en una pesadilla agobiante y en la que surge la tentación de cerrar el libro y tirarlo a la basura. Pero al final la calidad de la escritura y el talento del autor nos empuja a leer hasta el final, sabiendo que todo acabará mal y que la vida es un asco.

Otro escritor imprescindible para entender los tormentos del alma es Giorgio Bassani, fallecido al comenzar el nuevo siglo. Era judío y su vida quedó marcada por la persecución de los hijos de Israel en la etapa de la ocupación alemana de Italia durante la Segunda Guerra Mundial. Lo que vio en Ferrara, su ciudad natal, quedó grabado en su memoria.

Cuenta Pasolini que su amigo Bassani se había empeñado en que la palabra «Ferrara» no apareciera en el título de la obra porque, aunque todos los personajes y los escenarios están inspirados en esa ciudad, quería resaltar la universalidad de su narrativa. El autor cedió inicialmente, pero luego cambió de opinión. Hubo que esperar hasta 1980 para que Bassani presentara la versión definitiva de *La novela de Ferrara*, compuesta por seis libros, elaborados en diferentes momentos, que suman casi mil páginas.

Bassani nunca fue un escritor conocido fuera de Italia hasta que Vittorio de Sica decidió rodar en 1970 *El jardín de los Finzi-Contini*, un éxito que hizo internacionalmente valorada su monumental creación. Esa breve novela ocupa un lugar central en un relato de largo aliento que se puede abordar de forma aleatoria pero que solo cobra su pleno sentido al acabar la obra, que el propio autor definió como un poema al estilo de la *Divina comedia*.

No puedo seguir hablando de *La novela de Ferrara* sin dejar constancia de la profunda conmoción que me produjo su lectura. Durante dos o tres años, estuvo sobre mi mesilla de noche. Recomiendo empezar por el *flashback* de las primeras páginas de los Finzi-Contini, cuando el narrador evoca ante una tumba en el cementerio a los miembros desaparecidos en el Holocausto de esta aristocrática familia judía.

Allí flota la memoria de Alberto, su mejor amigo, de su hermana, la bella Micol, y de los padres, que fueron deportados a Alemania durante la guerra y que jamás volvieron al gigantesco caserón que habitaban en medio de una enorme finca. El narrador relata su amor por Micol, a la que espiaba con la vana esperanza de ser correspondido hasta que descubre que se acuesta con un conocido.

La novela de Ferrara es la historia de la catástrofe que comienza en 1938 con la promulgación de las leyes raciales de Mussolini y que, tras la ocupación de Italia por el ejército de Hitler, acaba con la deportación de un centenar de viejas familias locales a los campos de exterminio. Bassani describe, al igual que Kafka, un mundo en el que Dios está totalmente alejado de los hombres.

Casi las tres cuartas partes de los judíos que vivían en Ferrara sufrieron la locura homicida de los nazis, pero antes tuvieron que vender sus negocios, encerrarse en sus casas y sufrir la humillación de verse expulsados de las escuelas, las bibliotecas y los lugares públicos. Bassani, que optó por colaborar con la Resistencia, había sido testigo de esa ignominia. Parte de su familia fue asesinada por los nazis.

Como le sucedía a Isaac Bashevis Singer al recrear la Varsovia de los años treinta, Bassani escribe para no olvidar. Y, por ello, es inevitable asociar su gran novela a un largo *kadish*, la oración de exaltación a Dios que se suele pronunciar cuando un judío muere.

Bassani fue director de varias publicaciones en Italia y editor de Feltrinelli. Es sabido que fue a él a quien llegó el manuscrito de *El gatopardo* de Lampedusa, en el que reconoció de inmediato una *opera magna*. Era un hombre afable y educado, pero su proverbial amabilidad nunca pudo distanciarse de los fantasmas de un pasado del que solo pudo escapar por la enfermedad mental que ensombreció sus últimos días.

La novela de Ferrara es inclasificable. Él mismo Bassani abominó del adjetivo «realista» pero también sería un error calificarla de obra de ficción porque se alimenta de esas vidas trágicas que describe. Al recorrer sus páginas, da la sensación de que estamos viendo lo que el autor nos cuenta a través de los visillos de una ventana. La realidad se halla tamizada por la literatura, pero es imposible separar una de otra. Bassani no construye su narración sobre historias, sino sobre momentos y fragmentos.

Nunca nos dice abiertamente que el doctor Athos Fadigatti es un homosexual atormentado, ni que Lida Mantovani se casa a la fuerza con un ebanista que le dobla la edad, ni que el terrateniente Limentani está hastiado de su existencia, ni que Elia Corcos considera a su mujer un obstáculo para su ascenso social, ni tampoco nos habla del rencor incubado por Geo Josz, el único judío que vuelve a Ferrara de los campos de la muerte. Todas esas circunstancias gravitan sobre sus personajes, pero solo son indirectamente sugeridas en gestos y miradas que evocan, pero no afirman.

El autor italiano es el rey de la elusión y de la elipsis, pero justamente esa ausencia de elementos dramáticos es lo que confiere a *La novela de Ferrara* su extraordinario poder para exorcizar el pasado al rememorar la tragedia de unas vidas trastocadas por el fascismo. Apuntaba Pasolini que la prosa de Bassani no desciende sobre los personajes, sino que estos ascienden hacia una escritura que nos redime de nuestros tormentos.

Hay en estos autores una dolorosa fractura que remite al sentido de la existencia y, en el fondo, a la ausencia de Dios en este mundo. Y hay también una reflexión sobre el tiempo porque, al leerlos, resulta inevitable la sensación de fugacidad de la vida y el carácter único de toda experiencia.

32

El paraíso perdido

Los celtas creían que los bosques eran sagrados. Esa sensación me ha sacudido en más de una ocasión en los robledales de Guadarrama o en el valle del Miño. Heidegger y Ortega eran dos grandes paseantes que situaron el bosque en el centro de su metafísica.

Heidegger, que escribió sus obras en una cabaña de la Selva Negra, afirmó que el bosque es el lugar en el que el hombre se topa con sus propios límites. Como en la vida, surgen muchos caminos por explorar que no sabemos a dónde conducen.

Hay árboles que viven cientos de años como la secuoya del monasterio de Silos, plantada en el siglo XIX, que da sombra a la hostería. Por las noches, al agitar el viento sus ramas, da la impresión de cobrar vida. El sonido se torna un susurro que parece hablar a los huéspedes. Leí que un esqueje había sido transportado desde América en barco hasta los páramos de Burgos.

Suelo pensar que los árboles guardan la memoria de las generaciones ya desaparecidas. Hay chopos a las orillas del Ebro que ya existían antes de mi nacimiento, bajo cuya sombra crecí, en los que todavía me siento para leer y que seguirán allí cuando me muera. El olor de sus hojas es el mismo que el de hace más de sesenta años.

Eso no es nada porque los bosques existen desde hace trescientos millones de años, una cantidad de tiempo muy superior a la presencia del hombre sobre la Tierra. Gracias a su madera y sus frutos, la humanidad pudo desarrollarse y sobrevivir.

Que los árboles son nuestra memoria no es una metáfora. Es una verdad literal, ya que los libros se hacen con la pasta de papel que se obtiene de la madera. Por decirlo con otras palabras, todo lo que somos y lo que hemos hecho está en las páginas de esos volúmenes que han sido arrancados de los bosques.

Hay una cita de Dante en su *Divina Comedia* que dice que Dios es una inmensa biblioteca que guarda todos los saberes. Si el Supremo Hacedor existiera, su memoria se asemejaría a un texto sin principio ni final en el que estarían escritos todos los libros pasados, presentes y futuros. Me viene al recuerdo la biblioteca de *El nombre de la rosa* que arde en las últimas páginas de la novela de Umberto Eco, símbolo de un saber prohibido para el hombre.

Heidegger apuntó que el claro del bosque, en contraste con la espesura de los árboles, representa la conciencia del ser. Es el lugar donde se perciben los límites y la alteridad de una naturaleza inabarcable y no hollada. Nuestra mirada solo puede alcanzar hasta los lindes de ese claro. Más allá, la oscuridad y las sombras.

Existir significa «estar sosteniéndose dentro de la nada», afirma el filósofo alemán. Así es. Eso lo podemos entender en la frondosidad de un bosque en el que nos hallamos solos y escuchamos el eco de nuestros pensamientos. Los bosques guardan una memoria que solo es revelada cuando tomamos un sendero que no conduce a ninguna parte.

El bosque es algo que permanece mientras la vida humana pasa con extraordinaria brevedad. Hay un viejo proverbio africano que reza: «Vosotros los europeos tenéis los relojes, nosotros tenemos el tiempo». El aserto encierra una gran verdad porque una cosa es la medición del tiempo, que comporta su fragmentación en horas y minutos, y otra es la experiencia de los ritmos de la vida y de la naturaleza que marcan la existencia humana en las culturas no industrializadas.

El tiempo medido no es el tiempo vivido o, por lo menos, no lo era hace sesenta años en los campos de Castilla. Recuerdo que en mi infancia muchos agricultores de La Bureba no llevaban reloj porque se regían por la luz solar, que determinaba el comienzo y el final de la jornada.

El capitalismo industrial propició la necesidad de medir el tiempo con exactitud, una exigencia ligada a la productividad y a la racionalización del trabajo. Por el contrario, hasta hace un par de siglos, el tiempo era una magnitud elástica, vinculado a las cosechas y las estaciones.

La palabra «fanega», muy utilizada por los agricultores castellanos, proviene del árabe e inicialmente indicaba la extensión de tierra que los bueyes podían arar en un día, aunque luego se convirtió en una unidad de medida de la recolección de cereales.

La actividad humana durante miles de años ha determinado la medición del tiempo, pero ahora es el tiempo en abstracto el que sirve para cuantificar el quehacer de los hombres. La relación se ha invertido.

La aparición de la cadena de producción industrial coincide con la expansión del reloj mecánico, que segmenta el tiempo en periodos infinitesimales. Hasta ese momento el ser humano regía su vida por instrumentos como el reloj de sol, ya utilizado por los egipcios, el reloj de agua y el reloj de arena. Ahora vivimos en la era de los sistemas digitales de medición del tiempo, convertido en una magnitud numérica y abstracta.

Somos esclavos del tiempo en la sociedad en la que vivimos, pero también tenemos la vaga conciencia de que solo la abolición de la tiranía del reloj nos permite ser felices. Los momentos de mayor intensidad de la vida humana son aquellos en los que perdemos la percepción de la duración.

Si nos detenemos a pensar, solo hay hitos relevantes en nuestra existencia: el nacimiento y la defunción. Esta noción formaba parte de la cultura medieval, donde había continuas referencias religiosas y civiles al instante final. No hay más que entrar en un monasterio para comprender esta omnipresencia de la muerte. Nunca he olvidado una inscripción en una abadía alemana que rezaba: MORS CERTA SED HORA IN-CERTA. Así es, tenemos la certeza de la muerte, pero ignoramos cuándo llegará.

La moderna abstracción del tiempo ha permitido la división del trabajo y la progresión geométrica de la productividad. Pero ha desligado al hombre de su conexión con la tierra y la naturaleza, lo que ha conllevado la pérdida de un vínculo ancestral que nos ligaba a la materialidad de las cosas. Hoy sabemos qué hora es, pero no dónde estamos.

Fui a la escuela al cumplir los seis años. Era el más pequeño de una clase de treinta y ocho alumnos en la que había adolescentes de catorce años que yo veía con una mezcla de admiración y timidez. La clase estaba ubicada en un edificio de ladrillo adyacente a la parroquia de San Nicolás, de cuya iniciativa había partido la creación de esa escuela, cuyos estudiantes éramos además monaguillos. Era obligatoria la asistencia a misa todos los días a las nueve y, por la tarde, rezábamos el rosario. Todo en latín. Al comenzar la jornada, entonábamos una canción falangista llamada «Montañas nevadas», cuyos ecos resuenan en mi memoria.

Eso sucedía a principios de la década de 1960, pero el lector cometería un error si se dejara llevar por los prejuicios porque los cuatro años que pasé en ese centro parroquial fueron los más fecundos de mi vida. Jamás he aprendido tanto y con tanto interés. De aquella etapa viene mi adicción a la lectura.

Todo ello tiene un responsable al que yo quiero hoy rendir tributo. Se llamaba don José María Suso, que permaneció durante cuarenta años como maestro de esa escuela, enseñando a niños como el periodista Ernesto Sáenz de Buruaga y el general Honorio Cantero, que compartieron aula y aventuras infantiles conmigo. No es una casualidad que surgiera una generación de gente tan bien preparada de aquella modesta clase, apenas sin medios y donde cada uno era responsable de la limpieza de su pupitre y su tintero. Y ello porque don José María era un genio de la pedagogía y un maestro enteramente consagrado a la enseñanza.

Utilizaba métodos que ahora resultarían incomprensibles, pero lo cierto es que, cuando me trasladé a estudiar a los jesuitas de Burgos, tenía una preparación muy superior a la de mis nuevos compañeros. Pero yo no tenía ningún mérito porque don José María me había inculcado una sólida formación en aritmética, gramática e historia. Yo no lo sabía entonces, pero ahora, cuando echo la vista atrás, me doy cuenta de lo insólito que era que un niño de nueve años dominara la geografía de los cinco continentes.

Todo esto viene a cuento de la extraordinaria importancia que tiene la calidad del profesorado y de cómo con esfuerzo y tenacidad un docente puede lograr milagros. Aunque suene incorrecto, creo que no hace falta nada más que un buen maestro para enseñar y educar, que es lo mismo.

Esto ya lo sabía Sócrates, el inventor de la mayéutica, que consistía en impartir el conocimiento a partir de la curiosidad de los alumnos. Pues bien, mi querido don José María lo practicaba muy bien, y por eso nos llevó a ver por televisión a la bolera de Miranda la inauguración del Concilio Vaticano, lo que le sirvió para explicarnos lo que eso significaba.

Ahora tenemos un serio problema: se pone el énfasis en los recursos materiales y la tecnología mientras se echan en falta profesores como el que yo tuve. Si esto no se entiende, jamás lograremos en este país una enseñanza de calidad.

Parafraseando el título de las memorias de Rafael Alberti, la arboleda de mis veranos infantiles ha quedado destruida por el paso de un tiempo que borra todos los rastros del pasado. La época del esplendor en la hierba solo subsiste en el recuerdo.

Cuando yo era niño, todos los domingos de verano media docena de familias de Miranda de Ebro acudíamos a una chopera cercana, al borde del río Zadorra, para pescar cangrejos, bañarnos en una poza y comer tortilla de patatas y filetes empanados. Al empezar a soplar el viento del norte al atardecer, encendíamos un fuego, nos sentábamos a su alrededor y permanecíamos allí hasta casi la medianoche, iluminados por el resplandor de la hoguera.

El lugar se hallaba marcado por cinco altos chopos que estaban situados a medio kilómetro de la carretera. Había que cruzar una finca de cebada en la que cogíamos caracolas tras las lluvias de finales de agosto. Y en la orilla del río, entre los juncos, manaba un pequeño manantial que nos permitía saciar nuestra sed.

Guiado por los árboles, he vuelto al lugar más de cincuenta años después. Mi corazón palpitaba al aparcar el coche y pisar la tierra en barbecho. Pero al llegar al pequeño promontorio que protegía el recodo en el que pasábamos aquellas jornadas veraniegas, mi decepción fue mayúscula: las malas hierbas invadían el terreno, el río estaba casi seco, el manantial había desaparecido, el camino que recorría la orilla ya no existía.

Me senté con la espalda recostada en un descarnado chopo con la esperanza de atisbar en el aire algún vestigio del pasado, pero fue inútil. Ni las voces, ni los olores, ni las sensaciones que habían pervivido en mi cabeza estaban allí. Vacío. Silencio. Desolación.

Proust recuperó su infancia en Combray al mojar una magdalena en una taza de té, pero yo no pude encontrar en aquel paraje nada que evocara un mundo desaparecido para siempre. Al escribir estas líneas, me doy cuenta de que muchas de las personas que se reunían aquellos domingos están muertas. Y ni siquiera puedo saber cuáles son los recuerdos de quienes han sobrevivido.

No es la primera vez que me sucede algo así. Casi siempre que he vuelto a un lugar para recordar cómo era, he sentido una profunda frustración. Y ello porque la realidad es algo que cambia a notable velocidad, mientras que nuestra mente sigue anclada en el pasado. Nuestra memoria nos hace trampas.

Hay una disociación entre nuestros recuerdos y el presente, entre lo que fue y lo que es, porque el devenir de las cosas posee una naturaleza misteriosa que no podemos desentrañar. Una de las cuestiones que me he planteado con frecuencia es por qué el tiempo es irreversible y no es posible dar marcha atrás como se hace con una moviola. Pero también pienso que esta disquisición es irrelevante, dado que todo se convertirá en un breve destello en la eternidad de la noche cósmica.

A estas alturas, el futuro empieza a ser corto y el pasado cada vez más largo cuando se superan los sesenta años. Es el momento en el que afloran los recuerdos infantiles como algo lejano e irrecuperable, como una dolorosa añoranza que nos oprime el pecho.

Hace unos meses, soñé con mi padre. Lo veía metiendo los reteles y el cebo para pescar en el coche. Yo tenía unos doce años e iba junto a él en la parte delantera del vehículo, que olía a Chesterfield.

Aparcábamos al borde de la carretera y nos internábamos por un sendero en un río de aguas oscuras flanqueado de frondosos chopos. El viento comenzaba a soplar del norte y yo me ponía un jersey. Luego echábamos los reteles y esperábamos el anochecer. Mi padre fumaba un cigarrillo tras otro y yo merendaba un bocadillo de tortilla.

Cuando desperté me sentí emocionado, porque hacía muchos años que había olvidado aquellas tardes de pesca. Cogíamos el coche en verano y nos íbamos a pescar cangrejos a los ríos de los alrededores de Burgos, especialmente al Rudrón, donde era fácil atrapar ocho docenas en un par de horas.

Mi padre me trataba como si fuese mayor y me hablaba de política o de sus pleitos como abogado. Siempre parábamos en un bar de la carretera y tomábamos él un café y yo un refresco. Volvíamos bastante tarde a casa, pero mi madre siempre nos esperaba para cenar. Ponía los cangrejos en el fregadero hasta el día siguiente y los cocinaba con una salsa picante, hecha con chorizo riojano.

Hace muchos años que han desaparecido los cangrejos de río por un virus contagioso. Vendimos la casa en la que vivíamos en Burgos. Y yo no he vuelto a pescar jamás ni a probar aquel manjar. Cuando pienso ahora en ello siento un dolor físico, una invencible sensación de tristeza que me ahoga. Aquellos tiempos están tan lejanos que ni siquiera encuentro el consuelo de algún objeto u de una sensación cercana que los evoque. Todo aquel mundo ha desaparecido para siempre. Solo existe en un pequeño reducto de mi mente y solo significa algo para mí.

El pasado se ha esfumado, pero nuestros recuerdos también están a punto de acabarse con nosotros. Por eso, necesito rememorar aquellas tardes junto al río en las que las horas eran eternas, aquellos momentos de lejana felicidad. Veo otra vez temblar las hojas de los chopos al caer la noche y me pregunto si al menos el viento las seguirá moviendo el próximo verano.

El pasado ya no existe y el futuro es una mera hipótesis. Sin embargo, el presente es consecuencia del pasado y el futuro es fruto del ahora. El tiempo está contenido eternamente en el presente, posibilidad abstracta de lo que será y especulación de lo que pudo haber sido, como escribe T. S. Eliot en «Burnt Norton».

Estamos perdidos en la inmensa playa del tiempo en la que somos un minúsculo grano de arena, sometido al embate del océano. Aquellas tardes de verano se diluyen en una eternidad que ahoga en el silencio el eco de nuestros pasos.

El otoño es mi estación favorita. Siempre me pongo melancólico al escuchar la versión de «Autumn Leaves» de Eric Clapton. Me viene a la memoria el Bois de Vincennes, que en octubre quedaba cubierto por una gruesa capa de hojarasca bajo la que se hundían los pies.

Cuando era adolescente me pasaba horas viendo caer las hojas de los chopos en el paseo de la Quinta de Burgos, a orillas del Arlanzón, mientras escribía en sus cortezas los nombres de las chicas con las que yo soñaba.

Siempre he asociado el otoño al olor a cera. En la escuela, al empezar el curso, el maestro nos obligaba a limpiar los tinteros, lijar los pupitres y luego darles una capa de cera. Ese olor lo tengo grabado en la memoria y resulta mucho más persistente que las imágenes. Estas se van difuminando con el paso del tiempo, pero los aromas persisten de forma indeleble.

Aquella época queda muy lejos, pero el otoño todavía me hace sentirme vivo en unos momentos en los que la naturaleza decae y se prepara para el invierno. Ese final de ciclo tiene siempre mucho de triste, pero también nos estimula a disfrutar de una tarde de lectura en casa mientras cae la lluvia.

Paul Verlaine fue el que mejor describió ese carácter melancólico de la estación en sus célebres versos: *Les sanglots longs / des violons / de l'automne / blessent mon coeur / d'une langueur / monotone*. La palabra *langueur* significa languidez, adormecimiento, ensoñación.

Pero también en otoño nacen cosas nuevas. Es la época de las castañas, de las setas, del membrillo, de las nueces, de las manzanas reinetas. Estos productos de la tierra me gustan mucho, especialmente las setas, por las que tengo debilidad.

Ir a la sierra de Guadarrama a buscar setas es muy agradable y no digamos comerlas con un buen vino. A mí me gusta el *boletus edulis*, tesoro oculto en las laderas cercanas a Navacerrada. Pero también añoro el olor del membrillo que antes se guardaba en los armarios o el amargo sabor de la rugosa y áspera reineta.

El otoño es la mejor época para pasear por el Jardín Botánico, por los solitarios bosques del valle de Lozoya, por el Retiro y por los cementerios, que son lugares muy idóneos para cultivar la introspección y para relativizar los problemas que siempre nos agobian.

El calor del verano puede ser insoportable, la primavera crea expectativas desmesuradas y en invierno hace demasiado frío, pero el otoño es una estación abierta a los pequeños placeres de lo cotidiano.

Se suele identificar esta estación con la decadencia de las personas y de las cosas. Pero yo siempre veo en el otoño la posibilidad de creación que conlleva todo proceso de destrucción. No en vano la vida de unos es la muerte de otros, una de las pocas certezas que vamos adquiriendo al envejecer. Mirad el efímero pero esplendoroso temblor de las hojas de los árboles y los recuerdos de la infancia. Son el contrapunto de la eternidad y de un Dios por encima del tiempo que permanece indiferente, al menos en apariencia, a los asuntos humanos.

Otoño es la estación donde se suele acudir a los cementerios. El 2 de noviembre es el día de Difuntos. «Cementerio» en griego significa lugar de tumbas. Con sus distintas variedades fonéticas, la palabra se utiliza hoy en francés, italiano y portugués, pero también en inglés, seguramente por influencia de los romanos. He leído también otra acepción que apunta a un significado muy distinto: espacio para dormir.

Confieso que siempre me he sentido atraído por los cementerios y no por ningún motivo morboso, sino por dos razones. La primera es que son emplazamientos de interés histórico. Y la segunda es que, por su ubicación y su naturaleza, son sitios silenciosos que invitan a la meditación.

Hace poco tiempo estuve dando un paseo por el cementerio de Miranda, situado junto al Ebro. Allí están enterrados mi padre, mis abuelos y mis tíos. Me suelo detener a observar las tumbas, las lápidas y los panteones que evocan la memoria de familias que yo he conocido. *Sic transit gloria mundi.*

Los cementerios guardan la memoria histórica y son un inmenso depósito de experiencia colectiva. Se conoce mucho mejor el carácter de una ciudad por lo que se puede contemplar en su camposanto que por los escaparates de una avenida. Una inscripción en un sepulcro puede decir más sobre una persona que mil historias.

Hay un pueblo llamado Santa Marina de Aguas Santas, cerca de Orense, en el que las tumbas están adosadas a las casas en plena calle, de suerte que los vivos conviven con los muertos en cercanía y perfecta armonía. Antes era costumbre que los intelectuales tuvieran una calavera en los escritorios como recordatorio de la condición humana.

Pero, además, en unos tiempos en los que la política y las relaciones personales se han convertido en un espectáculo, los cementerios son un lugar idóneo para reflexionar sobre la brevedad de la vida y la futilidad de las pasiones. La muerte nos iguala a todos por mucho que los pobres descansen bajo modestas lápidas y los ricos duerman el sueño de los justos en un lujoso panteón.

Insisto en que los cementerios tienen un valor histórico y, por eso, creo que deberían ser conservados tal y como fueron construidos. Son no solo un espejo del pasado, sino también una lección moral para el presente. Eso vale para el Valle de los Caídos, edificado por presos de la República después de acabar la guerra. Por esa razón, yo no hubiera retirado de la impresionante basílica excavada en la roca las tumbas de Franco y de José Antonio, tal y como como hizo el Gobierno de Sánchez, ni hubiera tocado nada de lo que con tanto sudor y lágrimas fue levantado.

No se cambia el pasado destruyendo los monumentos ni las inscripciones en los templos como hicieron los cristianos en Egipto. Por el contrario, hay que preservarlo para que las futuras generaciones puedan rememorar con fidelidad cómo y por qué sucedieron los hechos.

Los cementerios son la mejor expresión de nuestra memoria y de nuestra capacidad de olvidar. Es fácil ver en ellos tumbas de personas que murieron hace más de cien o ciento cincuenta años, algunas con inscripciones que evocan sus rasgos en vida. Lo cierto es que el paso del tiempo no solo ha borrado su recuerdo, sino que además ha reducido sus cuerpos a la nada. Ningún lugar mejor que un camposanto para recordar la vanidad humana y la insignificancia de nuestras penalidades.

Pero los cementerios exaltan también la importancia de la vida y la necesidad de disfrutar de los momentos de plenitud. Pienso que las personas que están allí gozaron del amor, de la pasión y de los placeres mundanos. Son la expresión de nuestro destino, pero también un recuerdo de la fugacidad de una existencia que hay que vivir con intensidad.

33

Ser, tiempo y materia

No se entendería el mundo en el que estamos viviendo sin el pensamiento de Karl Marx, el filósofo que propugnó que el comunismo sería la superación de todas las contradicciones históricas y la salvación del hombre. Pero Marx murió en 1883 y no pudo constatar las consecuencias políticas de sus ideas. Se hubiera sorprendido de que la revolución proletaria que pregonaba tendría lugar en Rusia en 1917 y no en países industrialmente avanzados como Inglaterra o Alemania.

Para entender a Marx, hay que contextualizar su obra en el vertiginoso crecimiento del capitalismo industrial de la segunda mitad del siglo XIX, acompañado de un extraordinario progreso de la ciencia. Vivió en Francia, donde se familiarizó con el socialismo utópico y luego residió en Londres, donde escribió *El capital* en los últimos años de su vida. Era de origen judío y estaba casado con una mujer de la baja aristocracia alemana. Sus avanzadas ideas sociales contrastaban con su conservadurismo personal, propio de la sociedad victoriana de su tiempo. Nacido en una familia de clase media en Tréveris, era un celoso marido y un padre severo.

La filosofía de Marx es una inversión radical del pensamiento de Hegel, del que toma, sin embargo, las leyes de la dialéctica. Hegel sostenía que la realidad material es una manifestación del espíritu, mientras que Marx afirma lo contrario: es la materia la que constituye la realidad. Todos los valores espirituales son un espejismo generado por las relaciones de producción, apuntará.

El marxismo es esencialmente un humanismo porque todo su edificio intelectual está construido sobre una idea del hombre. La paradoja es que Marx, que niega la metafísica por banal, parte de un postulado moral del hombre como un ser alienado por el capital que lucha por su liberación.

Marx considera que la realidad esencial es el trabajo, que tiene una doble dimensión. Por un lado, es el valor supremo por el que el hombre satisface sus necesidades naturales. Por otro, articula el orden social según las relaciones de producción, un concepto esencial en su filosofía.

Siguiendo la dialéctica hegeliana, la primera contradicción de la vida humana es la oposición entre libertad y necesidad. Ambos principios son antagónicos. La superación de ambos es la economía, fruto de la cooperación social para dominar la naturaleza. El impulso que mueve la economía es el trabajo, fuente de la riqueza humana al interactuar con los recursos materiales.

Marx utiliza la expresión «fuerzas de producción» para englobar el trabajo como mano de obra y se refiere a «relaciones de producción» para denominar la forma en la que se distribuyen los excedentes originados por la actividad económica.

Observa que esas relaciones de producción están determinadas en la sociedad industrial por la apropiación de esas plusvalías o beneficios por el capital, que remunera la fuerza de trabajo para que pueda subsistir y se queda con el excedente que genera la mano de obra. Esa plusvalía comporta que el hombre es tratado como un objeto de explotación, como una mercancía.

Esta idea queda expresamente acotada en el *Manifiesto comunista* de 1848, redactado por Marx y Engels, en el que se afirma que la lucha de clases es el trasfondo de las relaciones humanas:

La historia de toda sociedad hasta nuestros días no ha sido sino la historia de la lucha de clases. Hombres libres y esclavos, patricios y plebeyos, nobles y siervos, en una palabra, opresores y oprimidos en lucha constante. Por consiguiente, siempre que alguien diga algo, la pregunta debe ser no qué ha dicho sino quién lo dice y a qué privilegios sirve.

Esto conduce a una relativización de la verdad, que siempre es expresión de intereses.

El choque entre las fuerzas del trabajo y los intereses del capital es el motor de la historia. El capitalista intenta siempre maximizar el beneficio, el obrero lucha por un mayor salario y unas mejores condiciones de vida. Es esta dialéctica entre trabajo y capital la que explica no solo la organización social y las leyes, sino también el arte, la religión y la ideología. En este aspecto, el marxismo es un determinismo: la existencia genera la conciencia. Nuestra concepción del mundo está sustentada por la economía y las condiciones de vida. Este es el fundamento del materialismo dialéctico que constituye el núcleo central de su filosofía. Fuera de la materia, no hay nada.

Marx desarrolla el concepto de *praxis*, que significa que el hombre toma conciencia de lo que es y transforma la realidad al toparse con unas relaciones de producción que le someten a una esclavitud moral y económica. Las plusvalías del capital, generadas por la división del trabajo, impiden que el hombre sea libre y se apropie de su propio destino. Por tanto, si el hombre quiere ser dueño de su quehacer, tendrá que disponer del producto de su trabajo y acabar con esa explotación que le convierte en mercancía. Para ello, es necesario abolir la propiedad privada e implantar una dictadura del proletariado.

En este estadio, la clase obrera tomará el poder y se nacionalizarán los medios de producción. Ello será el fin de la democracia burguesa. Pero Marx defiende que esa dictadura deberá evolucionar hacia el comunismo, en el que cada hombre producirá en función de sus capacidades y recibirá según sus necesidades. Todas las contradicciones quedarán abolidas en esta última fase del socialismo.

Es precisamente esta idea del comunismo como final de la historia donde mejor se aprecia el carácter metafísico de su pensamiento. Y ello porque Marx confía en una especie de bondad de la naturaleza humana que conducirá a una sociedad perfecta. En el futuro que propugna ni cabe la libertad ni la religión ni la separación de poderes, manifestaciones de una falsa conciencia burguesa. Una concepción que enlaza con el mundo feliz de Huxley.

Marx había estudiado a Hegel y tomó sus leyes de la dialéctica para explicar las contradicciones del capitalismo. Hegel, el filósofo de la modernidad, sostenía que todo lo real es racional, una conclusión que Marx rechazaba. Y afirmaba que la historia progresa en el marco de una lógica absoluta que guía sus pasos. En su pensamiento latía la idea de que la Razón mueve el espíritu de los hombres y que, a través de la contradicción, impulsa el avance hacia el reino de la libertad y de la justicia.

El mundo en el que vivimos desmiente todos los días esta tesis optimista. La pandemia, la guerra de Ucrania, la destrucción de Gaza, la emergencia de los populismos y los desastres humanitarios impugnan esa concepción hegeliana de que existe un progreso lineal. La desigualdad en la condición humana sigue siendo brutal. Mirar al *Angelus Novus* del presente suscita horror.

Los filósofos se han esforzado en comprender las leyes del cambio histórico. Desde Platón a Marx han erigido grandes sistemas conceptuales para explicar la evolución social y han intentado establecer unas categorías que nos permitan entender el mundo. Frente a Hegel, Marx creía que no era la Razón, sino la estructura económica lo que determina la realidad y también la conciencia.

Tanto la concepción hegeliana como la marxista presuponen la idea de un todo inteligible, de que hay unas pautas lógicas que rigen lo que nos sucede, que la historia está guiada por una mano invisible que confiere un sentido a los hechos. No consideran la influencia del azar o la aparición de «cisnes negros» tan imprevisibles como el coronavirus que tanto daño ha causado.

Los grandes pensadores se han dejado llevar por una ambiciosa y comprensible intención de reflexionar sobre la totalidad, centrando el foco sobre lo macro y dejando fuera de su campo de visión lo pequeño, lo insignificante, lo casual y no causal.

Los historiadores, obsesionados por explicar los fundamentos por los que estallaron los conflictos mundiales, han ignorado ese efecto mariposa que puede provocar que un hecho nimio suscite una gran catástrofe. A veces, como sucedió en la revolución bolchevique en 1917, la concatenación de factores imprevistos y decisiones equivocadas producen transformaciones radicales.

Resulta muy difícil entender lo global sin profundizar en lo pequeño. Puede que la interrelación de las moléculas en una gota de agua sea tan útil para explicar el mundo como las leyes del materialismo dialéctico. Pero eso queda fuera de la mirada de quienes mantienen una fe ilusoria en el todo.

Tendría fundamento admitir que la realidad es incomprensible y que, como decía David Hume, el principio de causalidad es un espejismo que se alimenta de un sesgo retrospectivo que confiere sentido a las cosas. Lo que nos pasa y lo que observamos en nuestro entorno obedece a una complejidad que enlaza lo grande con lo minúsculo y la necesidad con el azar. Solo sé que no sé nada es la gran verdad socrática en un universo donde no existen las verdades absolutas. Algo paradójico e inaceptable en un mundo regido por certezas.

Heidegger buscó esas certezas en el Tercer Reich, ensalzó a Hitler y aceptó cargos académicos y honores de manos de Goebbels. Tal vez por eso decía Heidegger que quien piensa a lo grande se equivoca a lo grande. Él es el mejor ejemplo de ese aserto, porque cometió la trágica equivocación de dejarse seducir por el nazismo hasta el punto de asistir a una quema de libros cuando era rector en Friburgo. Algunos de los textos que ardían estaban en su biblioteca y habían sido clave en su formación.

El error de Heidegger fue desconectar su indagación sobre el ser de lo que estaba sucediendo en aquellos momentos en Alemania. Ello le llevó a elaborar una serie de abstracciones que adquirían un carácter patético cuando millones de judíos eran ejecutados en los campos de exterminio.

La refutación de las ideas de Heidegger no es metafísica, sino ética. Y ello porque la doctrina de un pensador no puede desconectarse de sus actos, de su forma de vivir y de sus compañías. Creer que ese ser arrojado al mundo podía realizarse en la doctrina nacionalsocialista no era una ingenuidad, era una maldad.

Nietzsche, por el contrario, fue profundamente coherente entre su biografía y su obra. Sus años finales de locura no son sino la expresión de un afán de llevar hasta las últimas consecuencias su filosofía. Su gran hallazgo fue cuestionar los ideales absolutos para poner frente a ellos la voluntad de poder, entendida como reafirmación de la vida.

El autor de *La genealogía de la moral* invitaba a desconfiar de los maestros y los profetas, y apelaba a una búsqueda individual de la verdad. Pero Heidegger, al exaltar un concepto tan abstracto como el ser, incurría paradójicamente en una profunda deshumanización de su pensamiento.

Heidegger parte de la idea de que la metafísica tradicional ha cometido el error de confundir el ser con los entes, una concepción que nace del pensamiento aristotélico. Los entes son las cosas existentes, lo que se percibe de forma inmediata en la pluralidad de lo real, pero no son el ser, que define como una estructura subyacente.

Acto seguido, Heidegger subrayará que la naturaleza del ser es pura existencia. El ser carece de esencia, no es algo abstracto, sino abierto, temporal e histórico. Para expresar esa conclusión, acuña el término *Dasein*, que, como hemos dicho, significa literalmente «estar ahí».

El *Dasein* supone la abolición de la oposición entre sujeto y objeto que había estado muy presente en el pensamiento de Kant, que afirmaba que el conocimiento solo es posible a través de un sujeto confrontado con una realidad externa. Descartes también distinguía entre espíritu y *res extensa,* una dicotomía que también rechaza Heidegger.

Las dos características que fundan el ser son la temporalidad y la negatividad, vinculada a la nada. Heidegger apunta que el pensamiento filosófico ha olvidado la importancia de la nada, que es la base sobre la que se construye el ser. Y ello porque en última instancia el hombre es «ser para la muerte», ya que toda obra humana está marcada por el hecho ineluctable de la finitud.

El arrojamiento del hombre al mundo implica la noción de *Sorge*, que se podría traducir literalmente como «cuidado», que es el ser del *Dasein*. Esto no es un juego de palabras porque el *Sorge* hace referencia a la facticidad de la existencia, a las formas o estructuras que son el producto de la acción humana. Una de ellas es la técnica, a la que Heidegger confiere una gran importancia porque desvela la relación del hombre con el mundo.

Llegados a este punto, el maestro de Messkirch introduce la distinción entre existencia inauténtica y auténtica. La primera supone la aceptación irreflexiva de lo dado, la segunda es la búsqueda de nuestro destino en el mundo. Parece que Heidegger identificó durante una época de su vida esa existencia auténtica con el nazismo, que le nombró rector de la Universidad de Friburgo, cargo que ejerció durante un año. No hay duda de que el filósofo sintió una verdadera afinidad con el nacionalsocialismo, aunque a partir de 1934 rompió con el régimen de Hitler. A pesar de ello, al final de la guerra, se le prohibió enseñar hasta 1951 y su figura fue sometida a una devastadora crítica.

El debate sigue abierto medio siglo después de su muerte, máxime porque el propio Heidegger en su *Carta sobre el humanismo*, texto publicado en 1947, señala que el ser es lo mismo que el pensar el ser. Dirá en ese opúsculo que «el lenguaje es la casa del ser» y que «en su morada habita el hombre». De lo que se concluye que el lenguaje es el instrumento con el que los seres humanos se relacionan con los entes y materializan su «estar ahí».

Otra idea fundamental de Heidegger, retomada por Sartre y que se encuentra ya en Kierkegaard, es que el hombre está condenado a ser libre. Irá incluso más lejos al subrayar que «el hombre no posee la libertad como propiedad suya, sino que es ciertamente lo contrario: la libertad posee al hombre». Ello constituye la condición predeterminada con la que el *Dasein* se relaciona con el mundo, percibido como una totalidad llena de posibilidades.

Este párrafo extraído de *De la esencia de la verdad* supone en cierta manera una autocondena del propio Heidegger, que no podía ignorar las consecuencias de su adscripción al nazismo y de su complicidad con la barbarie, que queda consignada en su discurso de toma de posesión como rector. La gran pregunta que queda en el aire es cómo el pensador más influyente del siglo XX, un filósofo que había estudiado Teología y leído a Platón en griego, pudo defender la banalidad del mal que constituía el fundamento del nacionalsocialismo. No hay respuesta.

Sin embargo, el mundo se ha vuelto heideggeriano en el sentido de que las ideologías populistas y los avances tecnológicos han cosificado la naturaleza humana y la han elevado a la categoría de una mera abstracción. Nunca como ahora el fin ha justificado los medios.

A falta de esencia, el hombre es hoy una acumulación de datos estadísticos, un perfil en las redes sociales, un objeto que se puede manipular por las modernas técnicas del marketing y la propaganda. La economía se basa en el conocimiento de las motivaciones del consumo, mientras que la política se orienta a hallar los mensajes adecuados para conseguir el voto.

Lo diré con otras palabras: el algoritmo ha desplazado a las ideas, la psicología ha matado a la filosofía y la sociología ha estereotipado la diversidad. En cierta forma, el mundo se ha vuelto cuantitativo porque lo que prima son las leyes de los grandes números.

Nietzsche pregonaba la muerte de Dios, pero lo que ha muerto es el hombre con esa dolorosa individualidad que produce la conciencia de ser distinto. La peor pesadilla del espíritu humano se ha materializado: todos ya somos iguales, cortados por el patrón de lo políticamente correcto y súbditos de la república digital.

La consecuencia de pensar a lo grande es que el hombre nunca ha sido tan pequeño. Por eso, debemos aprender a pensar a lo pequeño para volver a ser grandes. Desconfiad de esos nuevos salvadores fáusticos que venden la felicidad como un crecepelo.

Si Nietzsche exaltaba la muerte de Dios, Boecio se esforzó en proclamar su fe ante la adversidad y la persecución. Un ejemplo que nos sigue iluminando y que demuestra que algunos de nuestros dilemas actuales se repiten a lo largo de la historia. Muchos siglos antes de la publicación de *Así habló Zaratustra*, Boecio aceptó una muerte injusta en nombre de todo lo que Nietzsche repudiaba y de la moral de los corderos que él consideraba un signo de debilidad y sumisión.

Pocas lecturas más recomendables en estos tiempos de agitación que *Del consuelo de la filosofía*, la obra de Boecio rescatada en España por la editorial Acantilado. El texto de este sabio romano, nacido en el 480 de la era cristiana, fue el libro de cabecera de la clase dirigente occidental durante más de diez siglos.

En el año 524, el emperador Teodorico ordenó su detención, juicio y posterior ejecución pese a que había ejercido de *magister officiorum* en su corte, cargo equivalente a primer ministro. No están claras las acusaciones contra Boecio, pero se sabe que pasó los últimos años de su vida en la cárcel de Pavía, donde fue decapitado.

Boecio había estudiado en Atenas el pensamiento de Platón y Aristóteles, había escrito un tratado de astronomía y tenía un gran conocimiento de las matemáticas. Era, en pocas palabras, un heredero de la gran tradición cultural grecorromana que intentó incorporar a la doctrina cristiana. De hecho, fue canonizado por León XIII en 1883.

Su libro es una meditación sobre la condición humana y la fragilidad de la existencia. Encerrado en una lóbrega mazmorra, evoca la cicuta de Sócrates, el exilio de Anaxágoras y los tormentos de Zenón. Los tres fueron castigados por poner en evidencia a los malvados, concluye.

«Quien posee serenidad y lleva una vida ordenada vence

al destino y logra observar impasible tanto la buena como la mala fortuna», escribe. Y sostiene que la suerte es siempre mudable y que, por ello, es muy fácil pasar de la riqueza y la gloria a la miseria.

Boecio cree que no está en la mano de los hombres controlar su destino, pues la vida es como un navío que no puede resistir a la dirección del viento. «Si creíste que podrías detener la rueda de la fortuna, eres el más insensato de los mortales», subraya.

Estas reflexiones recuerdan mucho a las sentencias del estoicismo, encarnado por personajes como Séneca y Marco Aurelio. Pero la originalidad de Boecio reside en que la filosofía es para él un consuelo frente a la adversidad y las injusticias que nos depara la vida.

Aunque puede parecer un pensador lejano y poco moderno, sus reflexiones son de extraordinaria actualidad en una sociedad en la que habíamos depositado una fe ciega en el crecimiento económico y las posibilidades de la tecnología. Nada de eso vale porque, al final, el hombre siempre tiene que confrontarse con la desgracia y la muerte.

«Me atrevo a afirmar que, si las cosas que lamentas haber perdido fueran tuyas, no las habrías perdido», asegura Boecio. Y tiene mucha razón porque el hombre se aferra a lo que no posee, sufre el espejismo del bienestar material y se afana por alcanzar un poder que es una cascara vacía.

La gran revolución de nuestro tiempo debería venir de la asunción de nuestra finitud y nuestra precariedad como seres humanos y la conciencia de saber que volveremos al polvo, como Boecio ya sabía.

34

Vejez

A mis setenta años, cumplidos en mayo de 2025, puedo afirmar que he entrado en la vejez. Soy quince años mayor que mi abuelo cuando me fotografiaron en sus brazos frente a su casa, el lugar donde nací. He entrado, por tanto, en la recta final. Lo único que puedo decir al respecto es que carezco de certezas y que las preguntas fundamentales siguen sin respuesta. La vida ha pasado en un abrir y cerrar de ojos. Me invade la perplejidad.

En junio de 2022, nos reunimos los alumnos del colegio de los jesuitas de Burgos para celebrar el cincuenta aniversario de nuestra promoción. Sentí vértigo por esa sensación de fugacidad de la existencia. A muchos compañeros no les reconocí y cerca de una veintena habían fallecido, entre ellos, un colega de pupitre.

Hace unos meses, al escribir este libro, coincidí con un grupo de amigos de mi edad, antiguos compañeros de trabajo. Todos tenían entre sesenta y tres y sesenta y nueve años. La conversación derivó hacia los achaques de quienes hemos entrado en ese periodo de la vida que nos acerca a la vejez. Uno comentó que estaba pendiente de una operación de próstata, otro se quejó de que era diabético y que tenía que medicarse con insulina, un tercero afirmó que sufría altos niveles de colesterol y transaminasas y el último aseguró que le habían diagnosticado una dolencia cardiaca.

Lo cierto es que no conozco a nadie en mi entorno que, superados los sesenta, se halle bien físicamente o que no haya sufrido adversidades personales o profesionales. Dicho de forma coloquial, todos estamos jodidos a esa edad. Y lo peor es la inevitable conciencia de que hemos entrado en el último tramo de nuestra vida y de que el tiempo es limitado.

La vejez es un fastidio, sí, y no me identifico en nada con la visión de mi admirado Marco Tulio Cicerón, el gran orador y estadista romano, que elogiaba esa etapa de la existencia. Al cumplir los sesenta y dos años, Cicerón escribió *De senectute*, un verdadero vademécum sobre cómo hay que vivir al superar esa edad.

Cicerón ensalzaba la experiencia y la lucidez que aporta la vejez tras dar una serie de consejos sobre cómo mantenerse en buena forma física y mental. Ponía como ejemplo a Catón el Viejo, que, a sus ochenta y cinco años, era un hombre de Estado que iluminaba la República y gozaba del respeto general.

El escritor romano no tuvo la suerte de apurar sus días y morir de forma natural porque los sicarios de Marco Antonio, con la complicidad de Octavio, lo degollaron en su villa campestre. La cabeza fue llevada ante el dictador, que se burló del autor de las *Filípicas* que tanto le habían incomodado.

Cicerón sostenía que la vejez no tiene por qué suponer una merma de los placeres si uno tiene la suerte de gozar de buena salud. Me parece que hay unos pocos, muy pocos, que pueden disfrutar de esa ancianidad que era tan valorada en Grecia y Roma, donde se admiraba a hombres longevos como Laertes, Néstor o Príamo por su sabiduría.

En nuestra sociedad, se aparta a los viejos o se les reduce a la condición de estorbos que no sirven para nada. Se les interna en una residencia porque los hijos no pueden acomodarles en sus casas, como sucedía antaño. Y, como la vida se ha alargado, acaban por pasar sus últimos años en condiciones deplorables, muchas veces con un deterioro de su capacidad mental.

Soy pesimista sobre el futuro porque la vejez supone una pérdida de ilusión y un escepticismo que nos conduce a aislarnos. No veo ninguna de las ventajas de las que hablaba Cicerón, lo que no es óbice para disfrutar de los momentos buenos y de algunos placeres de la vida cotidiana que empiezan a adquirir un significado cuando nuestro horizonte se acorta.

Escribió Gustave Flaubert que, si mirásemos siempre al cielo, acabaríamos por tener alas. No es cierto. Estamos hechos de barro. Los sentimientos más sublimes no son expresión del alma ni están insuflados por Dios, como decía Descartes. Son estados de ánimo y emociones enraizadas en el cuerpo.

Somos pura subjetividad, palabra que hace referencia al sujeto. Todo lo que nos pasa está tamizado por los sentimientos. Experiencias nimias e irrelevantes nos dejan una huella profunda. Y otras que suponen graves contratiempos apenas merman nuestro ego. Lo vivido está tamizado por nuestro cerebro.

En este sentido, ignoro por qué me ha quedado grabado en la memoria un suceso nimio de mi infancia y que, de forma recurrente, aparecía en mis sueños hasta hace relativamente poco tiempo. Lo relato a continuación. Cuando tenía diez años, iba y volvía del colegio de los jesuitas a casa por las mañanas y las tardes. Pasaba por una confitería de la plaza Vega de Burgos. No podía resistir la tentación de pararme delante del escaparate, en el que había unas chocolatinas de Nestlé sobre una bandeja. Valían cuatro pesetas, un precio comparativamente muy alto, y en su interior llevaban cromos relativos a los Juegos Olímpicos. Lo que las hacía especialmente deseables es que eran de chocolate blanco, algo que yo no sabía hasta entonces que existía.

En algún sitio había leído que Paracelso había logrado fabricar oro mediante la transmutación del plomo y también aquellas chocolatinas suizas me parecían la obra de algún alquimista. Sencillamente no lo entendía: la leche era blanca y el chocolate tenía que ser marrón o negro.

Ello agudizó mis ganas de probar aquella misteriosa sustancia, pero cuatro pesetas eran lo que costaba una entrada de cine, varios tebeos del capitán Trueno o una cajetilla de tabaco negro, que compraba en secreto. La ocultaba en el agujero de una tapia y fumaba a escondidas.

Pasaron las semanas, los meses y el curso de primero de bachillerato. Las chocolatinas seguían en el escaparate. Al año siguiente cerró el establecimiento, regentado por un matrimonio muy mayor, y me quedé sin probar lo que tanto había ansiado.

Más de un cuarto de siglo después, todavía seguía soñando algunas noches con el escaparate de la plaza Vega y me despertaba, cuando tras retirar con sumo cuidado el envoltorio de papel de plata y el cromo de los Juegos de Tokio, me disponía a paladear el chocolate blanco.

He pensado por qué aquella chocolatina era tan importante para mí, por qué sigo recordando aquel escaparate en el que me detenía, el sugerente olor de la confitería y la frustración de no haber consumado mi objeto de deseo. Y no soy capaz de hallar ninguna explicación convincente.

El hecho es que, mucho tiempo después, visité la fábrica de Nestlé en Vevey, una localidad suiza al borde del lago Lemán, donde se fabricaban una infinita variedad de chocolates. Allí estaban las chocolatinas que tanto había anhelado en mi infancia. Pero no las probé ni sentí ningún impulso de llevarme una tableta.

Lo cual sugiere que es mucho más importante albergar un deseo que realizarlo. Cuando uno tiene al alcance la materialización de sus sueños, estos siempre se desvanecen y pasan a ser algo insustancial.

Mi infancia estuvo llena de deseos insatisfechos, de ilusiones, de pequeñeces. Viví en un mundo donde todo era simple y me sentía protegido por las certezas: Dios, la familia, mis amigos, las rutinas. La felicidad era ver jugar al Burgos los domingos por la tarde, perderme con mi bici por las carreteras comarcales o ir a pescar cangrejos con mi padre.

Al igual que Bergman seguía soñando en su vejez con el teatro de marionetas de la infancia, nunca olvidaré aquel sentimiento de que la dicha estaba en una chocolatina. No deja de ser curioso que, entre mis recuerdos más emotivos, aparezca

— 335 —

siempre el de ese escaparate, esa chocolatina y el olor de aquel establecimiento.

A medida que transcurren los años, uno vuelve a la infancia. Los recuerdos de entonces se vuelven más intensos. En cierta forma, hacerse viejo es volver a ser niño. Pero con dos inconvenientes: el deterioro físico y la pérdida de la inocencia.

Admiro a las personas que envejecen y mantienen la ilusión, ya sea por sus nietos, sus amigos o el esplendor de la hierba. Incluso cuando estamos cerca del final, hay caminos que se cruzan. Me viene a la memoria la historia de *Amour* (2012), la película de Michael Haneke. Cuenta los años finales de una vieja pareja que vive en París. El marido afronta el declive irremediable de la esposa, que sufre demencia senil y ha olvidado el pasado. Los dos protagonistas del filme ya han muerto: Emmanuelle Riva falleció en 2017 y Jean-Louis Trintignant, cinco años después. Su actuación y su química me conmovieron.

Ambos tenían muy pocas cosas en común. Ella era muy aficionada a la poesía y él, a las carreras de coches. El actor estuvo casado tres veces. Una de sus esposas fue la atractiva y sensual Stéphane Audran. Riva vivió sola en un apartamento del Barrio Latino. Nunca se casó y fue discreta en todas sus relaciones. Pero no hay duda de que en su interior ardía un fuego amoroso que resplandece en sus enigmáticos y raros poemas, que guardo en mi biblioteca como un tesoro.

Era una desconocida cuando Alain Resnais la eligió en 1960 como protagonista de *Hiroshima, mon amour*. Cuenta la historia de una actriz que se enamora de un japonés el día en el que tiene que volver a Francia. Pocas películas tienen la fuerza expresiva de las imágenes de una Hiroshima todavía en ruinas por la que deambulan los amantes desesperados que saben que jamás volverán a estar juntos.

A Trintignant le descubrí en *Ma nuit chez Maud*, filme de Éric Rohmer estrenado en 1969. El vínculo de las dos películas reside en que las vi con la diferencia de unas pocas semanas en el otoño de 1972 cuando llegué a Madrid para estudiar. Yo tenía diecisiete años y me quedaron grabadas en la memoria.

Hasta el punto de que nunca me canso de verlas, a la espera de descubrir algún significado nuevo.

No soy capaz de ofrecer una explicación racional de por qué me marcaron tanto, pero lo cierto es que durante años investigué el pasado de Emmanuelle Riva, atraído por la absoluta falta de datos biográficos. Y que me hice con sus libros de versos, a la altura de los mejores poetas franceses de la segunda mitad del siglo xx.

A Trintignant lo vi en una ocasión en un cine de la rue Saint Séverin y, por casualidad, yo estaba en el Père Lachaise el día en el que enterraron a su hija. Una multitud se aglomeraba en torno a la tumba. Pero a Riva la busqué por las calles del Barrio Latino, por la zona donde se hallaba su casa, pero nunca la encontré.

Pasé muchas tardes a mediados de los setenta en la Cinemateca, que entonces estaba en Chaillot. Y los actores de la *nouvelle vague* se convirtieron en mi familia, en mi vida. A diferencia de Luis Eduardo Aute, yo no pido perdón jamás por confundir los sueños del cine con la realidad.

Los sueños son tan definitorios de las personas como las experiencias vividas. En realidad, hay poca diferencia entre lo que se vive, se sueña y se lee. Todo se mezcla de forma indiferenciada en la cabeza. A mi edad, me parece más real la marquesa de Sanseverina, el personaje de Stendhal en *La cartuja de Parma*, que mi primer amor de adolescencia.

Puedo decir que he tenido una vida intensa y que ha valido la pena. A pesar de mi pesimismo, he disfrutado de muchas de las cosas que un ser humano puede desear: amor, felicidad, éxito, reconocimiento. Pero también he pasado por épocas de depresión y de incertidumbre. Hace un año, un amigo me preguntó qué haría si supiera que iba a morir en unos pocos días.

A este respecto, hay un libro de un filósofo francés en el que reflexiona sobre qué haría un hombre sano si supiera que va a morir dentro de veinticuatro horas. Yo siempre he tenido clara la respuesta: no haría nada. Lo que no se ha hecho a lo largo de toda una vida es una asignatura que no se puede aprobar en el último momento salvo pedir perdón por el mal que se ha causado.

A partir de los setenta años, todos vivimos en una prórroga con una mezcla de sorpresa e incredulidad. Sí, la vida ha pasado muy rápido y es difícil reconciliarse con el transcurso del tiempo. Yo, por ejemplo, sigo soñando que vuelvo a jugar al fútbol, que ha sido una de mis pasiones. El olor a linimento en el vestuario, el momento de atarse las botas y la emoción de saltar al campo y tocar el balón me transportan a mi adolescencia.

Ahora queda conformarse con el presente. En el instante de escribir estas líneas, estoy viendo salir el sol entre densas nubes. Sus rayos iluminan un cielo gris, típico de una mañana del final del otoño. Hay un raro silencio en la calle y observo el humo de una chimenea que se va difuminando en el aire. Suenan los *Nocturnos* de Chopin, que siempre me han parecido una música para las primeras horas del día.

Por circunstancias personales, me encuentro sumido en un estado de melancolía, con la sensación de que he hecho muchas cosas en mi vida, que ha sido plena, pero también de que he desaprovechado ocasiones y tengo deudas pendientes. Esto resulta inevitable en cualquier ser humano, pero no deja de corroer por dentro porque nadie puede distanciarse de sus errores.

Como decía al principio, no siento la urgencia de hacer nada, pero sí me preocupa el ser capaz de afrontar el futuro con un mínimo de ilusión y dignidad. Y ello porque lo más difícil de la vida es el tramo final en el que nos aguarda la decadencia. La gran paradoja es que la cabeza se mantiene joven pero nuestro cuerpo envejece y todo lo que nos ha rodeado comienza a esfumarse. Si tuviera que hacer balance provisional, diría que ha sido una suerte haber nacido en mi familia, en este país y en un entorno en el que he sido libre y me ha permitido ganarme el sustento de forma honrada. El oficio de periodista no me ha enriquecido, pero me ha hecho feliz.

Lo que más valoro es haber sido testigo de mi tiempo y haber visto cosas tan insólitas como florecer los cerezos en

Kioto en una tarde de primavera o una leona esconderse bajo las ruedas de mi coche en el cráter del Ngorongoro. Pero lo más relevante es haber empezado a entender la complejidad de los seres humanos, para lo cual hay que acercarse a la vejez. Simenon subrayaba que hay que comprender y no juzgar.

No estoy escribiendo un testamento sino una recapitulación, porque siempre hay que detenerse en las encrucijadas del camino y mirar hacia atrás, aunque resulta triste darse cuenta de que ahora el final se encuentra ya mucho más cerca que el principio.

Suele decir Ventura Anciones, reconocido neurólogo, humanista y amigo, que solo se puede ser creativo cuando se es joven: «A medida que envejecemos perdemos la capacidad de crear y tiramos de la experiencia para resolver los problemas o hacer nuestro trabajo».

Ello me hizo recordar un estudio de Stanford que se divulgó antes de la pandemia en el que, tras analizar las proteínas en la sangre, se llegaba a la conclusión de que la decadencia biológica empieza a los treinta y cuatro años. Puede que esto sea una evidencia científica, pero me parece que resulta muy difícil medir el funcionamiento de la mente porque cada individuo responde a diferentes estímulos.

Aunque sea cierto que la vejez disminuye la creatividad, hay ejemplos que desmienten esa hipótesis. Thomas Mann acabó su *Doktor Faustus* a los setenta y dos años, a una edad similar a la que tenía Richard Wagner cuando terminó *Parsifal*. Matisse diseñó su maravillosa capilla de Vence con más de ochenta años y el anciano Goethe siguió escribiendo hasta el final de sus días con una gran lucidez. El récord lo batió probablemente la escritora inglesa P. D. James, que publicó su última novela con noventa y un años.

Se puede argumentar que muchas personas mantienen su creatividad hasta la vejez, pero en general creo que es cierto lo que aseguraba mi amigo. A medida que avanzan los años, la memoria se va deteriorando y la inteligencia empieza a anquilosarse. No hay duda de que la experiencia es muy útil para discernir lo esencial de lo accesorio, pero la capacidad de crear algo nuevo suele estar vinculada a la juventud. Los escritores, los pintores y los artistas suelen concebir lo mejor de su producción antes de cumplir los cuarenta años. Einstein tenía treinta y seis cuando formuló su teoría de la relatividad.

Si miro honestamente a mi interior, tengo que admitir que no solo he perdido memoria e inteligencia, sino que además el futuro ha dejado de ilusionarme. Ya no tengo metas por las que luchar y, desde luego, me cuesta ser tan confiado y generoso como cuando era joven.

Seguramente el deterioro de la vista, del oído y, en general, de la sensibilidad que produce el transcurso del tiempo está muy ligado a ese declive de la creatividad que sufrimos los que hemos pasado la barrera de los sesenta. Por muy bien que nos encontremos físicamente, hay una especie de incapacidad de ver con ojos nuevos una realidad siempre cambiante. Nos hemos quedado anclados en el pasado. Todo esto suena a puro pesimismo, pero es lo que pienso.

El mundo que conocimos en nuestra juventud en las décadas de 1970 y 1980 ha desaparecido. Todas nuestras referencias culturales se han quedado viejas. Los músicos o los escritores que nos gustaban han muerto. Y la generación anterior, la de nuestros padres y educadores, descansa en el cementerio.

¿Ha jugado Dios algún papel en mi vida o en mis decisiones? ¿He sido guiado por su mano oculta o por el puro azar? ¿Intervino el Ser Supremo cuando estuve a punto de ahogarme en el Ebro? ¿Soy el producto de una cadena biológica que comenzó con los abuelos de mis tatarabuelos? ¿En qué medida mi existencia ha estado condicionada por mi origen geográfico, mi familia y mi educación? La vejez no me ha dado ninguna respuesta. He acumulado experiencia y conocimientos, pero no tengo ni idea de por qué estoy aquí y ni siquiera soy capaz de explicar el porqué de mis decisiones. Solo puedo congratularme de haber sobrevivido y de haber seguido superando obstáculos en una carrera que, más pronto que tarde, llegará a su final. Esa es la única certeza.

Suele decirse que la muerte es un misterio. Pero lo realmente misterioso es la vida. ¿Quiénes somos? ¿Por qué estamos aquí? ¿Qué queda de nosotros tras la muerte? Salvo que uno tenga una firme fe religiosa, estas preguntas no tienen respuesta. La única certeza que está presente a lo largo de nuestra existencia es la seguridad de la muerte. Como dice la liturgia católica que da comienzo a la Cuaresma, «polvo eres y en polvo te convertirás». Esa frase se me ha quedado grabada desde niño.

El filósofo rumano Emil Cioran escribe en sus *Cuadernos*: «Cuando hemos comprendido que nada tiene una realidad intrínseca, que nada existe, ya no necesitamos ser salvados: estamos salvados y somos desgraciados para siempre». La reflexión es clarividente porque la salvación reside en renunciar a toda esperanza tras asumir que la condición humana es frágil y perecedera, que nuestro destino está en manos del azar. En la medida que aceptamos que nada tiene una realidad intrínseca, que no poseemos una esencia, como señala Cioran, podemos hallar el consuelo de gozar de la belleza trágica y salvaje del mundo.

No sé bien cómo expresar ese sentimiento que desborda la fuerza expresiva de las palabras, pero lo que quiero decir es que hay que prescindir del ego, de la vanidad, de la pura apariencia para conectar con ese flujo de la vida que nos arrastra a lo imprevisible.

Es un error pensar en la existencia como algo estático porque, como apuntaba Heráclito, estamos hechos de tiempo. Nadie se baña dos veces en el mismo río. El tiempo es cambio, evolución perpetua, inestabilidad y caos. No hay orden en el universo, hay destrucción creativa.

Y nuestra vida es menos que un destello en el curso infinito del tiempo, al igual que nuestro sistema solar es un minúsculo y remoto lugar en un espacio formado por cientos de miles de millones de galaxias. La individualidad es un puro engaño porque todo lo que existe y lo que vemos es un momento del devenir eterno de la apariencia.

No hace falta apelar a lo trascendente para darnos cuenta de nuestra infinita pequeñez y de la inutilidad de nuestros desvelos frente al poder de la nada. Pero ello no evita esa sensación de perplejidad ante la muerte y el infortunio que nos rodea.

Todo conocimiento es fruto del sufrimiento. Nada se aprende si no es a través de la pérdida y la negación. La ciencia es tal vez un espejismo de la razón. Nos hace creernos invulnerables, pero nuestra salvación reside en aceptar la tiranía inexorable de la nada. Los científicos sostienen que estamos hechos del polvo de las estrellas, lo que no hace más que agudizar el absoluto misterio de la vida tan absurda como inexplicable. Nunca podremos comprender la dolorosa individualidad de los seres en un mundo regido por las implacables leyes de la física.

Nada es. Y estas dos palabras son profundamente contradictorias y antagónicas porque la nada no existe por definición y el ser carece de esencia. Estamos perdidos en la playa infinita del tiempo.

35

Mi madre

Este es el último capítulo de este libro y el que más me ha costado escribir. Sentía una gran resistencia a hablar sobre mi madre, que ha cumplido noventa y nueve años, por una mezcla de pudor e inhibición. Pero todo comienza en ella y, en cierta forma, acaba, porque la muerte de la madre es la muerte propia.

Mi madre está en silla de ruedas, es totalmente dependiente, pero lo peor es que sufre un deterioro cognitivo que la ha convertido en otra persona. Recuerda su pasado remoto, cuando estudiaba en un colegio de Álava a los doce años, pero no sabe dónde vive, ni en qué mes estamos, ni tiene ninguna noción del tiempo. Repite obsesivamente las preguntas sin memorizar las respuestas como un recipiente sin fondo.

Hace varios meses, cuando estaba en esa silla de ruedas frente a su portal, me preguntó dónde vivía. No sabe si se halla en Madrid o en Miranda de Ebro, donde yo nací y ella residió durante dos décadas. Incluso es incapaz de reconocer fotos de su propia boda o de sus hermanos. No puede enunciar una cronología de su biografía porque confunde todas las fechas en su cabeza. Cuando se la pregunta por su edad, puede responder que tiene cincuenta y dos años o setenta y cinco. Sencillamente lo ignora. Pero recuerda perfectamente su trabajo como secretaria en Fefasa, la empresa textil en la que ingresó en 1948 en Miranda. Y los nombres de sus compañeros de oficina o de sus vecinos.

— 343 —

Aunque no puede andar, dice con frecuencia que va a salir a comprar carne y huevos o que al día siguiente irá al banco a sacar dinero. Ha perdido por completo la noción del valor de las cosas y es incapaz de entender las explicaciones más simples. No puede seguir la trama de una película ni le interesa nada de lo que sucede en el exterior. Todo le da ya igual. Habiendo perdido su capacidad auditiva, vive aislada.

Lo que le pasa a mi madre es producto del envejecimiento, que afecta desigualmente a las personas. Ella ha tenido la suerte de gozar de memoria y buena salud hasta los noventa años, la edad que comenzó su declive. Un día fui con ella a limpiar la tumba de mi padre, enterrado en el cementerio de Miranda, y, ante mi sorpresa, dio un salto para encaramarse en un pretil. Tenía ya ochenta y dos años y conservaba una vitalidad y una autonomía increíbles. Podía viajar sola, administrar su casa y ayudar a sus hijos.

Pero los años fueron haciendo estragos. Fue perdiendo agilidad y su cabeza se deterioró. Empezamos a notar que extraviaba el dinero, las llaves o las gafas. Y sus lapsus eran cada vez más obvios. En un viaje a Miranda, me pidió su DNI y lo perdió. Juraba que no se lo había llevado o que se lo habían robado. Un mes después, alguien se lo devolvió por carta. Lo había encontrado en la calle. Estos descuidos pasaron a ser habituales. También desarrolló la fantasía de que sus asistentas robaban un dinero que ella escondía y que aparecía en un jarrón, entre las sábanas o en su propia ropa.

Soy muy consciente de que estoy describiendo un proceso que es característico en las personas de avanzada edad y que coincide con las experiencias de algunos amigos que han sufrido el mismo deterioro en sus padres. Es muy rara la excepción de hombres o mujeres que llegan a la edad de mi madre sin ver afectadas sus facultades mentales. El cerebro envejece, como las piernas o la dentadura. Lo cual cuestiona las teorías sobre la inmortalidad del alma, ya que si el alma fuera algo espiritual, la conciencia no tendría por qué verse sometida a los vaivenes del tiempo.

Lo peor que le sucede a mi madre no es la vejez, ni la incapacidad, ni su deterioro mental. Es la pérdida de sus seres queridos, de su entorno, de sus amigas, de las personas que han significado algo para ella. Se ha quedado sola porque sus hijos, por mucho que la queramos o estemos pendientes de ella, no formamos parte del mundo que ella conoció, de las gentes que modelaron su personalidad o del entramado de relaciones que tejió su vida. Eso me parece terrible.

A veces me pregunta por alguna de sus queridas amigas de Miranda cuando ella tenía treinta años. No es consciente de que han fallecido hace muchos años. La escucho quejarse de que no la llaman o no la envían lotería de Navidad y no puedo decirle que han muerto hace muchos años; alguna de ellas, hace dos décadas.

La pregunta es qué queda de un ser humano cuando envejece y pierde su memoria y su capacidad de comprensión de las cosas. Y no digamos si esa persona sufre el mal de Alzheimer, que borra su cerebro, como le sucedió a un vecino que yo quería mucho. Al principio, noté que no respondía a mis preguntas y luego que eludía mi contacto. Pronto me di cuenta de que era porque tenía alzhéimer y evitaba las conversaciones al no poder mantener un diálogo coherente. Las palabras no le salían y confundía fechas y situaciones.

Todo esto me lleva a pensar, y lo afirmo con reservas y con la sospecha de que puedo estar equivocado, que los sentimientos y los pensamientos son tan precarios y vulnerables como nuestra existencia, o, mejor dicho, que todo se acaba cuando el cerebro se apaga. En ese sentido, mi madre está muerta porque no queda apenas nada de la mujer que fue.

La cuestión es si la muerte cercana de mi madre es un punto final o un tránsito hacia otra vida en la que, según las creencias cristianas, podrá reunirse con mi padre y sus seres queridos en el esplendor de la gloria de Dios. Confieso que me resulta difícil creer en esa idea porque lo que mis sentidos me transmiten es la podredumbre de los cadáveres y la irreversibilidad de la muerte. Polvo eres y en polvo te convertirás. La vieja máxima del Miércoles de Ceniza me parece una verdad difícil de discutir.

Tengo la impresión de que la muerte de mi madre será el último eslabón que me unía a la humanidad. Seré el último de la fila con el consuelo de tener cuatro hijas y ser abuelo. Pero el afecto y los vínculos con tu esposa, tus hermanos y tus descendientes no merman el desconsuelo de la sensación de que tus progenitores, tus abuelos, tus tíos y todas las personas de la generación nacida antes de 1930 ya no están en este mundo. Siento un inmenso vacío, como una especie de jugarreta del destino, por esas ausencias. Yo soy ellos o, al menos, lo que queda de ellos en la medida que viven en mi memoria. Pronto yo también seré un recuerdo remoto para mi nieta.

Por mi carácter y tal vez porque soy el mayor de mis hermanos, me he interesado desde niño por la historia de mi familia, por saber quiénes eran los hermanos de mis abuelos y por indagar nuestro origen. Tuve la suerte de conocer a los dos abuelos de mi padre. Recuerdo a uno de ellos en el puente sobre el Ebro, dándome una moneda de dos pesetas y media, lo que era una fortuna en 1960. Me dijeron que era tacaño y que conmigo mostraba una debilidad que nunca había aflorado. El otro iba a jugar a las cartas con mi padre en nuestra casa. He escuchado a mi madre decir que su nieto se dejaba ganar y que el abuelo disfrutaba muchísimo en aquellas partidas. Han pasado más de sesenta años de aquellos sucesos, recuerdos que guardo como si hubieran sucedido ayer.

Soy consciente de que, cuando yo desaparezca, no quedará nada de ellos porque soy la única persona que los recuerda y les pone cara, aunque tal vez esa imagen sea una pura creación de la tramposa memoria. Ninguno de mis hermanos ni mis hijas sabe nada de ellos, ni siquiera que existieron. Pero todos ellos forman parte de mi vida, son fantasmas que me acompañan y me parecen más reales que los sucesos del presente. Mi final es una vuelta al principio y en el principio estaba ya escrito mi final.

Yo soy la consecuencia de todos los que me precedieron, soy un cruce genético de todos mis abuelos y sus padres, y reproduzco su carácter, su fisonomía, sus manías y sus debilidades. Hay gestos míos y reacciones que son idénticos a los de mi abuelo paterno. Tengo un asombroso parecido con su manera de ser. Y soy igual de irascible y colérico que él, aunque las apariencias muestren lo contrario. Los que me conocen saben de ese lado oscuro que domina mi personalidad y que soy incapaz de controlar. Todavía me avergüenzan mis ataques de ira. Me propongo evitarlos, pero fracaso en el intento.

A la vez siento un vínculo, un cordón umbilical con mi madre que no se ha roto ni se romperá hasta su muerte. Tengo una dolorosa conciencia de que me aguarda el mismo futuro que a ella y una degradación física que hará sufrir a mis hijas. Y pienso que sería mejor no llegar a ese estado.

Si estoy escribiendo estas líneas, es porque quiero dejar constancia de quién soy yo antes de que la luz se apague. Me veo un ser lleno de imperfecciones y errores, poseído por un carácter que me domina y por defectos que me empequeñecen, pero también soy un hombre que ha luchado por defender sus principios. Tal vez eso sea lo mejor de mí. Nunca he antepuesto el dinero o el éxito profesional a mis convicciones y mi amor al periodismo. Pero he defraudado a seres queridos que esperaban más de mí y me ha faltado comprensión y cercanía en la enfermedad de mi padre. Eso nunca me lo perdonaré.

Ahora me mantengo cerca de mi madre y eso me hace reflexionar sobre mi vida y sobre quién soy. A la vez que su deterioro me genera sufrimiento, también me ofrece el consuelo de tomar conciencia de que toda existencia humana está llena de momentos felices y de contratiempos, de horas de felicidad y de dolor insoportable. Es el precio que hay que pagar por estar en este mundo.

El declive inexorable de mi madre me ha obligado a hacer balance de mi vida. Y ello me ha llevado a preguntarme si la estancia en este mundo ha merecido la pena. En la absurda hipótesis de poder elegir entre haber nacido y no haber existido, respondería sin dudar que prefiero haber gozado y padecido de mi existencia. El no existir, aunque inimaginable, hubiera sido una peor opción.

Soy muy consciente de que la biografía individual está marcada por la familia, el lugar, la educación y el tiempo en el que uno nació. Soy un producto de mis circunstancias y mi genética, lo que supone que mi visión de la realidad está condicionada por todos esos factores. Eso me lleva a desconfiar de las verdades absolutas. Nadie puede elevarse sobre los cimientos que asientan su vida.

Por eso, me imagino la desaparición de mi madre como una amputación de los brazos o como una ceguera sobrevenida. La certeza de que ella será muy pronto cenizas anticipa el final que me espera a no mucho tardar.

Los gestos, los hábitos, el sonido de la voz que me resulta tan familiar se convertirán muy pronto en una ausencia, un vacío. Y esa muerte será el espejo en el que me veré reflejado todos los días que me resten.

Todo sería mucho más llevadero con la esperanza de una vida futura, con la fe en un más allá en el que la conciencia individual sobreviva a la desaparición física. Pero eso me parece ilusorio. Deseo fervientemente estar equivocado, pero no creo en una existencia ulterior que reúna los cuerpos y las almas en un más allá trascendente.

Mi madre seguirá viviendo en mí, aunque sea de manera muy imperfecta, y yo seguiré viviendo en mis hijas, pero todo se acabará ahí. Dentro de setenta años o menos, nadie se acordará no solo de mí, sino del 99,99 por ciento de quienes ahora están vivos. Me comentaba Javier Molina, profesor, amigo y persona de gran lucidez intelectual, que sus alumnos desconocen qué fue ETA y tampoco saben que esta organización terrorista asesinó a ochocientos cincuenta ciudadanos. Y solo han pasado catorce años desde su anuncio de abandono de las armas. Es una muestra de la fragilidad de la memoria.

Todo es volátil y nada queda. La historia pasa a ser un simple relato y sus protagonistas se transforman en una cita en los libros. Mi madre y también yo ni siquiera seremos una coma, una fotografía o una frase en la memoria de las personas que nos sobrevivirán.

No veo por ningún lado a Dios en el proceso de degradación de mi madre, como tampoco lo vi en la agonía de mi padre durante los últimos cuatro años de su vida, paralizado por la ELA, pero conservando su lucidez hasta el último suspiro.

Si Dios fuera misericorde, me enviaría alguna señal en estos momentos de sufrimiento por la situación de mi madre. Pero el Supremo Hacedor guarda silencio. Se mantiene pasivo mientras su vida se deteriora y su memoria se borra día a día. Tampoco puedo esperar algún signo de su benevolencia si permitió el asesinato de seis millones de judíos en el Holocausto o que miles de niños hayan sido exterminados en Gaza.

La comparación puede ser ofensiva para muchos lectores, pero lo cierto es que la muerte de mi madre es para mí una desgracia mucho más cercana y personal que la masacre de esos millones de judíos, niños, mujeres y ancianos que eran llevados a las cámaras de gas. Muchas veces he pensado en su dolor y desamparo. Cuando visité Auschwitz hace treinta años, sentí físicamente su desesperación y su angustia. Flotaba en el ambiente. Pero el drama de mi madre es de otra naturaleza y presenta la singularidad de que solo me afecta a mí y a mis hermanos.

Dios se me aparece como una monstruosa abstracción frente al intransferible dolor de cada ser humano. Y esa es la principal objeción que me viene a la mente cuando veo la degradación de mi madre mientras aguardo su muerte. Ya decía Unamuno que le importaba más un dolor de muelas que las disquisiciones teológicas sobre la existencia de Dios. Así es. Los grandes principios y las proyecciones de la religión se quedan en nada frente a la muerte de una madre. Y solo nos resta una sensación absurda de no entender lo que nos pasa y un sufrimiento que carece de consuelo.

La existencia de Dios es un debate intelectual que gravita sobre nuestras vidas, pero la desaparición de un padre o un hermano es un hecho inaceptable que revela la vulnerabilidad de todos los seres humanos. Dios es una pesadilla, un enigma sin respuesta. Este libro no despeja ninguna duda. Es, muy a mi pesar, el relato del paso de la fe a la incertidumbre. Punto final.